2016年
江苏太湖及秦淮河防汛抗洪调度

江苏省防汛防旱指挥部办公室 ◎ 编著

河海大学出版社
HOHAI UNIVERSITY PRESS

内容提要

2016年受超强厄尔尼诺事件影响，江苏省气候异常，太湖地区、秦淮河流域先后发生春汛、梅汛、秋汛，流域灾情、汛情重于常年。全书分为上下两篇，分别介绍了太湖地区和秦淮河流域2016年防汛调度的情况，既积累了宝贵的经验，也为进一步提高防汛工作水平打下了坚实的基础。

图书在版编目(CIP)数据

2016年江苏太湖及秦淮河防汛抗洪调度 / 江苏省防汛防旱指挥部办公室编著. -- 南京 : 河海大学出版社，2018.12

ISBN 978-7-5630-5607-1

Ⅰ. ①2… Ⅱ. ①江… Ⅲ. ①太湖—抗洪—救灾—概况—2016②秦淮河—抗洪—救灾—概况—2016 Ⅳ. ①D632.5

中国版本图书馆CIP数据核字(2018)第168335号

书　　名　2016年江苏太湖及秦淮河防汛抗洪调度
书　　号　ISBN 978-7-5630-5607-1
责任编辑　彭志诚
特约校对　李　明
封面设计　张育智　梅火娟
出版发行　河海大学出版社
地　　址　南京市西康路1号(邮编:210098)
电　　话　(025)83737852(总编室)　(025)83722833(营销部)
经　　销　江苏省新华发行集团有限公司
排　　版　南京布克文化发展有限公司
印　　刷　南京工大印务有限公司
开　　本　787毫米×1092毫米　1/16
印　　张　10.25
字　　数　210千字
版　　次　2018年12月第1版　2018年12月第1次印刷
定　　价　80.00元

2016 年江苏太湖及秦淮河防汛抗洪调度

主　编　张劲松

副主编　张春松　宋　玉　朱建英　唐运忆

前　言

太湖流域面积 3.69 万 km^2，其中江苏省流域面积 1.92 万 km^2，涉及苏州、无锡、常州、镇江等 4 个市。秦淮河流域 0.26 万 km^2，涉及南京、镇江 2 个市。太湖及秦淮河流域均是是我省经济最发达、现代化程度最高的区域，历来是我省防汛防旱的重点区域。两个流域人口密度高、经济产值高，流域内 GDP 总额约占全省的 60%（据 2015 年统计数据），可以说太湖及秦淮河流域“淹不得、淹不起”。2016 年，受超强厄尔尼诺事件影响，我省气候异常，太湖地区、秦淮河流域先后发生春汛、梅汛、秋汛，流域汛情、灾情重于常年。尤其是汛期连续遭遇暴雨至大暴雨袭击，入梅后降雨集中，区域河网水位迅速上涨，太湖发生流域性特大洪水（7 月 8 日太湖水位一度上涨至 4.87 m，仅比 1999 年历史最高水位低 0.10 m，位列历史第 2 高），苏南运河、太湖湖西地区出现超历史记录洪水，地区河网水位普遍超警，部分地方发生不同程度洪涝灾情。长江、秦淮河、水阳江、滁河、石臼湖、固城湖等主要江河湖水位相继超历史或接近历史最高值，多处河湖堤防、水库、涵闸等出现险情，防汛形势十分严峻。

面对严峻汛情，党中央、国务院高度重视，习近平总书记、李克强总理对防汛工作多次作出指示，汪洋副总理亲赴太湖流域主持召开防汛紧急会议，陈雷部长多次主持会商，部署太湖流域防汛抗洪工作。在国家防总、太湖防总、省委省政府的正确领导和指挥下，在驻苏部队和社会各界的大力支持下，全省各级党委政府全面动员，加强防汛抗洪部署，科学调度，全力应对，夺取了防汛抗洪工作的全面胜利。

2016 年防御洪涝灾害的实践，既积累了宝贵的经验，也暴露了防汛薄弱环节，都需要我们给予重视。为了进一步提高防汛工作水平，增强水安全的保障能力，省防办组织本部门、省水文局、省气象台有关人员编写了《2016 年江苏太湖及秦淮河防汛抗洪调度》，重点分析了 2016 年江苏省太湖地区、秦淮河流域及水阳江地区暴雨洪水特性以及水利工程的调度运用对洪水的影响，为今后进一步优化该区域的防洪排涝调度，充分发挥水利工程效益提供借鉴。

本书由张劲松统稿，由张春松、宋玉、朱建英、唐运忆负责对全书审核，陶娜麒、鲍建腾、刘梅、魏建苏、闻余华、何健、陈静、常虹、展永兴、汪院生、秦灏、杨红卫、陈璇、胡有云、刘红伟、王冬生、马剑波、李宗超、李启顺、张佳丽、洪昕、陈阿萍、张小稳、梅新敏、陈尉、于正广、王建、甘小荣、陈巍等参加编写，徐俊仁、陈茂满、刘丽君、盛家宝、许国忠等专家对书稿提出了修改意见。

由于编者水平有限，书中不当、疏漏之处难免，敬请读者指正。

编者

2018 年 1 月于南京

目录
Contents

上篇　太湖地区

下篇 秦淮河流域

附 录

上篇

太湖地区

1 流域概况

1.1　自然概况

太湖水系是长江流域的组成部分，地处长江三角洲的南翼，北抵长江，东临东海，南滨钱塘江，西以天目山、茅山为界（图 1-1），流域面积为 3.69 万 km^2，行政区划分属江苏、浙江、上海和安徽三省一市。

江苏省太湖地区位于流域的中、北部，流域面积 1.92 万 km^2，包括苏州、无锡、常州市域的全部和镇江市的一部分，是江苏经济最发达、现代化程度最高的区域，也是防洪除涝最为关注的地区之一，历来是江苏省防汛防旱的重点区域。江苏太湖流域分为太湖湖西、武澄锡虞、阳澄淀泖、浦南等区域性水系。太湖流域上游来水经太湖调蓄后，北由望虞河等通江诸河入长江，东由太浦河入黄浦江，南由杭嘉湖诸河入钱塘江，京杭运河（苏南段又称江南运河）穿越腹地。

1.1.1　地形地貌

太湖流域地形呈周边高、中间低的碟状地形。其西部为山区，属天目山山区及茅山山区的一部分，中间为平原河网和以太湖为中心的洼地及湖泊，北、东、南周边受长江和杭州湾泥沙堆积影响，地势高亢，形成碟边。地貌分为山地丘陵及平原，西部山丘区面积 7 338 km^2，约占总面积的 20%；中东部广大平原区面积 29 556 km^2，约占总面积的 80%。平原区分为中部平原区、沿江滨海高亢平原区和太湖湖区。太湖流域水面积为 5 551 km^2，约占流域总面积的 15%，其中，湖泊面积 3 159 km^2，河道面积 2 392 km^2。

江苏省太湖地区地形西北高，东南低，西部及北部为丘陵和高亢平原，地面高程为 6.0～500 m；东南部为平原洼地、河网和湖泊，地面高程为 2.5～5.0 m。地貌分为山地丘陵及平原两大类型，其中山丘区集中分布在西部，约占总面积的 20%，广大平原区分布在北部、东部和南部，是太湖地区的主体，约占总面积的 80%。

1.1.2　河网水系

太湖流域河道总长约 12 万 km，河道密度达 3.25 km/km^2，河流纵横交错，湖泊星罗棋布，是全国河道密度最大的地区，也是我国著名的水网地区。流域内河道水系以太湖为中心，分上游水系和下游水系两个部分。上游主要为西部山丘区独立水系，有苕溪水系、南河水系及洮滆水系等；下游主要为平原河网水系，主要有以黄浦江为主干的东部黄浦江水系（包括吴淞江）、北部沿江水系和南部沿杭州湾水系。京杭运河穿越流域腹地及下游

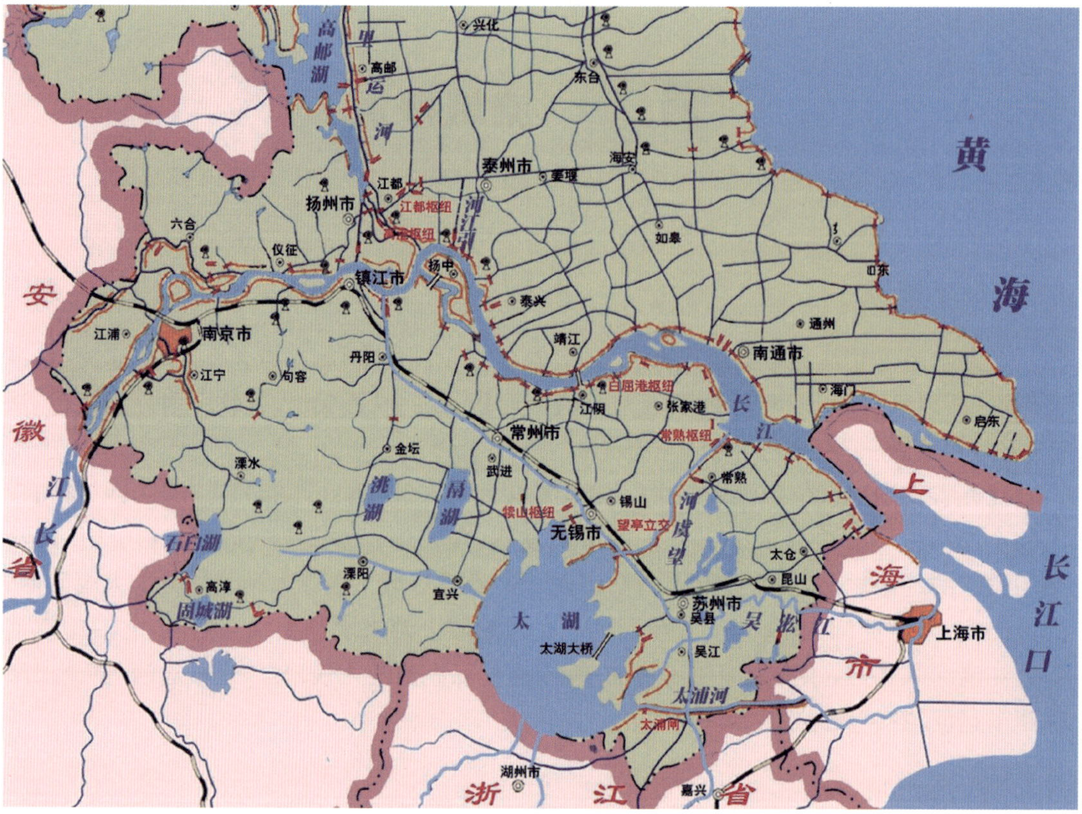

图 1-1　江苏省太湖流域水系图

诸水系，全长 312 km，起着水量调节和承转作用，也是流域的重要航道。

江苏省太湖地区河网水系分为沿江水系、南河水系、洮滆水系以及阳澄淀泖水系。沿江水系主要由北部沿长江河道组成，大都呈南北向，分属湖西、武澄锡虞和阳澄淀泖 3 个水利分区，主要骨干河道有九曲河、新孟河、德胜港、澡港、新沟河、新夏港、锡澄运河、白屈港、十一圩港、张家港、常浒河、白茆塘、杨林塘、浏河等。南河水系发源于茅山山区，沿途纳宜溧山区诸溪，于宜兴大浦口入太湖，南河干流长 50 km，南河水系沿程串连 3 个小型湖泊，分别是东氿 、西氿和团氿。洮滆水系是由山区河道和平原河道组成的一个河网，以洮滆湖为中心，纳西部茅山诸溪，后经东西向的太滆运河、烧香港等主干河道排入太湖；南河水系、洮滆水系同时又以丹金溧漕河、武宜运河等多条南北向主干河道与沿江水系相通，形成东西逢源、南北交汇的网络状水系。阳澄淀泖水系是最具代表性的平原河网水系，湖荡棋布，主要河道有纵贯南北的盐铁塘、张家港，横穿东西的吴淞江等，较大的湖泊有阳澄湖、淀山湖、澄湖、独墅湖、金鸡湖、昆承湖等。望虞河、太浦河是太湖洪水排泄的主要通道，分属沿江水系和阳澄淀泖水系。京杭大运河（又称江南运河，江苏境内又称苏南运河）是地区重要的骨干河道，衔接沿江、洮滆和阳澄淀泖等水系，起着水量调节和承转作用，也是地区的重要航道。

1.1.3　湖泊

太湖地区湖泊全部为浅水型湖泊，平均水深不足 2.0 m。以太湖为中心，形成西部洮滆湖群，东部阳澄淀泖湖群。洮滆湖群包括洮湖、滆湖、钱资荡、西氿、东氿等；阳澄淀泖湖群包括澄湖、独墅湖、金鸡湖、淀山湖、元荡、昆承湖、傀儡湖、巴城湖等。其中大于 10 km^2 的湖泊分别是太湖、滆湖、阳澄湖、洮湖、淀山湖、澄湖、昆承湖、元荡、独墅湖。

1.1.4　气象水文

江苏省太湖地区地处亚热带季风气候区，冬季受大陆冷气团侵袭，盛行偏北风，气候寒冷干燥；夏季受海洋气团的控制，盛行东南风，水汽丰沛，气候炎热湿润；四季分明，雨量丰沛。年平均气温为 15～17℃，气温分布特点为南高北低，1 月平均气温最低，为 1.7～3.9℃；7 月平均气温最高，为 27.4～28.6℃。多年平均降水量 1 120 mm，降水年际变化明显，雨量分配不均；全年夏季降水量最多，冬季降水量最少。全年有 3 个明显的雨季，3—5 月为春雨；6—7 月为夏季梅雨，梅雨期降水总量大，历时长，易造成流域性洪水；8—10月为秋季台风雨，降水强度大，历时较短，易造成地区性涝灾。多年平均蒸发量 1 151 mm，空间分布为北部大于南部，平原大于山区，受温度、风速等因素影响，其蒸发量呈明显季节特征，夏季蒸发量为冬季的 3～4 倍。

1.2　社会经济

太湖地区是江苏省经济最发达的地区，经济社会统计数据表明：2015 年，常住人口 2 182.8 万人，占全省总人口的 27.4%；GDP 共 28 295.5 亿元，占全省的 39.3%；工业产值 13 758.6 亿元，占全省的 40.9%；农业产值 1 052 亿元，占全省的 14.1%；服务业产值 14 036.9 亿元，占全省的 40.4%；社会消费品零售总额 9 302.7 亿元，占全省的 35.9%；耕地面积 651.8 万亩*，占全省的 9.2%。

1.3　洪涝灾害

中华人民共和国成立以来，太湖地区发生较大洪涝灾害的年份有：1954 年、1957 年、1962 年、1991 年、1999 年、2015 年，其中 1954 年、1991 年、1999 年属流域性洪涝灾害年份。20 世纪 90 年代，太湖地区发生了 2 次特大洪水，太湖平均水位最高值不断超历史，其中 1999 年太湖最高水位已达 4.97 m。

1. 1954 年

1954 年洪水为梅雨型洪水，其特点是入汛早、雨期长、雨量大。当年雨季较常年提早了 1 个多月，5 月 5 日至 7 月底，出现 12 次降雨过程，特别是 7 月份出现了 5 次暴雨过程，5—7 月面平均降雨量为 938 mm，太湖水位达到 4.65 m，超过警戒水位天数 122 d。

* 1 亩≈666.67 m^2

1954 年太湖地区受淹农田达 240.9 万亩，成灾面积 72 万亩，重灾灾民 63.24 万人，漫决圩堤 2 908 处，倒塌房屋 3 250 间，死亡 91 人，重伤 179 人。

2. 1991 年

1991 年洪水属梅雨型洪水，5 月 21 日至 7 月 15 日的 56 d 时间内，发生了两段集中性降雨，面平均雨量 786 mm，均超过 1954 年洪水。暴雨中心主要位于地区北部的湖西区和武澄锡虞区，太湖最高水位达到超历史的 4.79 m，超过警戒水位天数 101 d。

1991 年江苏省太湖地区受灾人口 575.24 万人，紧急安置灾民 100 万人，农田受淹面积 693.4 万亩，成灾面积 531.1 万亩，倒塌房屋 89 700 间，死亡 82 人；破圩 1 890 个计 59.85 万亩；冲毁桥梁 1 613 座、涵闸 6 962 座，毁坏圩堤 1 900 多 km；工矿企业受淹1.96 万家，停产半停产 2.4 万家，受淹仓库 1.9 万个；7 条国道、干道公路中断，内河航运基本停运，直接经济损失达 98.9 亿元。

3. 1999 年

1999 年洪水，是另一种不同时空分布降雨所造成的梅雨型洪水。该年太湖地区梅雨期长达 45 d，面平均降雨量 663 mm，为常年梅雨量的 2.9 倍，其中西山、平望站降雨量超过800 mm；据分析最大 7 d、15 d 和 30 d 降雨量均超过 100 年一遇。降雨量空间分布，南部大于北部。太湖水位再创历史新高，达 4.97 m。湖西沙河、大溪水库，阳澄淀泖、武澄锡虞和浦南地区内河水位也都接近或超过历史最高水位。

1999 年大洪水，太湖地区受灾人口 274.6 万人，农田受淹面积 238.2 万亩，成灾面积 138.5 万亩，倒塌房屋 11 400 间；受淹企业 6 400 家，停产半停产企业 4 623 家；损坏水闸 445 座、桥涵 744 座，地区直接经济损失达 22.5 亿元。

2 防洪工程体系

太湖承接浙江天目山区东西苕溪来水及湖西宜溧山区、茅山山区的来水，经调蓄后，目前主要任由两条河入海、入江。一是太浦河，太湖洪水经太浦闸下泄，再穿过京杭大运河（平交）后，通过太浦河向东汇入黄浦江；二是望虞河，洪水经望亭立交下泄后通过望虞河至江边由常熟枢纽排入长江。太湖洪水除经两河排泄的水量外，其余洪水依赖环太湖大堤约束，以保障周边地区防洪安全。目前，太湖流域基本能够防御 1954 年型 50 年一遇的洪水。新一轮《太湖流域防洪规划》确定按照防御流域 100 年一遇洪水为目标，坚持“蓄泄兼筹、洪涝兼治”，以一轮治太骨干工程为基础，以太湖洪水安全蓄泄为重点，进一步发挥太湖调蓄作用，妥善安排洪水出路，继续完善流域北排长江、东出黄浦江、南排杭州湾的防洪工程布局。江苏省太湖流域防洪工程总体布局如图 2-1 所示，骨干防洪工程如表 2-1 所示。

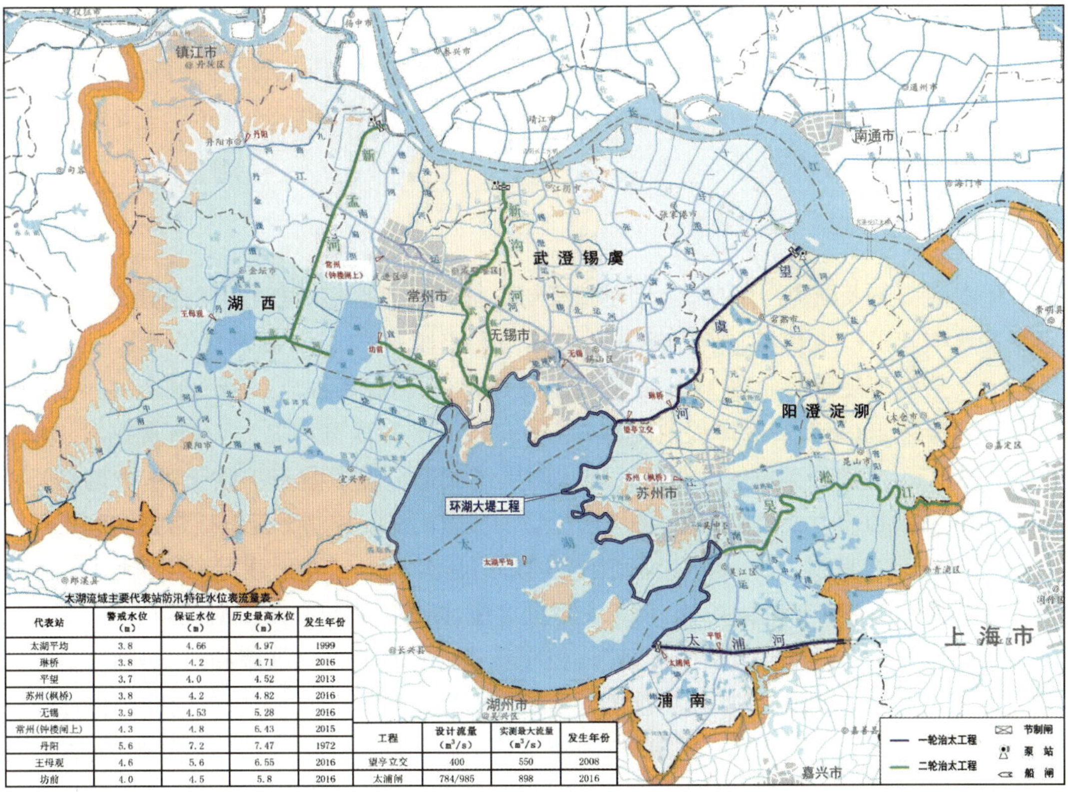

太湖流域主要代表站防汛特征水位表流量表

代表站	警戒水位（m）	保证水位（m）	历史最高水位（m）	发生年份
太湖平均	3.8	4.66	4.97	1999
琳桥	3.8	4.2	4.71	2016
平望	3.7	4.0	4.52	2013
苏州（枫桥）	3.8	4.2	4.82	2016
无锡	3.9	4.53	5.28	2016
常州（钟楼闸上）	4.3	4.8	6.43	2015
丹阳	5.6	7.2	7.47	1972
王母观	4.6	5.6	6.55	2016
坊前	4.0	4.5	5.8	2016

工程	设计流量（m^3/s）	实测最大流量（m^3/s）	发生年份
望亭立交	400	550	2008
太浦闸	784/985	898	2016

图 2-1 江苏省太湖流域防洪工程总体布局示意图

表 2-1 江苏省太湖流域现状骨干防洪工程属性表

工程	防洪标准	工程等别/级	堤防/河道	干河控制建筑物
环太湖大堤工程	50～100 年一遇	“东段”2 级、“西段”3 级,其中东太湖整治段 1 级	长度:286.44 km 高程:7.0～7.8 m 宽度:5～6 m	—
太浦河工程	50 年一遇	Ⅱ等	长度:40.73 km 底宽:40～139 m 底高:－5～－1.5 m	太浦河节制闸:985 m^3/s 太浦河泵站:300 m^3/s
望虞河工程	50 年一遇	Ⅱ等	长度:62.3 km 底宽:80～82 m 底高:－3 m	常熟枢纽:节制闸 375 m^3/s,泵站 180 m^3/s 望亭立交:立交地涵 400 m^3/s

2.1 环太湖大堤工程

江苏省境内太湖环湖岸线全长约 349.14 km,自江浙边界的吴江薛埠港起至宜兴的父子岭,扣除山丘地段和东山、西山、光福太湖、马圩北大堤及宜兴包港堤等,现有太湖大堤总长 286.4 km(包括历年批复确认的堤防长 234.5 km,尚未确认的段堤防长 51.9 km),通湖口门 196 个,其中有控制口门 147 个,无控制口门 49 个。环太湖大堤北以无锡直湖港口、南以浙江长兜港口为界,其以东部分称“东段”,以西部分称“西段”,按照“东控西敞”的原则,东段大堤口门全部控制,西段基本敞开。大堤防洪设计水位 4.80 m。东段堤防为 2 级(其中东太湖段、贡湖段堤防结合重点湖区整治,已调整为 1 级),顶高程大部分 7.0 m;西段堤防为 3 级,顶高程 7.0 m,上设 0.8 m 高挡浪墙。大堤堤顶宽 5～6 m。主要控制建筑物有太浦闸和望亭水利枢纽。

2.2 望虞河工程

望虞河南起太湖边沙墩口,向北在望亭与京杭大运河立交,再经漕湖、鹅真荡、嘉陵荡后于常熟市耿泾口入长江,全长 62.3 km,其中河道段 60.3 km,湖荡段 0.9 km,入江段 1.1 km。望虞河现状断面按 1954 年型洪水设计,目前河底高程－3.0 m、底宽 80～82 m,设计行洪流量 450 m^3/s;两岸堤顶高程 5.5～9.2 m,干河顶宽西堤为 5 m(常熟段 4 m)、东堤为 6.5 m,湖荡段顶宽为 3～5 m;现状两岸绝大部分堤段建有护砌工程,护砌总长度 148.5 km,主要以直立式挡墙为主,护坡占少量。望虞河沿线控制工程包括常熟水利枢纽和望亭水利枢纽(参见图 2-2)。望虞河两岸支河口门有 125 处,其中已建配套建筑物 92 座(无锡市境内 30 座,苏州市境内 60 座,两市交界处 2 座,即蠡河枢纽和月城河控制)。

望虞河后续工程建设包括扩大河道,相应新建堤防、护坡、防洪墙和防汛公路;扩大穿京杭大运河立交过水面积,扩建常熟水利枢纽(或外移至铁黄沙);对望虞河西岸沿线口门实行有效控制;东岸已建堤防、护岸、口门建筑物加高加固及桥梁改扩建,西岸已建控制建筑物拆除重建或加高加固。望虞河工程经 20 多年的运行,现状沿线堤防护岸、防汛道路等均发生不同程度沉降,护砌破损严重,沿线配套建筑物年久失修,影响工程安全运行。

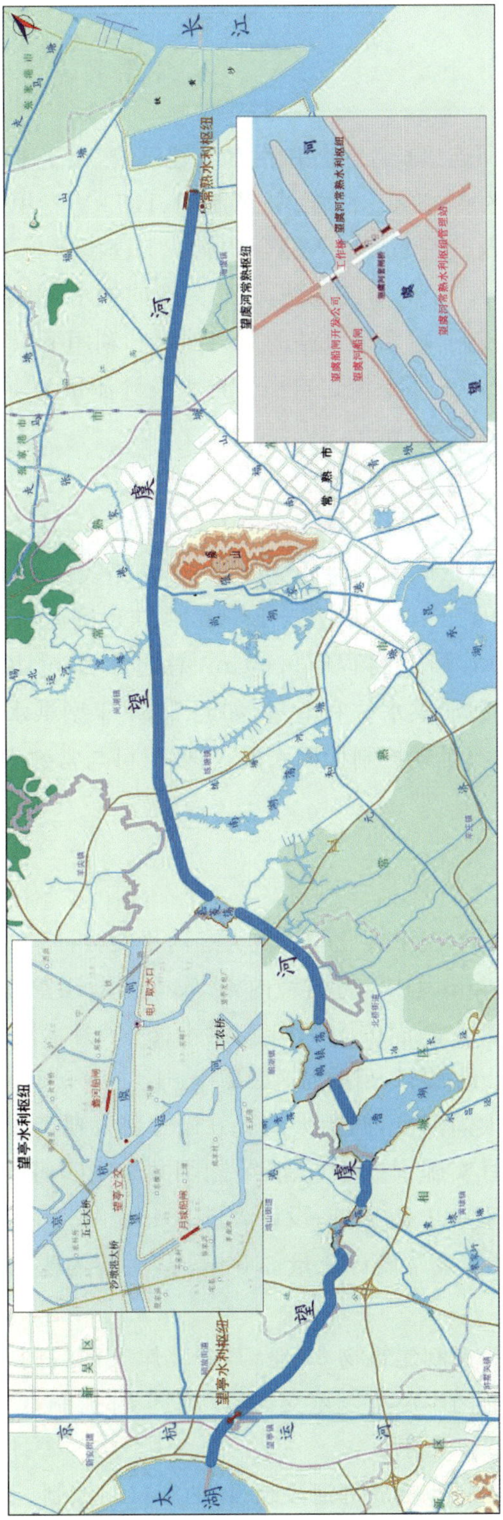

图 2-2 望虞河工程布置示意图

为保障望虞河持续有效发挥防洪、供水、改善水质等综合效益，江苏省目前正在先期组织实施望虞河除险加固工程。

2.2.1 常熟枢纽

常熟水利枢纽工程是望虞河连接长江的控制性水工建筑物，位于常熟市海虞镇，距望虞河入江口约 1.1 km，距太湖约 60.3 km，由泵站、节制闸、110 kV 专用变电所等组成，具有挡潮、泄洪、排涝、引水、通航及改善水环境等综合功能。工程包括 6 孔×宽 8 m 的节制闸、16 m×190 m 的船闸和 9 台×20 m^3/s 的泵站，泵站为双向抽水，引排两用。通过对泵站进出水流道闸门的不同组合控制，可实现泵站的双向抽水和利用下层流道自由引排水，泵站双向抽水设计流量为 180 m^3/s，下层流道自由引排水设计流量为 125 m^3/s。节制闸设计流量为 375 m^3/s，校核流量为 750 m^3/s。

2.2.2 望亭立交

望亭水利枢纽位于望虞河与京杭大运河相交处，沪宁铁路线西侧 1.2 km 处。立交工程上部采用钢筋砼矩形槽，槽宽 60 m，底高程－1.7 m，联结京杭运河；下部为 9 孔钢筋砼矩形涵洞，每孔 7 m×6.5 m，洞底高程－9.60 m，总过水面积 400 m^2，设计流量 400 m^3/s。主要功能：控制望虞河泄洪水位和泄量，如遇 1954 年型洪水（约 50 年一遇），可排泄太湖洪水 23.1 亿 m^3；非行洪期控制太湖水位，需要时可与常熟水利枢纽配合引长江水入太湖。

2.3 太浦河工程

太浦河西起东太湖边的时家港，至平望北与京杭大运河平交，再经汾湖等湖荡，东至南大港入泖河接黄浦江，全长 57.6 km，其中江苏省境内 40.73 km，浙江省境内 1.63 km，上海市境内 15.24 km。太浦河现状泄水断面按 1954 年型洪水（5—7 月承泄太湖洪水 22.5 亿 m^3，同时承泄杭嘉湖涝水 11.6 亿 m^3）设计，目前河道底高程－1.5～－5.0 m、底宽 40～139 m。

太浦闸位于吴江区境内的太浦河上，西距太湖 2.0 km，是太湖流域防洪和供水的主要控制工程之一，于 2012 年 9 月实施了拆除重建，节制闸共 10 孔，每孔净宽 12 m，总净宽 120 m，近期按闸底板堰顶高程 0.0 m 实施，设计流量 784 m^3/s。

太浦河泵站位于太浦闸南岸，泵站设计流量 300 m^3/s，主要为改善上海市黄浦江上游取水口水质和调水服务。

太浦河沿线共有支河 96 条，控制建筑物 88 座，其中北岸支河口门中除京杭运河、拦路港敞开外，其余基本建闸控制；南岸芦墟以东支河口门已全部控制，芦墟以西尚有 7 个口门未实施控制，如图 2-3，图 2-4 所示。

太浦河后续工程主要建设内容包括局部河段疏浚、两岸口门控制、已建工程加固改建及堤后填塘固基等。

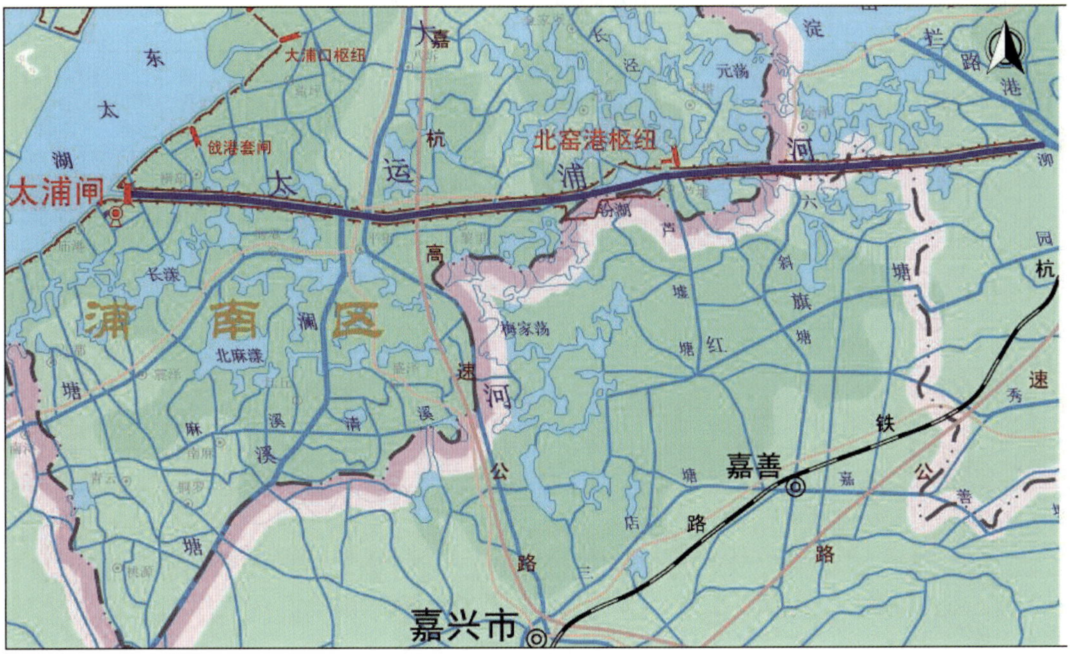

图 2-3 太浦闸位置图

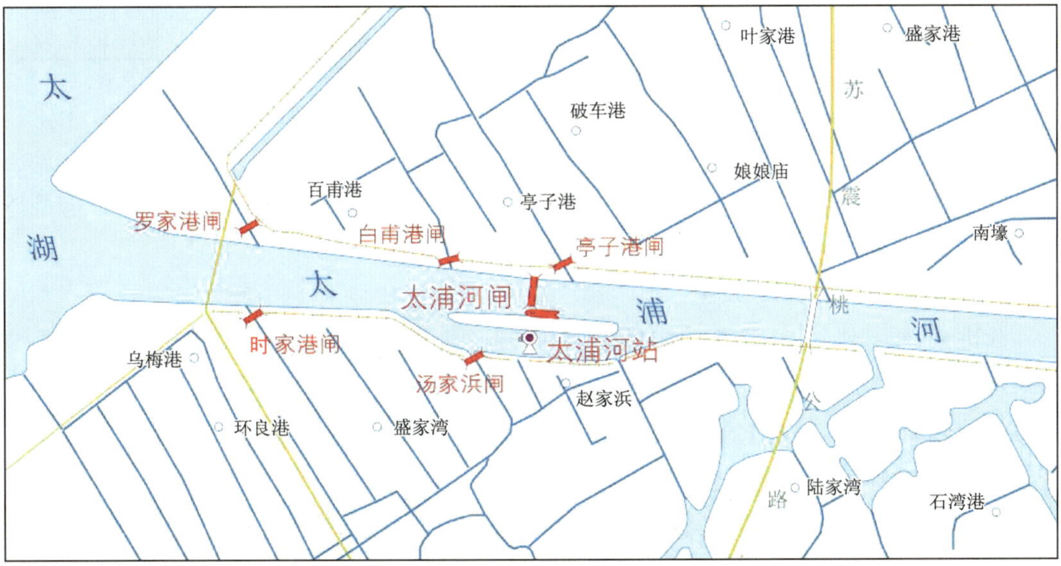

图 2-4 太浦河工程布置示意图

2.4 沿江控制工程

江苏省太湖地区沿江上起镇江高资，下至苏沪交界浏河闸，大型通江口门主要有 20 个，其中湖西区 5 个，武澄锡虞区 8 个，阳澄淀泖区 6 个，流域性工程 1 个。各工程具体规模见表 2-2。

表 2-2　江苏省太湖地区沿江主要口门情况表

区名	工程名称	所在河道	闸宽(m)	闸底高程(m)	设计过闸流量(m^3/s)	设计泵排流量(m^3/s)	区名	工程名称	所在河道	闸宽(m)	闸底高程(m)	设计过闸流量(m^3/s)	设计泵排流量(m^3/s)
湖西	谏壁枢纽	苏南运河	60.2	−1.0	600	160	武澄锡虞	张家港闸	张家港	40	−0.1	387	
	九曲河枢纽	九曲河	24	−1	300	80		十一圩闸	二干河	14	0.5	180	
	孟城闸	浦河	18	0.5	100			走马塘江边枢纽	走马塘	36	−1.0	207	
	小河闸	新孟河	23.6	−1	340			小计				1 809	365
	魏村枢纽	德胜河	24	0	300	60	常熟枢纽		望虞河	48	−4.65	375	180
							阳澄淀泖	浒浦闸	常浒河	20.9	−1	234	
	小计				1 640	300		白茆闸	白茆塘	37.5	−2		
武澄锡虞	澡港枢纽	澡港	16	0	190	40		七浦塘江边枢纽	七浦塘	32	−1.5	318	120
	新沟河江边枢纽（在建）	新沟河	48	−1	460	180		老七浦闸	七浦塘	15	−0.5	259	
	新夏港枢纽	新夏港	10	−0.5	45	45		杨林闸	杨林塘	16	0	160	
	定波闸	锡澄运河	24	0	240			浏河闸	浏河	75	−1	950	
	白屈港枢纽	白屈港	20	−1.5	100	100		小计				1 921	120

2.5　环湖口门

江苏省太湖地区排水入太湖的主要口门有23个，其中武澄锡虞区21个，阳澄淀泖区2个。各工程具体规模见表2-3。

1. 常州市环太湖口门工程

武进港、雅浦港：武进港枢纽包括套闸和节制闸，套闸设计标准为Ⅶ级通航建筑物，节制闸级别属中型水闸，单孔净宽16 m，设计流量102 m^3/s；雅浦港枢纽由净宽12 m的单孔节制闸和135 m×8(或12)m×2.5 m的船闸各一座组成。

2. 无锡市环太湖口门工程

(1) 直湖港水利枢纽工程：直湖港水利枢纽工程位于无锡市滨湖区马山街道阖闾社区。该工程是环太湖大堤防洪控制工程的重要组成部分，也是武澄锡引排骨干工程之一，主要作用是挡洪、排涝、通航和挡污。直湖港节制闸工程设计排涝流量210 m^3/s，闸孔为三孔，分别为2孔×8 m和1孔×10 m，闸身为钢筋砼结构。闸门为升卧式平面钢闸门。闸门最大开启高度为9.5 m。节制闸靠上游设人行工作便桥一座，宽3.0 m。直湖港船闸上、下闸首宽8 m，闸室宽10 m，闸室长90 m。上闸首(太湖侧)与节制闸处于同一条轴线上，二闸(节制闸、船闸上闸首)中心间距为22.5 m。顺水流方向长9.0 m，闸门顶高程为上游为5.5 m，下游为4.5 m。上、下闸首底板的上、下游侧均设消力池，各长15.0 m，深0.5 m。

表 2-3　江苏省太湖地区环太湖口门工程情况表

区名	工程名称	所在河道	闸宽（m）	闸底高程（m）	设计排水流量（m³/s）	区名	工程名称	所在河道	闸宽（m）	闸底高程（m）	设计排水流量（m³/s）
武澄锡虞	雅浦港闸	雅浦港	12	0	65	武澄锡虞	庙港闸	庙港	5	1.2	25
	武进港闸	武进港	17.6	0	102		新港闸	新港	5	1.2	25
	直湖港闸	直湖港	26	0	210		礼让桥闸	环山河	8	1.0	40
	梁溪河闸	梁溪河	20	−0.5	96		闾江口闸	闾江老港	5	0.8	37
	五里湖枢纽	蠡湖	32	0	154		张桥港闸	张桥港	10	1.2	50
	大溪港闸	大溪港	20	0.5	100		壬子港闸	壬子港	6	0.5	30
	新开港闸	新开港	5	0.8	25		小计				1 209
	高墩港闸	高墩港	5	0.8	25						
	新库港闸	新库港	5	1.2	25						
	小溪港闸	小溪港	6	0.5	60	阳澄淀泖	瓜泾口闸	瓜泾港	12	−0.5	96
	六步港闸	六步港	6	1.0	30		大浦口闸	军用线港	8.0	−0.5	96
	黄泥田港闸	黄泥田港	5	0.8	25		小计				192
	吴塘门套闸	横大港	6	0.5	30						
	渔港闸	环山河	6	1.0	30						
	杨干港闸	杨干港	5	1.4	25						

（2）犊山防洪工程：犊山防洪工程位于无锡市鼋头渚公园北侧、梁溪河大渲桥口南侧。犊山防洪工程包括：梁溪河节制闸、梁溪河船闸、五里湖节制闸、七号桥节制闸（由大渲河泵站调度）和防洪大堤，具有防洪、排涝、挡污和通航功能。

（3）梁溪河节制闸：闸身为钢筋混凝土结构，单孔，净宽 20 m，闸室底板顺水流方向长 14.5 m，闸底板顶面高程−0.5 m，边墩顶高程 6.0 m，下卧式闸门，该闸设计排涝流量 96 m^3/s。

（4）梁溪河船闸：上下闸首为钢筋混凝土结构，闸首净宽均为 16 m，闸室长 135 m，宽 16 m，设计最低通航水位 2.5 m，通航能力 500 吨级，下卧式闸门，上下闸首闸门关闭时门顶高程分别为 6.0 m 和 5.0 m。

（5）五里湖节制闸：闸身为钢筋混凝土结构，两孔，每孔净宽 16 m，闸底板分二块，中墩设沉陷缝，下卧式闸门。闸门水下门库底板顶面高程−3.38 m，闸门关闭时门顶高程 6.0 m。该闸设计排涝流量 154 m^3/s。

（6）七号桥节制闸：工程位于滨湖区环湖路七号桥旁，两孔，每孔净宽 8 m，节制闸主体采用钢筋混凝土 U 形结构，闸门采用升卧式平板钢闸门，启闭机选用两台 QPQ2X125KN 卷扬式启闭机。外河侧翼墙顶高程为 6.00 m，内河侧翼墙顶高程为 5.50 m。

（7）梅梁湖泵站枢纽工程：梅梁湖泵站枢纽工程位于梅梁湖、梁溪河与五里湖的交界处，西侧紧靠犊山水利枢纽的梁溪河节制闸和船闸，南侧为五里湖节制闸，北侧为环湖路。工程是无锡市水环境综合整治的骨干工程，承担梅梁湖、五里湖的动力换水任务，汛期承担五里湖的排涝任务。梅梁湖泵站设计流量为 50 m^3/s，设计净扬程为 1.15 m，由四座 16 m 净宽（双孔 2×8 m）的节制闸及相关配套建筑物组成。工程紧靠犊山防洪工程东侧布置，泵站及进出水引渠中心线与梁溪河中心线平行，距梁溪河节制闸中心线 105 m。

(8) 大渲河泵站工程:大渲河泵站工程位于无锡市滨湖区梁湖大桥西侧,距七号桥节制闸约750 m的大渲河上,承担梅梁湖动力换水任务,汛期承担梅园片区的山洪防汛排涝任务。大渲河泵站由泵站、节制闸、公路桥和出水涵闸洞组成。泵站设计流量30 m^3/s,节制闸单孔净宽8 m,闸底高程0.0 m。公路桥宽7 m,跨度22 m。出水涵洞洞口为6 m×4.5 m,长30 m。泵站采用整体式钢筋混凝土结构。厂房内安装3台2000ZGB10型竖井式贯流泵,单机流量10 m^3/s,配套3台高速高压异步电机(355 kW),主变容量1 600 kVA。

3. 苏州市环太湖口门工程

胥口水利枢纽工程:胥口水利枢纽工程是根据国务院批准的《太湖流域综合治理总体规划方案》实施的环太湖大堤工程配套工程,位于胥江入太湖口,工程集防洪、挡污、景观、通航等功能于一体,是挡御太湖洪水经胥江通往苏州古城区和阳澄淀泖区的主要控制口门。工程主要包括单孔16 m×2.5 m节制闸一座、16 m×135 m×2.5 m一线船闸一座、230 m×18 m×2.5 m复线船闸一座。

2.6 控制线枢纽工程

(1) 钟楼闸防洪控制工程:位于苏南运河常州市区段改线段上,为一座单孔净宽90 m的防洪闸,距老武宜运河河口上游约600 m,是太湖流域湖西引排武澄锡虞西控制线上的主要防洪控制工程。其主要任务是,在大洪水期启用,减轻常州、无锡、苏州三座城市和武澄锡低洼地区的防洪压力。

(2) 丹金闸枢纽:为太湖流域综合治理湖西引排骨干工程之一,位于丹金溧漕河高低水分界线上,由节制闸、船闸和公路桥三位一体组成。节制闸闸孔净宽16 m,设计过闸流量200 m^3/s;船闸长135 m、宽16 m。

(3) 丹金船闸:属于丹金溧漕河航道整治工程的组成部分,位于金坛市金城镇白塔附近。船闸为三级航道标准。闸室长180 m,宽23 m,门槛水深4 m,由交通部门管理。船闸最高通航水位6.31 m。在紧靠船闸一侧为通航孔并兼做节制闸,宽度为23 m。

(4) 蠡河枢纽:位于望虞河立交工程上游西侧,上游通苏南运河,下接望虞河,是望虞河左岸配套建筑物之一。工程由套(船)闸与节制闸组成。节制闸闸孔净宽8 m;船闸长135 m、宽12 m。

2.7 城市防洪工程

2.7.1 镇江市

目前镇江主城区尚未建成城市防洪大包围。

2.7.2 常州市

常州市城市防洪工程沿运河分为运北、潞横草塘、采菱东南、湖塘四片,面积共416.1 km^2,目前,运北片、湖塘片基本形成防洪包围圈。

运北片设计防洪标准为 200 年一遇。外排泵站总规模为 420.96 m^3/s(重要节点工程 365 m^3/s,其中排入运河流量为 179 m^3/s)。重要节点工程见表 2-4、图 2-5。

表 2-4　常州运北片主要控制建筑物规模表

序号	闸站名称	现状规模		
		泵站(m^3/s)	水闸(m)	备注
1	澡港河南枢纽	50	2×10	
2	老澡港河枢纽	10	1×8	
3	永汇河枢纽	10	1×8	
4	北塘河枢纽	30	1×12	
5	横峰沟枢纽	6	1×6	
6	糜家塘枢纽	15	1×6	
7	丁横河枢纽	15	1×6	
8	大运河东枢纽	100	2×16	
9	采菱港枢纽	20	1×12	
10	串新河枢纽	20	1×8	
11	南运河枢纽	30	1×12	
12	横塘河北枢纽	40	2×10	

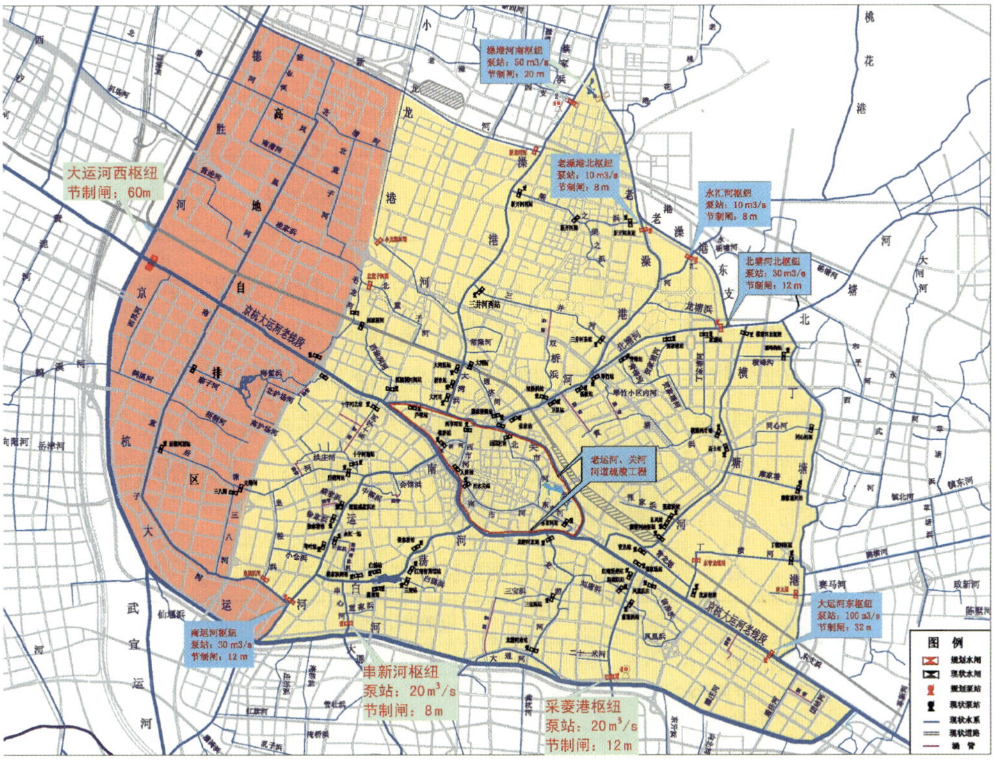

图 2-5　常州市运北片防洪节点工程总体布局示意图

湖塘片外排泵站总规模为78.1 m^3/s，其中排入运河流量为57.7 m^3/s。

常州城市防洪工程外排泵站入运河流量合计为236.7 m^3/s。具体见表2-5。

表2-5 常州城市防洪工程外排泵站(向运河排水)规模表

序号	分片	总规模(m^3/s)	直接排入运河流量(m^3/s)
1	运北片	420.96	179
2	湖塘片	78.1	57.7
合计		499.1	236.7

2.7.3 无锡市

无锡市城区分为运河以东的运东大包围、新区片、锡东片、锡北片、惠北片和运河以西的梁溪片、太湖新城片、惠南片和马山片共9片，面积共1 294 km^2，目前形成防洪包围圈的主要为运东大包围和太湖新城片。

运东大包围面积约144 km^2，设计防洪标准为200年一遇。外排泵站总规模为485.6 m^3/s，排入运河流量为218.8 m^3/s。

太湖新城片外排泵站总规模为97 m^3/s，其中排入运河流量为82 m^3/s。

无锡城市防洪工程外排泵站入运河流量合计为300.8 m^3/s，具体见表2-6。

表2-6 无锡城市大包围枢纽工程外排泵站(向运河排水)规模表

序号	分片	总规模(m^3/s)	直接排入运河流量(m^3/s)
1	运东大包围	485.6	218.8
2	太湖新城	97	82
合计		582.6	300.8

2003年起，无锡主城区开始实施运河东片城市防洪工程的建设，实行“大包围”控制方案，防洪标准为200年一遇，排涝标准为20年一遇，排涝模数3.05 $m^3/(s \cdot km^2)$，保护范围达到136 km^2，2008年底，工程基本建成并逐步开始发挥效益。2006年初，城市防洪工程专职运行管理单位无锡市城市防洪工程管理处(以下简称城防处)经市政府批准成立，负责城市防洪工程中江尖、仙蠡桥、利民桥、伯渎港、严埭港等5大枢纽以及外围口门北塘联圩8个闸站的运行管理，具体见表2-7、图2-6。

表2-7 无锡运东大包围主要控制建筑物规模表

序号	枢纽名称	设施概况			
		节制闸 单控闸门净宽(m) ×孔数	泵站 单机流量(m^3/s) ×台数	船闸 闸首宽(m)×闸室长度(m)	地涵 涵洞直径(m)×涵洞长度(m)×孔数
1	江尖	28×3	20×3		
2	仙蠡桥	16+20×2	15×5		φ3.5×530×3

续表

序号	枢纽名称	设施概况			
		节制闸 单控闸门净宽(m) ×孔数	泵站 单机流量(m^3/s) ×台数	船闸 闸首宽(m)×闸室 长度(m)	地涵 涵洞直径(m)×涵洞 长度(m)×孔数
3	利民桥	16	15×4	12(16)×90*	
4	伯渎港	8	15×3	8(12)×90	
5	九里河	8	15×3	8(12)×90	
6	北兴塘	16	15×4	16×135	
7	严埭河	12×2	14×5	16(20)×135	
8	寺头港	6×2			
合计			415		

注:括号里是船闸闸室的宽度,括号外面是闸门的宽度。

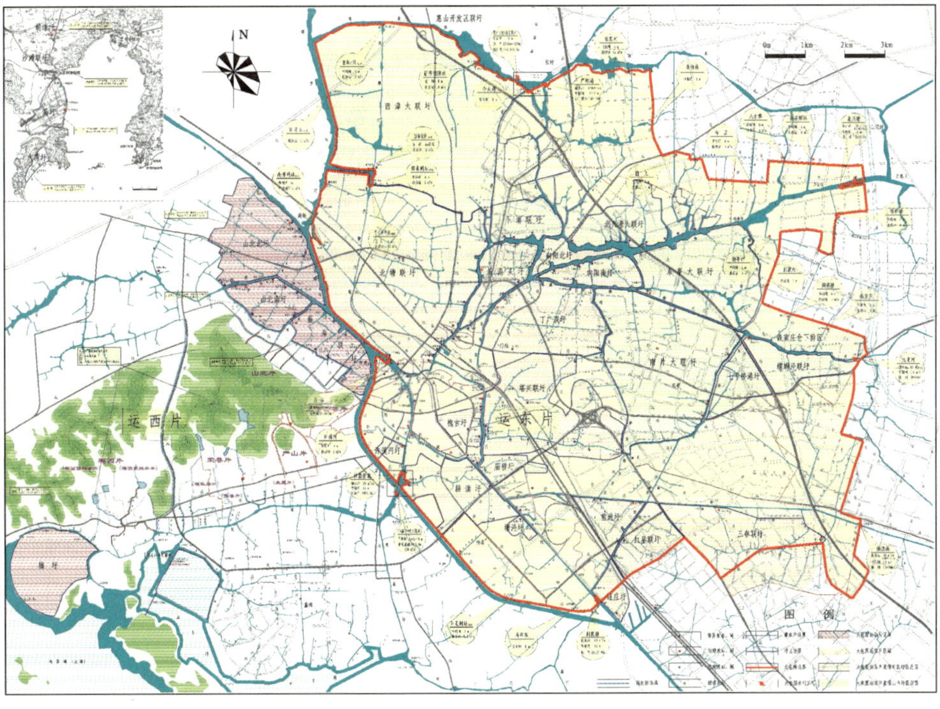

图 2-6 无锡市城市防洪排涝工程布局图

2.7.4 苏州市

苏州市城市防洪工程主要包括城市中心区大包围和金阊新城包围两部分,设计防洪标准均为 200 年一遇。

中心区大包围面积 84 km^2。外排泵站总规模为 286.5 m^3/s(含西塘河裴家圩枢纽),其中排入运河流量为 168 m^3/s。

金阊新城包围面积 13.7 km^2。外排泵站总规模为 39.1 m^3/s,其中排入运河流量为

23.5 m^3/s。

苏州城市防洪工程外排泵站入运河流量合计为191.5 m^3/s。具体见表2-8。

表2-8 苏州城市大包围枢纽工程外排泵站(向运河排水)规模表

序号	分片	总规模(m^3/s)	直接排入运河流量(m^3/s)
1	城市中心区大包围	286.5	168
2	金阊新城包围	39.1	23.5
合计		325.6	191.5

苏州2010月6月份建成城市中心区防洪大包围,共有市、区两级管理的11座防洪枢纽(合计265 m^3/s)、18座排涝泵闸(合计54 m^3/s),合计319 m^3/秒,形成了低洼片区小包围、雨水管网及下穿立交泵站等组成的排水防涝工程体系。工程实施后,苏州市城市中心区达到200年一遇的防洪能力,内河河道排涝标准能达到20年一遇且1日降雨不漫溢。具体见表2-9和图2-7。

结合城区自流活水工程,大包围沿运河侧的控制工程常年处于封闭状态,北部及东部沿线根据实际情况适度开闸放水。内河水位以苏州(觅渡桥)站水位为参考,非排涝状态时控制水位在2.85 m上下,进入排涝状态时,首先进行预降水位,将觅渡桥水位控制在2.75 m以下,其次在降雨期间全力排水。

表2-9 苏州城市中心区防洪大包围现状骨干控制工程规模表

序号	控制工程名称	规模		序号	控制工程名称	规模	
		节制闸(m) 孔数×单控闸门净宽	泵站 (m^3/s)			节制闸 (m)	泵站 (m^3/s)
1	裴家圩枢纽	3×10	40	20	外板桥闸站	5.4	2
2	元和塘枢纽	8	30	21	石渔桥泵站	4	
3	外塘河枢纽	2×14	15	22	上塘河船闸	16	
4	娄江枢纽	14	15	23	三星河闸	5	
5	南庄桥泵闸	8	10	24	相门塘闸	12	
6	胥江枢纽	南3×10、北15	20	25	张家浜闸	10	
7	仙人大港枢纽	8	15	26	吴埂桥闸	12	
8	东风新枢纽	8	20	27	九曲港闸	12	
9	青龙桥河枢纽	8	20	28	友新河闸	10	
10	大龙港枢纽	8	20	29	金巷桥河闸	10	
11	澹台湖枢纽	3×10	60	30	友谊河闸	10	
12	活络浜	4	2	31	总管塘河闸	2×8	
13	小觅渡桥泵闸	6	1	32	路南闸	6	
14	梅巷河泵闸	4	1	33	百吉桥闸	2×8	

续表

序号	控制工程名称	规模		序号	控制工程名称	规模	
		节制闸(m) 孔数×单控闸门净宽	泵站 (m^3/s)			节制闸 (m)	泵站 (m^3/s)
15	陈家桥泵闸	10	4	34	西山庙港闸	6+12+6	
16	东虎啸桥泵闸	8	2	35	僧塘圩南港闸	3×6	
17	娄葑泵闸	4	2.5	36	绿台桥港闸	12	
18	外河桥泵闸	6	4	37	红菱浜	6	7.5
19	徐家朗	4	1	合计			292

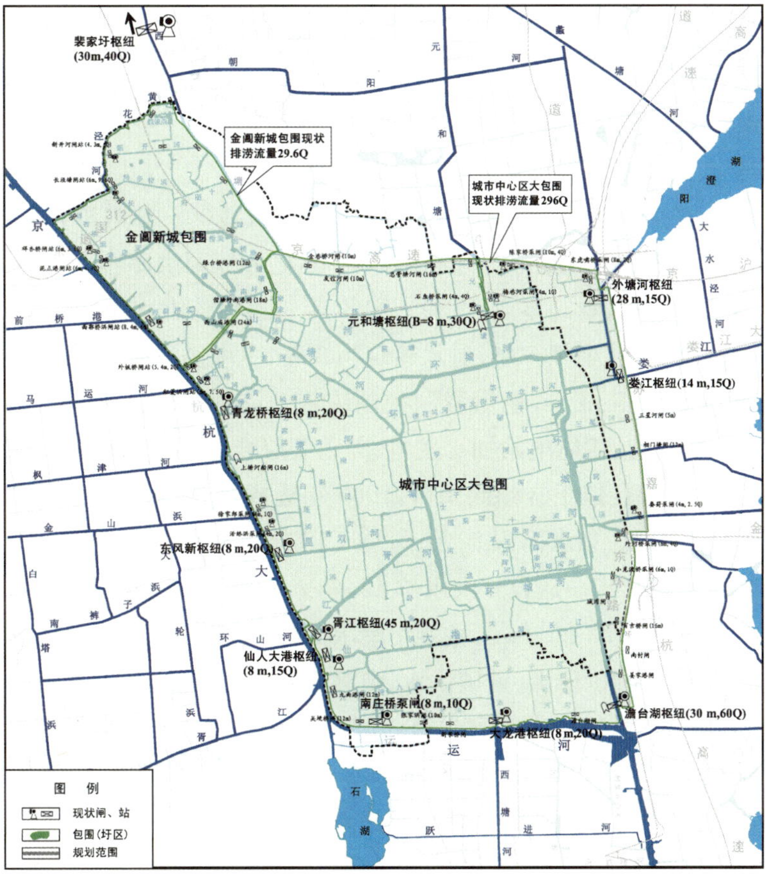

图 2-7 苏州市城市中心区防洪排涝工程布局示意图

2.7.5 沿线圩区

苏南运河沿线各市除建设城市大防洪包围外，部分低洼区域通过建圩设防。据统计，运河沿线常州、无锡和苏州圩区直接排水入运河流量为 318.96 m^3/s。各市具体情况见表 2-10。

表 2-10 苏锡常三市运河沿线圩区排涝泵站规模统计表

序号	行政区	圩区(个)	圩区总面积(km^2)	直接排入运河流量(m^3/s)
1	常州	14	60.1	65.4
1	无锡	4	250.2	39.5
2	苏州	20	428.7	214.1
合计		38	739.0	319.0

综上所述苏南运河沿线常州、无锡、苏州三市城市防洪工程及沿线圩区外排泵站向运河排水总规模为 1 048.0 m^3/s。

2.8 水库

江苏省太湖地区共有各类水库 164 座,其中大型 3 座,分别为沙河、大溪、横山水库;中型 6 座,分别为茅东、前宋、塘马、凌塘、仑山、墓东水库;小(一)型 36 座;小(二)型 119 座。水库分布于太湖湖西的茅山、宜溧等丘陵山区。

沙河水库:大(二)型,位于常州溧阳市,1961 年建成,2008—2011 年除险加固。集水面积 148.5 km^2,总库容 1.09 亿 m^3,兴利库容 0.46 亿 m^3,调洪库容 0.49 亿 m^3。100 年一遇设计洪水位 23.00 m(青岛零点,下同),2000 年一遇校核洪水位 24.42 m,汛限、兴利水位 21.00 m。主坝 1 座,副坝 5 座;泄水建筑物 3 座,主坝溢洪闸设计流量 100 m^3/s,上珠岗溢洪闸设计流量 165 m^3/s,泄洪隧洞控制流量 30 m^3/s;灌溉涵洞 3 座。水库为防洪、城镇供水、灌溉、旅游、蓄能电站抽水发电、养殖等综合利用型水库。

大溪水库:大(二)型,位于常州溧阳市,1960 年建成,1965 年、1971 年、1978 年续建,2009—2010 年除险加固。集水面积 90 km^2,总库容 1.13 亿 m^3,兴利库容 0.50 亿 m^3,调洪库容 0.66 亿 m^3。100 年一遇设计洪水位 15.48 m,2000 年一遇校核洪水位 15.98 m,汛限水位 12.0 m,兴利水位 13.0 m。主坝 1 座,副坝 1 座;溢洪闸 1 座,设计流量 120 m^3/s;灌溉涵洞 3 座。水库功能以防洪、城镇供水、灌溉为主,并结合水产养殖等。

横山水库:大(二)型,位于无锡宜兴市,1969 年建成,2001—2004 年除险加固。集水面积 154.8 km^2,总库容 1.12 亿 m^3,兴利库容 0.55 亿 m^3,调洪库容 0.59 亿 m^3。100 年一遇设计洪水位 38.75 m,2 000 年一遇校核洪水位 40.36 m,汛限水位 34.00 m,兴利水位 35.0 m。主坝 1 座,副坝 2 座;溢洪闸 1 座,设计流量 130 m^3/s;输水涵洞 2 座。水库功能以防洪、供水为主。

茅东水库:中型水库,位于常州市金坛区西部茅山东麓之下,薛埠河上游,1961 年 6 月基本建成。集水面积 22 km^2,总库容 1 761 万 m^3。50 年一遇设计洪水位 28.57 m,1 000年一遇校核洪水位 29.5 m。泄洪闸 1 座,设计流量 128.0 m^3/s;非常溢洪道 1 处;灌溉输水涵洞 2 座。1997 年建水厂 1 座,日供水能力 1 万 t。水库功能以防洪、城镇供水、灌溉、水产养殖和旅游综合利用为主。

前宋水库:中型水库,位于溧阳市南部丘陵山区,周城河上游。1960 年初步建成。集水面积 20 km^2，总库容 1 514 万 m^3。50 年一遇设计洪水位 20.99 m，1 000 年一遇校核洪水位 21.74 m。主坝 1 座，副坝 1 座，泄洪闸 1 座，设计流量 152 m^3/s；输水涵洞 3 座。水库功能以防洪、灌溉为主，结合水产养殖等综合效益，并向社渚镇、社渚农场供水。

塘马水库：中型水库，位于溧阳市北部丘陵地区的后周河上游。1962 年建成，集水面积 39.9 km^2，总库容 1 236 万 m^3。50 年一遇设计洪水位 12.12 m，1 000 年一遇校核洪水位 12.79 m。均质主副坝各 1 座，主坝中段设明渠溢洪道 1 座，设计流量 348.0 m^3/s；灌溉输水涵洞 3 座；补库提水站 1 座；向后周镇供水的水厂 1 座，设计日供水量 570 t。水库功能以防洪、灌溉为主，结合水产养殖等综合效益。

凌塘水库：中型水库，位于镇江市丹徒区南部低山丘陵区小金河上游，1972 年续建完成，集水面积 25.5 km^2，总库容 1 536 万 m^3。50 年一遇设计洪水位 28.17 m，1 000 年一遇校核洪水位 29.45 m。大坝 1 座；副坝 1 座；溢洪闸 1 座，设计流量 95 m^3/s；输水涵洞 2 座；水力发电站 1 座；非常溢洪道 1 座。水库功能以防洪、灌溉为主，结合水产养殖等综合效益。

仑山水库：中型水库，位于句容市东北部低山区通济河支流洛阳河上游，1972 年续建完成。集水面积 24.5 km^2，总库容 2 613 万 m^3。50 年一遇设计洪水位 56.15 m，1 000 年一遇校核洪水位 56.98 m。主坝、东副坝、西副坝各 1 座，系均质土坝；泄洪闸 1 座，设计流量 100 m^3/s；明渠式非常溢洪道 1 座；东副坝涵洞 1 座；西副坝涵洞 2 座。水库功能以防洪、灌溉为主，结合水产养殖，并向当地驻军及京口陶瓷厂供水。

墓东水库：中型水库，位于句容市东部低山丘陵地区的通济河上游，1977 年 8 月全面建成。集水面积 17.4 km^2，总库容 1 135 万 m^3。50 年一遇设计洪水位 31.63 m，1 000 年一遇校核洪水位 32.74 m。主坝 1 座，副坝 1 座；泄洪闸 1 座，设计流量 100 m^3/s；灌溉输水涵洞 2 座。水库功能以防洪、灌溉为主，兼顾水产养殖等综合效益。

3 雨情及水情分析

3.1 雨情、水情概述

受超强厄尔尼诺事件影响，2016 年江苏省太湖地区（以下简称太湖地区）出现超历史的雨情、水情。汛期（5—9 月），太湖地区降雨量超过 1999 年同期，排历史第 1 位，太湖湖西区最大 3 d、7 d、15 d 雨量均列历史第 1 位；太湖平均水位最高涨至 4.87 m，排历史第 2 位，苏南运河无锡、苏州站和湖西区的洮湖、滆湖、宜兴等站水位均超历史最高水位。

3.1.1 雨情概述

2016 年太湖流域降雨总体呈现以下特点：一是降雨持续偏多，历时长，进入 4 月份后，流域降雨持续偏多，至 7 月 8 日太湖水位达到最高值，流域降雨量 870.5 mm，较常年同期偏多 9 成；二是梅雨量大，降雨集中，6 月 19 日入梅至 7 月 20 日出梅，梅雨量 412.0 mm，较常年偏多 7 成，湖西区、武澄锡虞区、太湖区梅雨量为常年的 2 倍以上，其中湖西区最大 3 d、7 d 和 15 d 降雨量均位列历史第 1 位，最大 15 d 降雨量重现期超过 120 年一遇；三是降雨分布偏于流域西部、北部，汛期、梅雨期湖西区、武澄锡虞区、太湖区面雨量均明显大于阳澄淀泖区、浦南区。汛期，江苏省太湖地区累计降雨 1 164 mm，超过 1999 年汛期降雨量，排历史第 1 位，是常年同期雨量的 1.7 倍。

3.1.2 水情概述

2016 年太湖地区水情总体呈现以下特点：一是太湖高水位入汛入梅，入梅前已超警。受强降雨影响，太湖水位持续偏高。5 月 1 日，太湖以 3.51 m 的历史同期最高水位入汛；6 月 3 日，太湖平均水位达到 3.80 m，首次达到并开始超警戒水位；6 月 19 日太湖出现 3.77 m 的历史第二高入梅水位。二是入梅后太湖水位迅速上涨，达到历史第二高。7 月 3 日，太湖平均水位达到并超过 4.65 m，是继 1954 年、1991 年及 1999 年后太湖流域第四次发生超标准洪水；7 月 6 日，太湖平均水位涨至 4.80 m，流域发生特大洪水；7 月 8 日，太湖出现 2016 年以来最高水位 4.87 m，超防洪设计水位持续 16 d。三是河网水位普遍超警，部分站点超历史。受强降雨影响，地区河网水位大范围超警戒，超警时间大多在 20 d 以上，湖西区、武澄锡虞区和苏南运河一线 10 余个站点达到或超过历史最高水位，其中洮湖王母观站 4 次刷新历史记录。

太湖平均水位 7 月 8 日最高上涨至 4.87 m，超警戒 1.07 m，比防洪保证水位（4.66 m）高0.21 m，仅比 1999 年历史最高水位低 0.10 m，位列历史第 2 位；湖西片洮湖王母观站、滆湖坊前站、宜兴西氿站最高水位分别为 6.55 m、5.80 m 和 5.54 m，分别超过历史最高水位 0.43 m、0.37 m 和 0.24 m；苏南运河常州、无锡、苏州站最高水位分别为 6.32 m、5.28 m 和 4.82 m，其中无锡、苏州站超过历史最高水位 0.10 m 和 0.22 m；望虞河琳桥、平望站最高水位分别为 4.71 m、4.17 m，其中琳桥站超历史最高 0.03 m。4 月 1 日至 9 月 8 日太湖水位长时间处于超警戒状态，累计超警天数达 62 d，其中超保证水位 16 d；湖西地区洮湖、滆湖超警天数分别为 27 d、53 d。

3.2 暴雨成因

3.2.1 2016 年汛期暴雨分布特征

2016 年暴雨集中，江淮地区强降水持续时间长，强度大，图 3-1 是 6—8 月江苏省降水情况，全省夏季各站降水量 306.9 mm（响水）～1 013.4 mm（高淳），全省平均降水量为 590.6 mm，较常年偏多 1.4 成。与常年同期相比，沿淮以北地区（除睢宁）偏少 1～4.4 成外，全省其他大部地区正常或偏多 1～8.5 成。南京降雨量 719.6 mm，较常年偏多 3.7 成。

与常年同期相比（图 3-2），6 月除徐州、建湖和楚州偏少 1 成左右外，洪泽、东台、沿江东部和苏南中东部地区均偏多 1～2 倍，其他地区正常或偏多 1～9 成；7 月淮河以南地区正常或偏多 1～9 成，其中沿江地区偏多 1～1.9 倍，沿淮及淮北地区（除沛县、灌南、东海、西连岛）偏少 1～6 成；8 月除江阴、连云港、睢宁偏多 0.3～4 成外，全省其他地区普遍偏少1～9.2 成。

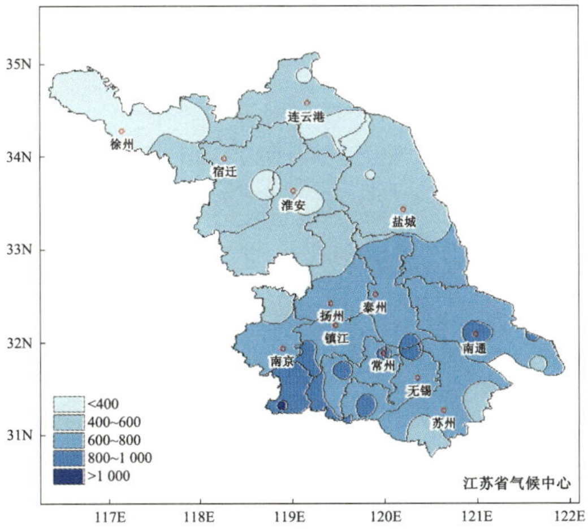

图 3-1　江苏省 2016 年夏季降水量(mm)分布图

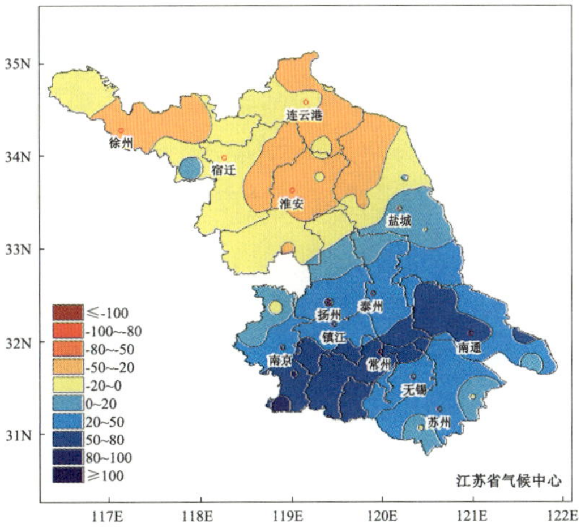

图 3-2　江苏省 2016 年夏季降水量距平百分率(%)分布图

2016 年汛期江苏降水时间分布具有明显集中期，从南京站情况分析（图 3-3），进入 5 月份后降水日数较多，但强降水主要集中在 6 月下旬到 7 月中旬，也就是江苏的梅雨期，出现了持续的暴雨。梅雨期的天气形势决定了汛期降水强度和防汛的严峻形势。因此在此重点分析梅雨期的强降水成因及异常特点。

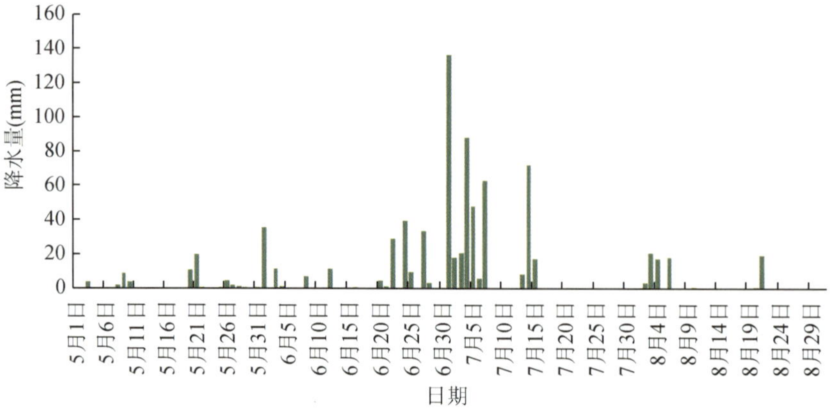

图 3-3　南京站 2016 年汛期逐日降水量分布

3.2.2　2016 年梅雨期特点

2016 年梅雨期有以下特点：

(1) 江苏入梅正常、出梅偏晚，梅期偏长。6 月 19 日，江苏省淮河以南地区入梅，入梅正常(常年 6 月 18—20 日)。7 月 20 日出梅，出梅偏晚(常年 7 月 10—12 日)。梅长 32 d，梅期偏长(常年 23～24 d)。

(2) 降雨总量大。梅雨期，太湖流域累计梅雨量 521.1 mm，是常年的 2.25 倍，位居历史第 3 位。太湖湖西区降雨量 627.3 mm，是常年的 2.53 倍，历史排第 2 位，为 40 年一遇；武澄锡虞区降雨量 560.5 mm，是常年的 2.34 倍，历史排第 4 位，为 30 年一遇；阳澄淀泖区降雨量 362.9 mm，较多年同期梅雨偏多 74%，历史排第 7 位，为 8 年一遇。

(3) 梅雨期强降水集中在梅雨前段，后段以分散性暴雨为主。梅雨前段，强雨带在江苏省南北摆动，强降水过程频繁，尤其是 6 月 19 日夜至 23 日、6 月 30 日夜至 7 月 4 日江苏省出现两轮持续性暴雨到大暴雨，为 1961 年以来同期罕见，导致太湖、苏南运河、长江干流出现严重汛情。7 月 1 日—3 日宜兴站累计雨量达 252.4 mm，为 1961 年来连续 3 d 累计降水量的极值。7 月 5 日后，降水强度明显减弱，主要以分散性暴雨到大暴雨为主。

(4) 短时降水强度大。7 月 7 日，溧阳南渡站 3 h 和 6 h 降雨量分别为 109 mm 和 111 mm。6 月 23 日，常州槽桥站 3 h 和 6 h 降雨量分别为 90 mm 和 116 mm。

3.2.3　梅雨期强降雨成因

1. 梅雨期环流形势

图 3-4 为 2016 年 6 月 20 日到 7 月 20 日强降水集中时段高空形势和低层风场辐合、水汽输送情况，以及和常年平均态的对比。首先从高空形势可明显看出期间中高纬度贝加尔湖西部地区存在明显阻塞高压和对应的切断低压，是典型的梅雨期降水稳定形势，阻塞高压区域高度场存在明显正距平，说明阻塞形势比较稳定。另外，副热带高压平均位置

也较有利于江苏的降水，平均脊线位置位于 24～25 °N，江苏刚好处于副高边缘，其西部有浅槽。正是在这种有利的大背景下形成了江苏持续强降水。低层的平均形势场也较为有利，700 hPa 上从南海、孟加拉湾到长江中下游地区存在明显的西南低空急流带，850 hPa 上江苏存在明显的风速辐合区和水汽辐合。大的环流背景为江苏强降水提供了有利的形势背景、低层辐合和源源不断的水汽输送。

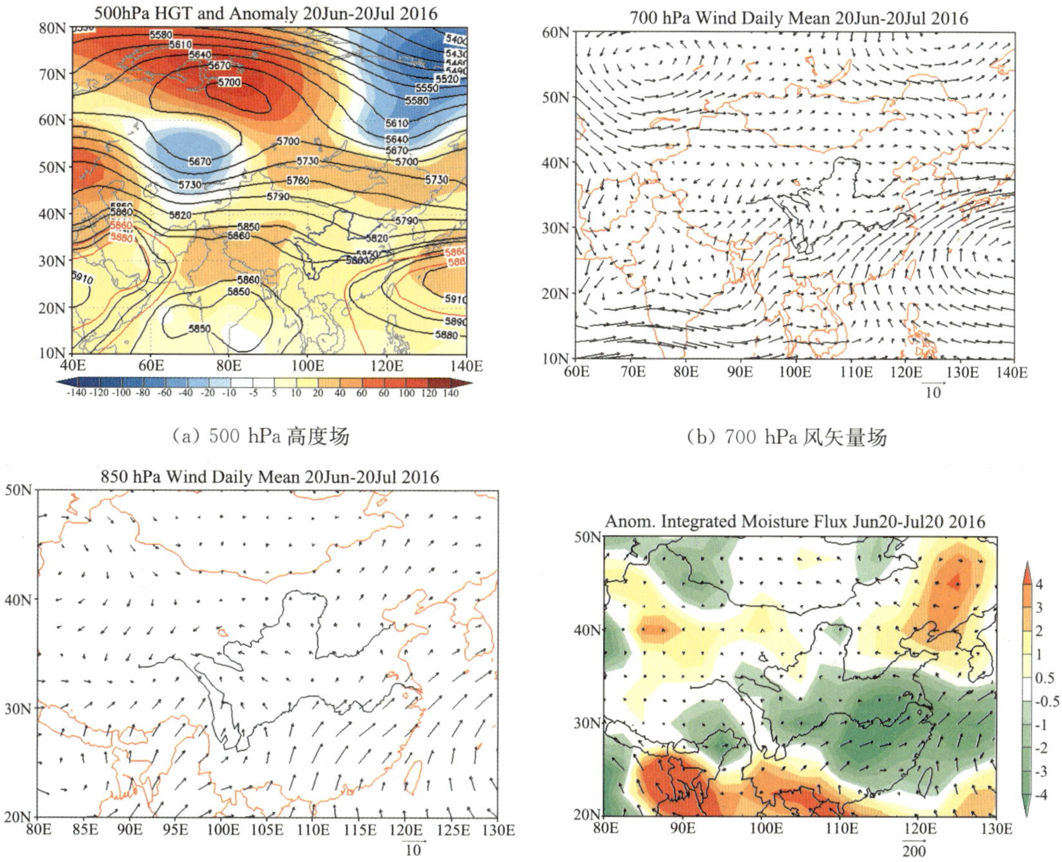

(a) 500 hPa 高度场 (b) 700 hPa 风矢量场

(c) 850 hPa 风矢量场 (d) 水汽通量

图 3-4 2016 年 6 月 20 日—7 月 20 日平均形势场

一些系统的特征指数时间变化也能反映出降水条件，图 3-5 为副高脊线和偏南经向风的逐候变化，副热带高压脊线的位置决定了水汽输送区域和强降水落区，自 6 月下旬到 7 月 5 日副高脊线稳定在 20～25 °N，是江苏梅雨期副高脊线的位置，且略高于历史平均值。7 月 12 日之后副热带高压处于逐渐增强期，江苏再次出现强降水。而两段副热带高压较强期中间 7 月 10 到 11 日存在明显的副高减弱，则主要是受到台风影响。110～120°E 平均经向风在 6—7 月较 5 月存在明显的增强北抬，经向风辐合区位于 30 °N 以北，且存在间隙性增强和减弱。经向风增强期正对应着降水集中期和加强期，经向风的时间演变也为梅雨期强降水提供了较好条件：一方面提供了源源不断的水汽输送，另一方面提供了水汽辐合的动力条件。

2. 梅雨期强降水环流形势

进入梅雨期后强降水一直维持在江淮地区，并略有南北摆动，分别在6月21日、23日、27日、28日、30日和7月1—4日、6—7日出现区域性暴雨，后期又受到第1号台风“尼伯特”影响。分析强降水期间形势发现，造成持续强降水的原因主要有以下几点：有利而稳定的高空环流背景、低层持续的水汽输送和较高的大气含水量、低层较强且持续的辐合、地面稳定的梅雨锋雨带。图3-5为强降水期间500 hPa高度场上588线和580线分布、850 hPa辐合线和地面锋面位置分布，500 hPa高度场显示在所有强降水过程中588线位置较为稳定，但存在着东西、南北的摆动，同时580线显示的高空槽在强降水期间也均存在，其位置一般位于河套东部到山东一带，可见稳定的副高位置和有利的高空槽为强降水提供了有利的高空背景。强降水过程低层辐合线均位于沿江到沿淮一带，即低空急流的北侧，其低层辐合区正是梅雨期强降水落区。另外从地面图上也发现很多强降水过程存在明显的静止锋，静止锋也位于沿江到沿淮一带，有时在静止锋上有波动性气旋生成，为强降水提供较好的辐合和上升运动。可见在梅雨期暴雨乃至大暴雨的发生是各层有利条件的综合反映。

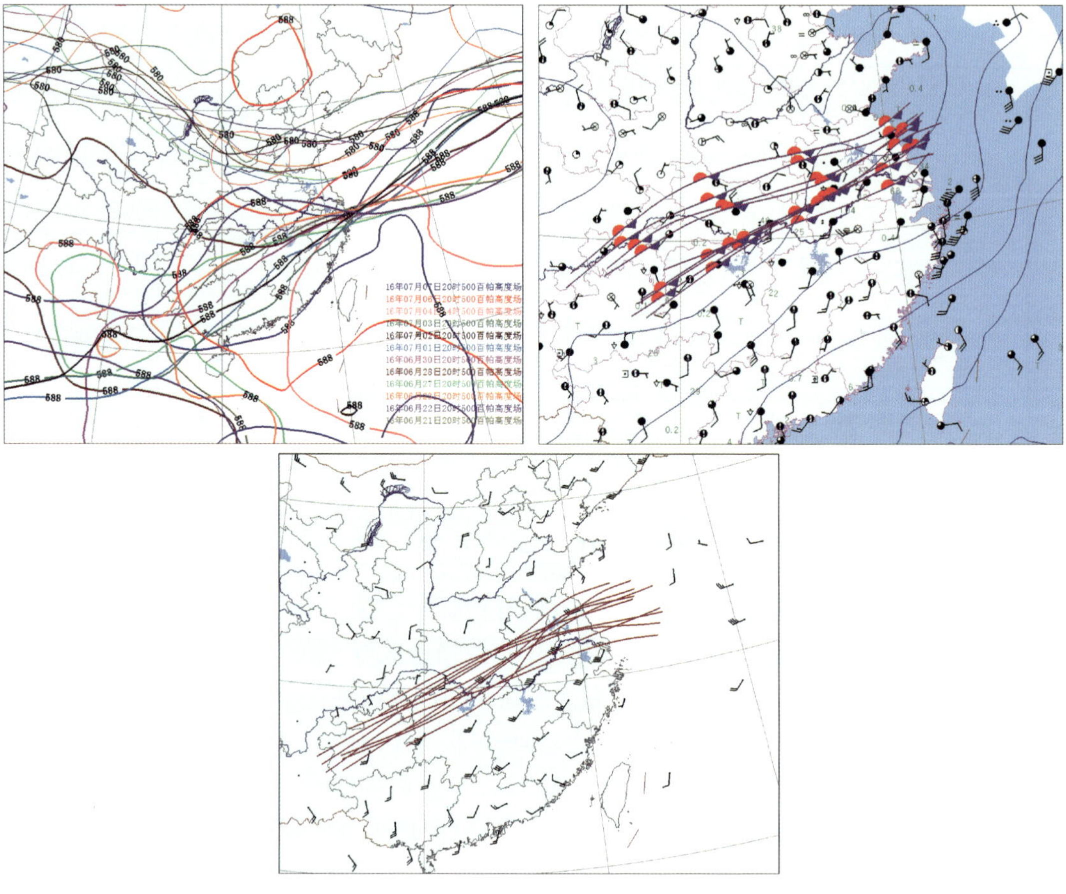

图3-5　2016年梅雨期强降水过程高空形势、低层辐合、地面静止锋分布

以 7 月 1—2 日江苏强降水为例，分析在沿江苏南地区出现暴雨到大暴雨致因。本次降水主要发生在淮河以南地区（图 3-6），特别是本省西南部地区降水较强，48 h 降水量超过了 250 mm，从溧水站降水量的逐时变化可看出，本次降水过程持续时间长，小时雨强并不大。持续的较强降水造成了本次强降水，因此稳定的降水形势维持是本次降水致因的主要条件。

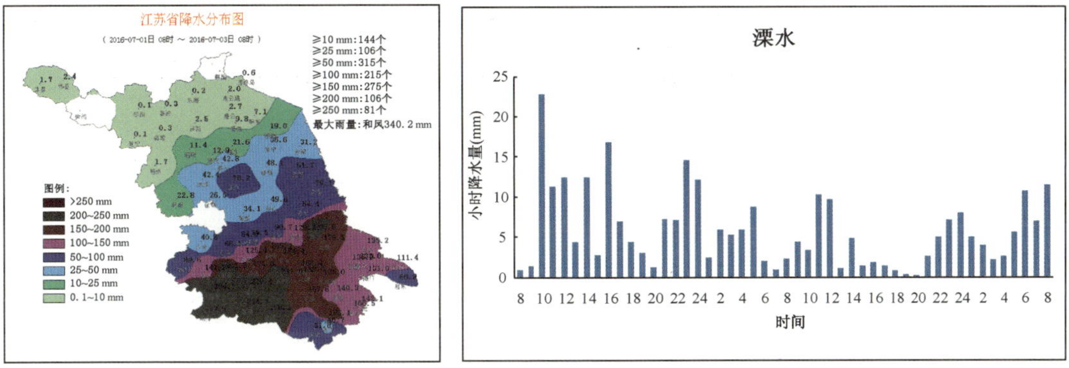

图 3-6　2016 年 7 月 1—2 日江苏降水实况和降水时间（溧水站）演变

（1）稳定的高空形势

此次过程中高空处于高空槽前副高西北部边缘地区，从副高 588 线逐 6 h 演变分析（图 3-7），在 48 h 内副高基本没有明显变化，588 线北界位于浙江中南部地区，且副高 588 线呈东北—西南向分布，副高的稳定维持为江苏淮河以南地区强降水提供了很好的水汽输送。低层辐合区位于江苏淮河以南地区，高层辐散分流区位于沿江苏南一带，这些条件既决定了降水的持续性，也决定了强降水的落区。

（2）稳定的高空辐散和低层辐合

持续强降水发生必具备强而稳定的辐合上升运动以及促使上升的动力条件，而在本次持续降水过程中，根据高空 200 hPa 上 118～120 °E 平均散度场的时间变化显示（图 3-8），自 7 月 1 日—3 日在 30～34 °N 范围内存在明显的正散度区，在该区域内高层

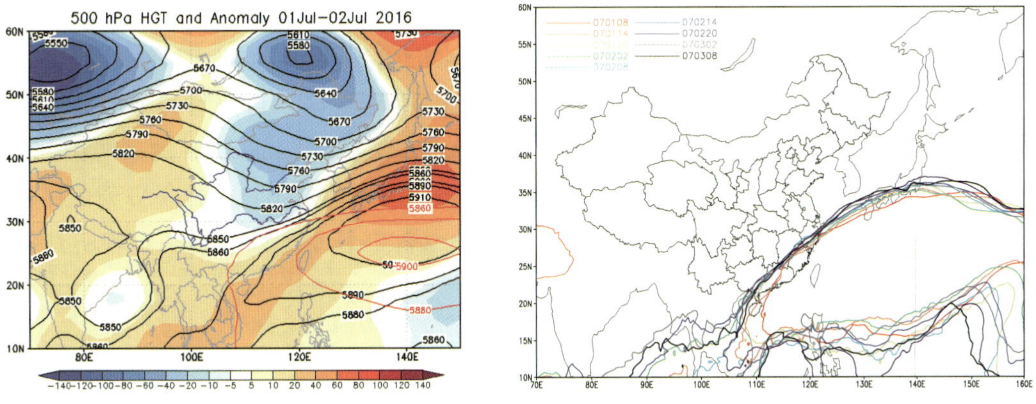

（a）500 hPa 高度场　　（b）588 线分布

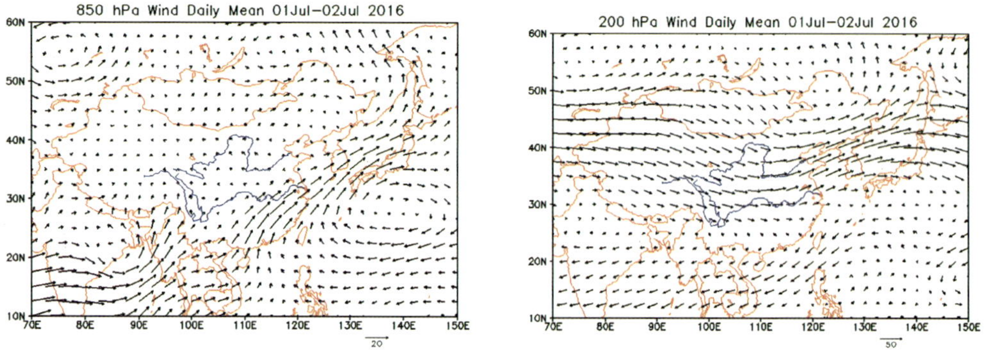

(c) 850 hPa 矢量场　　　　(d) 200 hPa 矢量场

图 3-7　2016 年 7 月 1—2 日环流背景

为明显的辐散，而低层在 30～34 °N 范围内存在明显持续稳定的南北风的辐合，且存在偏南经向风风速加强时段。这种稳定的高空辐散和低层辐合为强降水长时间在该区域的稳定维持提供了较好的动力条件。

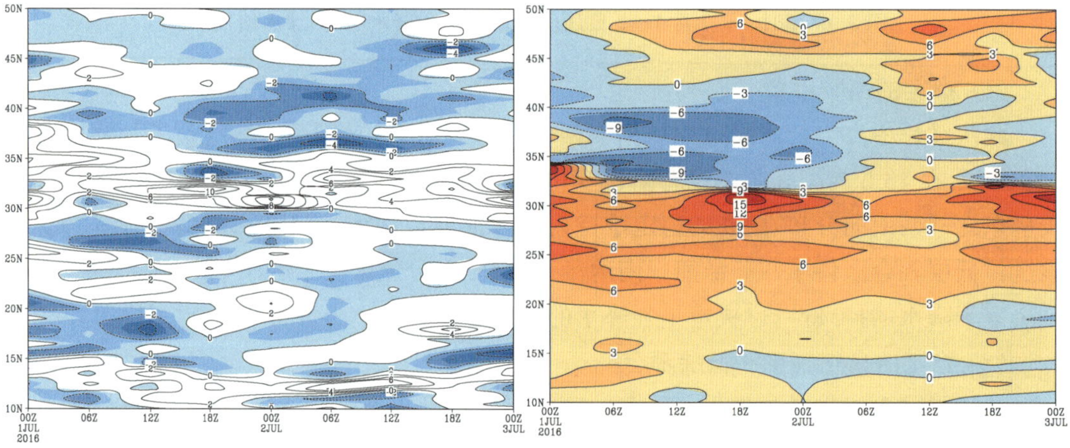

图 3-8　2016 年 7 月 1—3 日 200 hPa 散度纬度-时间分布(118～120 °E 平均)和 850 hPa 经向风速分布

(3) 持续稳定的水汽供应

较大的水汽量和源源不断的水汽输送是强降水形成的另一决定性因素，图 3-9 显示本次持续降水过程中首先存在明显的水汽输送通道，平均场显示自南海和孟加拉湾地区都有水汽输送到达江苏南部地区，且存在较大的水汽通量，保证了水汽来源，另外从(32 °N，119 °E)点比湿的垂直分布时间-高度剖面图上可明显看出自 7 月 1 日到 3 日该区域比湿均比较大，850 hPa 均在 14 g/kg 以上，这也是江苏夏季大部分暴雨过程所具备的水汽条件。

3.3　暴雨过程

5 月 1 日—6 月 18 日，太湖地区发生多场降雨过程，最大日雨量为 5 月 31 日的 37.8 mm。

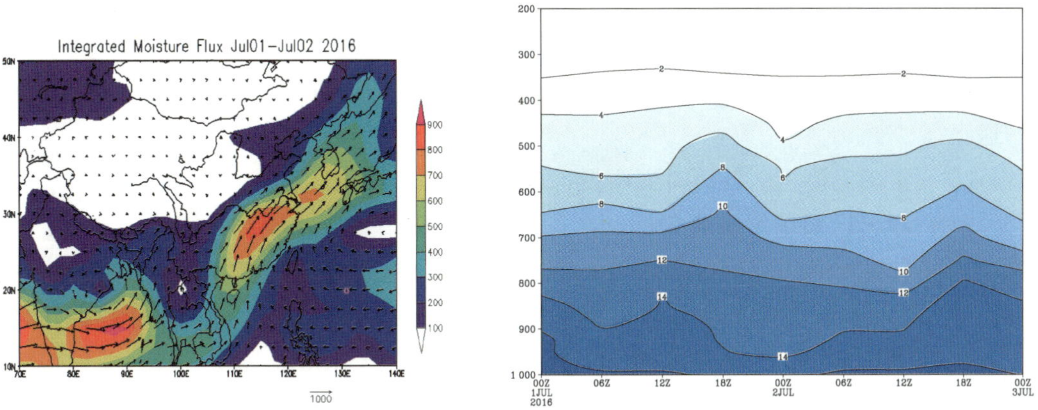

图 3-9　2016 年 7 月 1—2 日水汽输送和比湿演变

6 月 19 日—7 月 7 日，太湖地区发生了历时长、强度大的降雨过程，面均降雨量 466.2 mm，最大日雨量为 7 月 1 日的 82.5 mm。

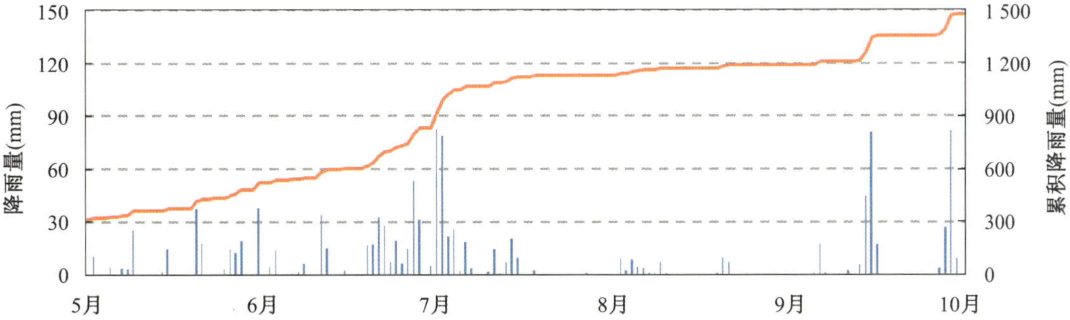

图 3-10　太湖流域 2016 年汛期降雨过程线、累计降雨过程线图

汛期末，受台风影响，太湖地区发生了 2 场较为明显的降雨过程。第 1 场降雨发生时间为 9 月 13—17 日，降雨量 148.8 mm，最大日雨量为 9 月 15 日的 80.8 mm。第 2 场降雨发生在 9 月 27—30 日，降雨量 120.9 mm，暴雨中心集中在太湖湖西区和武澄锡虞区，最大日雨量为 9 月 29 日的 81.4 mm，最大点雨量为南渡站的288.5 mm。

3.4　暴雨重现期

3.4.1　暴雨重现期分析

1. 水利分区雨情重现期分析

如表 3-1 至表 3-5 所示，2016 年太湖湖西区最大 3 d、7 d、15 d 面雨量均超历史最大值，其中最大 15 d 面雨量 524.5 mm(6 月 20 日—7 月 4 日)，大于 2015 年的 424.2 mm，超 120 年一遇，最大 3 d、7 d 面雨量均为 60 年一遇左右。此外，太湖湖西区 2016 年最大 30 日面雨量631.9 mm(6 月 19 日—7 月 18 日)，居历史第 2 位，约 40 年一遇。

2016年武澄锡虞区最大1 d、3 d面雨量相对较小，最大7 d面雨量居历史第4位，约20年一遇；最大15 d面雨量461.8 mm(6月20日—7月4日)，小于2015年的521.5 mm，居历史第2位，近40年一遇；最大30 d面雨量居历史第3位，近30年一遇。

2016年阳澄淀泖区各历时面雨量特征值表现均不突出。

2. 行政分区雨情重现期分析

2016年常州和无锡地区最大7 d、15 d面雨量均超历史最大值，其中常州最大15 d面雨量546.7 mm(6月20日—7月4日)，大于2015年的451.2 mm，近120年一遇；镇江地区最大7日雨量居历史第2位，约30年一遇；相较而言，苏州地区各历时面雨量均偏小。如表3-1至表3-5所示。

表3-1　2016年苏南各分区最大1 d面雨量频率分析及与历史比较表

分区		2016年				历史最大值		
		最大1 d(mm)	时段开始日期	历史排位	重现期(年)	最大1 d(mm)	时段开始日期	重现期(年)
水利分区	太湖湖西区	126.3	9-29	8	13	147.7	2015-6-16	30
	武澄锡虞区	93.1	9-29	14	3	179.6	1994-10-9	58
	阳澄淀泖区	70.2	9-15	32	小于均值	185.7	1962-9-5	55
行政分区	镇江	101.3	9-15	16	4	166.6	1972-7-2	29
	常州	148.0	9-29	4	24	160.6	1970-7-12	39
	无锡	94.3	9-29	12	4	185.6	1990-8-31	98
	苏州	75.8	9-15	23	3	184.0	1962-9-5	90

表3-2　2016年苏南各分区最大3 d面雨量频率分析及与历史比较表

分区		2016年				历史最大值		
		最大3 d(mm)	时段开始日期	历史排位	重现期(年)	最大3 d(mm)	时段开始日期	重现期(年)
水利分区	太湖湖西区	246.2	7-1	1	58	231.7	1957-7-1	39
	武澄锡虞区	185.2	7-1	7	8	266.7	1962-9-5	52
	阳澄淀泖区	119.1	7-1	22	3	284.3	1962-9-4	120
行政分区	镇江	210.9	7-1	8	10	279.2	1991-6-11	39
	常州	251.5	7-1	2	49	254.9	1957-7-1	54
	无锡	203.3	7-1	3	14	267.8	1957-7-1	61
	苏州	119.9	7-1	18	3	283.3	1962-9-4	210

表 3-3　2016 年苏南各分区最大 7 d 面雨量频率分析及与历史比较表

分区		2016 年				历史最大值		
		最大 7 d（mm）	时段开始日期	历史排位	重现期（年）	最大 7 d（mm）	时段开始日期	重现期（年）
水利分区	太湖湖西区	337.6	6-27	1	65	304.3	1991-6-29	33
	武澄锡虞区	292.7	6-27	4	19	355.7	1991-6-29	60
	阳澄淀泖区	197.6	6-26	12	5	334.0	1999-6-24	71
行政分区	镇江	357.4	6-30	2	29	386.8	2003-7-4	43
	常州	356.1	6-27	1	77	332.6	1991-6-29	48
	无锡	318.2	6-27	1	50	297.2	1957-6-30	33
	苏州	203.0	6-26	9	6	337.4	1999-6-24	87

表 3-4　2016 年苏南各分区最大 15 d 面雨量频率分析及与历史比较表

分区		2016 年				历史最大值		
		最大 15 d（mm）	时段开始日期	历史排位	重现期（年）	最大 15 d（mm）	时段开始日期	重现期（年）
水利分区	太湖湖西区	524.5	6-20	1	127	424.2	2015-6-15	29
	武澄锡虞区	461.8	6-20	2	35	521.5	2015-6-15	73
	阳澄淀泖区	308.0	6-19	9	9	394.2	1999-6-16	31
行政分区	镇江	435.5	6-21	6	16	532.8	1991-6-29	38
	常州	546.7	6-20	1	119	451.2	2015-6-15	33
	无锡	486.3	6-20	1	69	417.8	1957-6-20	27
	苏州	338.9	6-19	4	16	396.8	1999-6-16	39

表 3-5　2016 年苏南各分区最大 30 d 面雨量频率分析及与历史比较表

分区		2016 年				历史最大值		
		最大 30 d（mm）	时段开始日期	历史排位	重现期（年）	最大 30 d（mm）	时段开始日期	重现期（年）
水利分区	太湖湖西区	631.9	6-19	2	41	674.6	1991-6-11	60
	武澄锡虞区	560.8	6-19	3	27	695.1	1991-6-11	115
	阳澄淀泖区	412.1	6-3	9	8	594.4	1999-6-7	62
行政分区	镇江	570.5	6-19	4	16	833.4	1991-6-11	124
	常州	636.2	6-19	2	47	704.2	1991-6-11	92
	无锡	575.8	6-8	3	37	582.1	1999-6-7	40
	苏州	439.1	6-8	5	12	598.0	1999-6-7	92

3.4.2 最大 1 d、3 d、7 d 面雨量分析

最大 1 d 面雨量 82.5 mm(7 月 1 日)，居历史第 15 位(历史最大 138.2 mm)，约 5 年一遇；暴雨中心位于太湖湖西区西部，100 mm 以上笼罩面积 5 487 km^2，150 mm 以上笼罩面积 115 km^2。

最大 3 d 面雨量 183.2 mm(7 月 1 日—3 日)，居历史第 4 位(历史最大 214.8 mm)，约 31 年一遇；暴雨中心位于太湖湖西区西南部，100 mm 以上笼罩面积 16 334 km^2，200 mm 以上笼罩面积 8 486 km^2。

最大 7 d 面雨量 274.0 mm(6 月 27 日—3 日)，居历史第 2 位(历史最大 288.7 mm)，约 60 年一遇；暴雨中心位于太湖湖西区和武澄锡虞区，100 mm 以上笼罩面积 19 246 km^2，200 mm以上笼罩面积 15 242 km^2，300 mm 以上笼罩面积 8 059 km^2，400 mm 以上笼罩面积 1 545 km^2。

3.5 与历史暴雨比较

3.5.1 不同历时雨量分析

太湖地区选择丹阳、常州、南渡、漕桥、宜兴、无锡、江阴为代表站，进行雨量统计分析(如表 3-6、表 3-7、表 3-8 所示)。

表 3-6 2016 年太湖地区南渡、常州、漕桥站长短历时雨量及其历史排位表 mm

南渡	短历时	时段	1 h	时间	3 h	时间	6 h	时间	12 h	时间	24 h	时间
		2016 年	69.5	7-7	109.0	7-7	111.0	7-7	124.5	9-29	205.5	9-29
		排位	3		5		7		11		1	
		历史极值	80.5	2008 年	150.0	2008 年	153.0	2008 年	153.5	2008 年	202.4	1957 年
	长历时	时段	1 d	时间	3 d	时间*	7 d	时间	15 d	时间	30 d	时间
		2016 年	211.0	9-29	304.0	7-1	450.5	7-1	623.0	6-23	764.0	6-8
		排位	1		2		1		1		1	
		历史极值	200.6	1957 年	310.4	1957 年	322.2	1957 年	411.5	1991 年	659.9	1991 年
常州	短历时	时段	1 h	时间	3 h	时间	6 h	时间	12 h	时间	24 h	时间
		2016 年	33.0	7-11	54.0	7-11	58.5	9-29	86.0	9-29	131.0	9-29
		排位	26		21		29		20		11	
		历史极值	57.5	2015 年	75.4	1991 年	123.3	1974 年	156.8	1974 年	185.2	1974 年
	长历时	时段	1 d	时间	3 d	时间	7 d	时间	15 d	时间	30 d	时间
		2016 年	158.0	9-29	224.5	7-1	335.5	6-27	532.0	6-21	635.0	6-15
		排位	4		3		5		2		3	
		历史极值	176.6	1970 年	315	2015 年	397.5	2015 年	585.0	2015 年	764.9	1991 年

续表

漕桥	短历时	时段	1 h	时间	3 h	时间	6 h	时间	12 h	时间	24 h	时间
		2016 年	44.5	6-8	90.0	6-23	116.0	6-23	116.0	6-22	132.5	9-29
		排位	13		4		1		5		9	
		历史极值	73.7	1979 年	100.5	2009 年	106.0	2009 年	185.0	2012 年	206.0	2012 年
	长历时	时段	1 d	时间	3 d	时间	7 d	时间	15 d	时间	30 d	时间
		2016 年	125.5	9-29	203.0	7-1	321.5	6-26	582.0	6-20	667.5	6-7
		排位	8		7		2		1		1	
		历史极值	202.5	2012 年	326.0	1957 年	342.0	1957 年	480.2	1957 年	546.2	1957 年

注：资料系列南渡 1951—2016 年，常州 1951—2016 年，漕桥 1957—2016 年。“长历时”栏中的时间日期为时段起始日。

表 3-7　2016 年太湖地区宜兴、江阴、无锡站长短历时雨量及其历史排位表　mm

宜兴	短历时	时段	1 h	时间	3 h	时间	6 h	时间	12 h	时间	24 h	时间
		2016 年	29.2	6-1	60.4	6-1	72.4	7-2	121.6	7-2	183.8	7-1
		排位	39		19		22		8		5	
		历史极值	94.3	2011 年	188.1	2006 年	213.1	2006 年	228.0	2006 年	242.8	1957 年
	长历时	时段	1 d	时间	3 d	时间	7 d	时间	15 d	时间	30 d	时间
		2016 年	130.0	7-2	252.4	7-1	368.6	6-27	497.0	6-20	559.2	6-16
		排位	13		2		2		2		3	
		历史极值	236.7	1957 年	430.8	1957 年	477.7	1957 年	573.1	1957 年	684.0	1999 年
江阴	短历时	时段	1 h	时间	3 h	时间	6 h	时间	12 h	时间	24 h	时间
		2016 年	30.4	6-22	56.2	6-22	97.8	6-22	137.6	6-21	153.4	6-21
		排位	48		25		13		8		9	
		历史极值	93.7	1986 年	139.7	1993 年	150.9	1993 年	218.9	1994 年	231.2	1994 年
	长历时	时段	1 d	时间	3 d	时间	7 d	时间	15 d	时间	30 d	时间
		2016 年	148.8	6-21	176.2	7-1	264.8	6-21	495.0	6-21	566.0	6-20
		排位	6		14		7		1		3	
		历史极值	231.2	1994 年	256.0	2015 年	357.3	1991 年	443.6	2015 年	704.1	1991 年
无锡	短历时	时段	1 h	时间	3 h	时间	6 h	时间	12 h	时间	24 h	时间
		2016 年	46.6	6-22	67.4	8-5	78.8	6-11	92.0	6-11	124.8	7-1
		排位	20		22		21		23		15	
		历史极值	82.7	1992 年	111.5	1988 年	127.5	1988 年	163.2	1990 年	222.3	1990 年
	长历时	时段	1 d	时间	3 d	时间	7 d	时间	15 d	时间	30 d	时间
		2016 年	98.0	7-2	195.0	7-1	319.0	6-27	468.4	6-22	594.0	6-7
		排位	15		9		3		1		2	
		历史极值	221.2	1990 年	295.7	1991 年	366.3	1991 年	463.6	1957 年	619.4	1991 年

注：资料系列宜兴 1951—2016 年，江阴 1951—2016 年，无锡 1951—2016 年。“长历时”栏中的时间日期为时段起始日。

表 3-8　2016 年太湖地区丹阳站站长短历时雨量及其历史排位表　mm

丹阳	短历时	时段	1 h	时间	3 h	时间	6 h	时间	12 h	时间	24 h	时间
		2016 年	49.0	7-6	93.0	7-6	128.0	7-6	130.0	7-6	165	9-15
		排位	18		4		5		7		7	
		历史极值	84.2	1996 年	107.4	1992 年	180.2	1966 年	271.7	2004 年	296.3	2004 年
	长历时	时段	1 d	时间	3 d	时间	7 d	时间	15 d	时间	30 d	时间
		2016 年	144.0	9-15	222.5	9-14	401.5	6-30	482.5	6-22	633.0	6-16
		排位	7		6		2		4		4	
		历史极值	231.7	1966 年	320.5	2004 年	424.2	2004 年	529.5	2015 年	750.1	1992 年

注：资料系列丹阳 1952—2016 年。“长历时”栏中的时间日期为时段起始日。

从短历时来看，2016 年漕桥站最大 3 h，6 h，12 h 暴雨分别为 90.0 mm、116.0 mm、116.0 mm，均居历史前 5 位，其中最大 6 h 超历史最大值；南渡站最大 1 h 雨量 69.5 mm，居历史第 3 位；其他代表站短历时降雨强度一般，历史排名大都在 10 位以外。

从长历时来看，所选代表站雨量历史排名大都明显靠前，部分时段超历史最大值。如南渡站最大 1 d、7 d、15 d、30 d 雨量分别达 211.0 mm、450.5 mm、623.0 mm、764.0 mm，漕桥站最大 15 d 雨量 582.0 mm，最大 30 d 雨量 667.5 mm，均居历史第 1 位。

3.5.2　与典型年暴雨比较

在空间分布上，2016 年汛期太湖水系降雨总体呈由东向西递减趋势，雨量介于 1 000～1 600 mm(见图 3-11)；梅雨期太湖水系降雨总体呈由西向东递减趋势，雨量介于 300～700 mm(见图 3-12)。

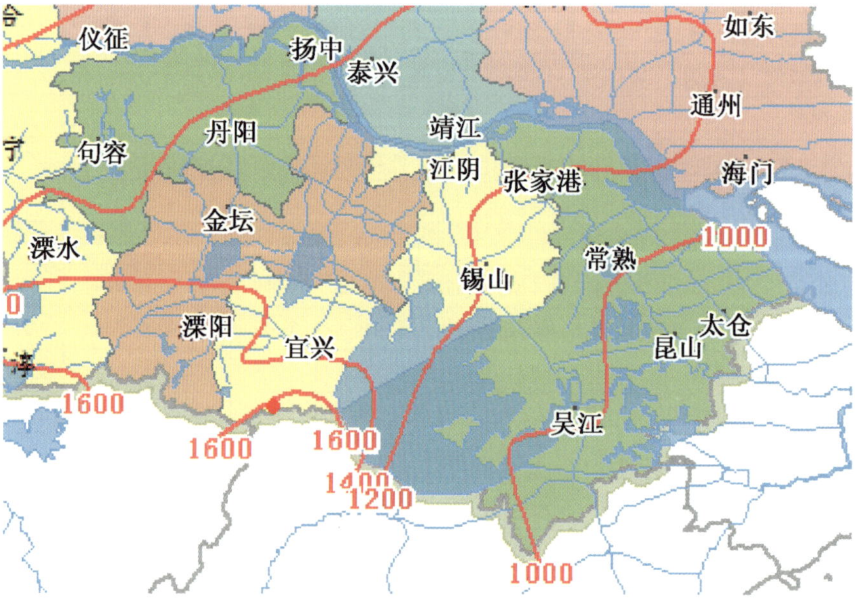

图 3-11　2016 年汛期太湖水系雨量等值线图(单位:mm)

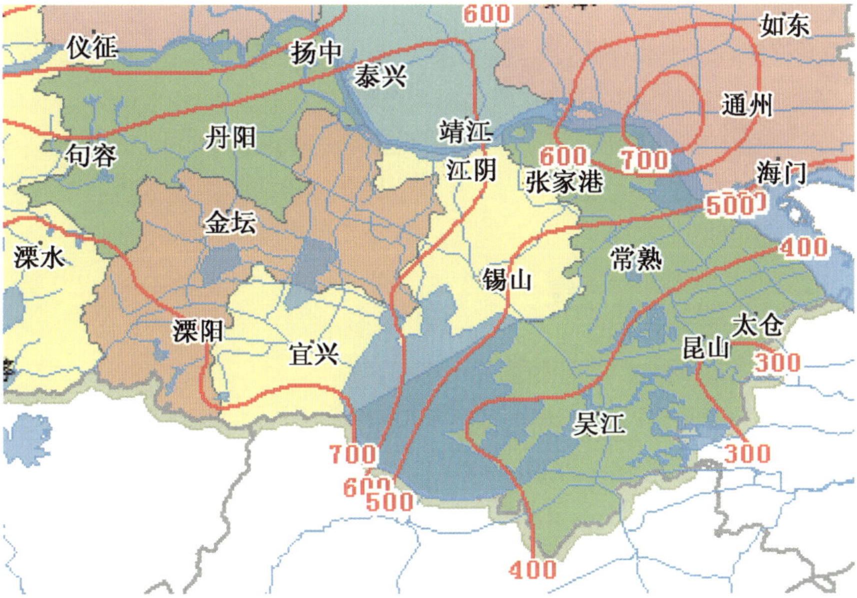

图 3-12 2016 年梅雨期太湖水系雨量等值线图(单位:mm)

与历史典型年比较,2016 年的汛期及梅雨期降雨无论是在降雨量,还是在时空分布上,均存在差异。

1991 年汛期太湖水系降雨总体呈现由东南向西北递增趋势,雨量介于 1 000～1 400 mm(见图 3-13);1999 年汛期太湖水系降雨总体呈现由南向北递减趋势,雨量介于 500～900 mm(见图 3-14);2015 年汛期太湖水系暴雨集中区位于太湖湖西区、武澄锡虞区交界处北部,雨量超过 1 400 mm,雨势向两侧逐渐递减(见图 3-15)。

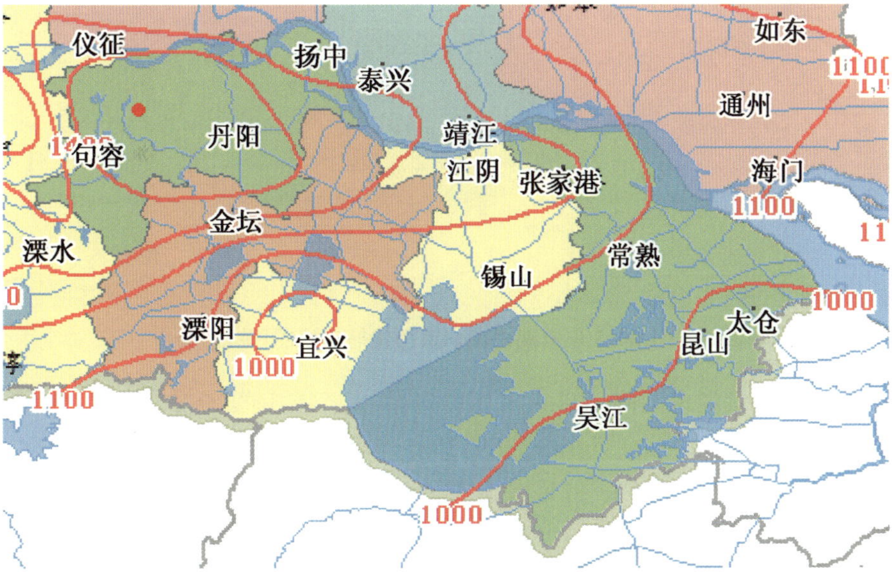

图 3-13 1991 年汛期太湖水系雨量等值线图(单位:mm)

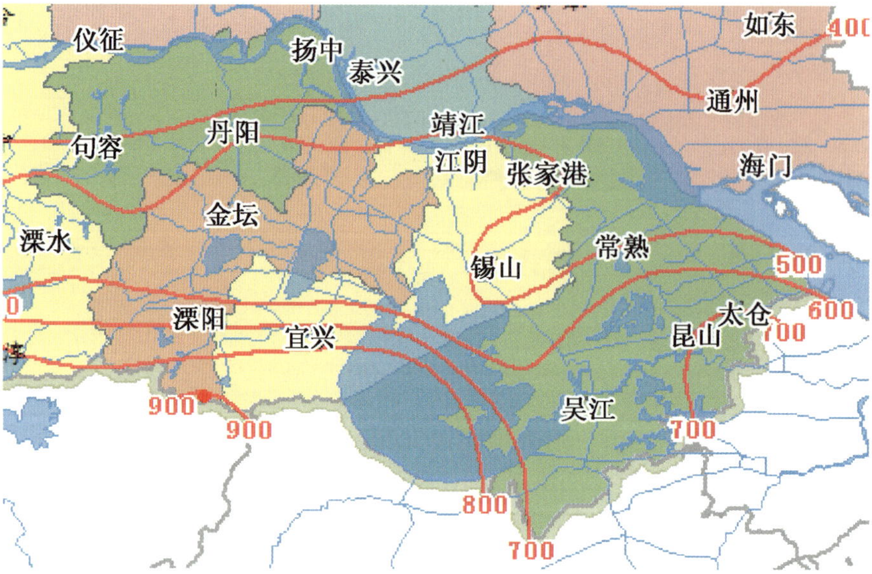

图 3-14　1999 年汛期太湖水系雨量等值线图(单位:mm)

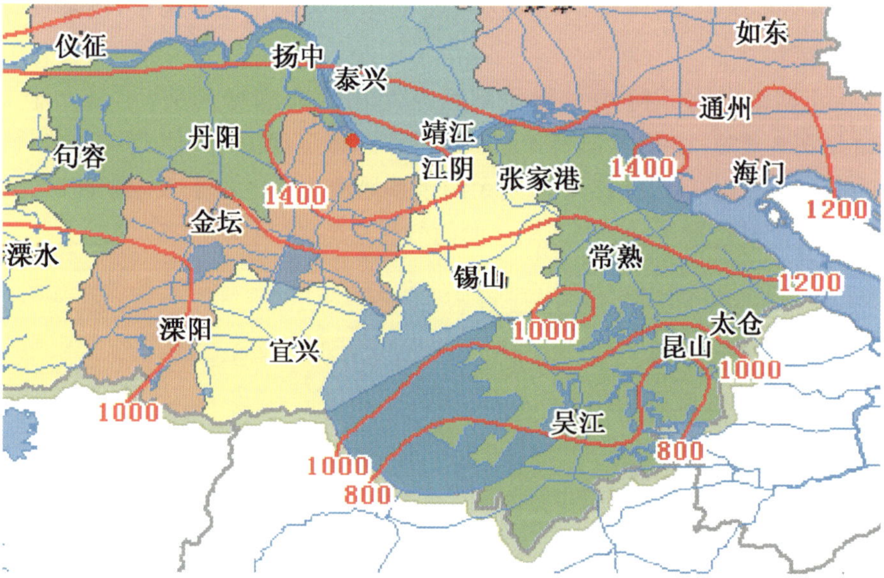

图 3-15　2015 年汛期太湖水系雨量等值线图(单位:mm)

1991 年梅雨期太湖水系降雨呈现由西向东递减趋势,雨量介于 500～900 mm,太湖湖西区北部雨量超过 900 mm(见图 3-16);1999 年梅雨期太湖水系降雨由南向北递减,雨量介于 500～800 mm(见图 3-17);2015 年梅雨期太湖水系暴雨集中区位于太湖湖西区、武澄锡虞区交界处北部,雨量超过 600 mm,雨势向西南、东南逐渐减弱,太湖湖西区、阳澄淀泖区南部雨量 200 mm(见图 3-18)。

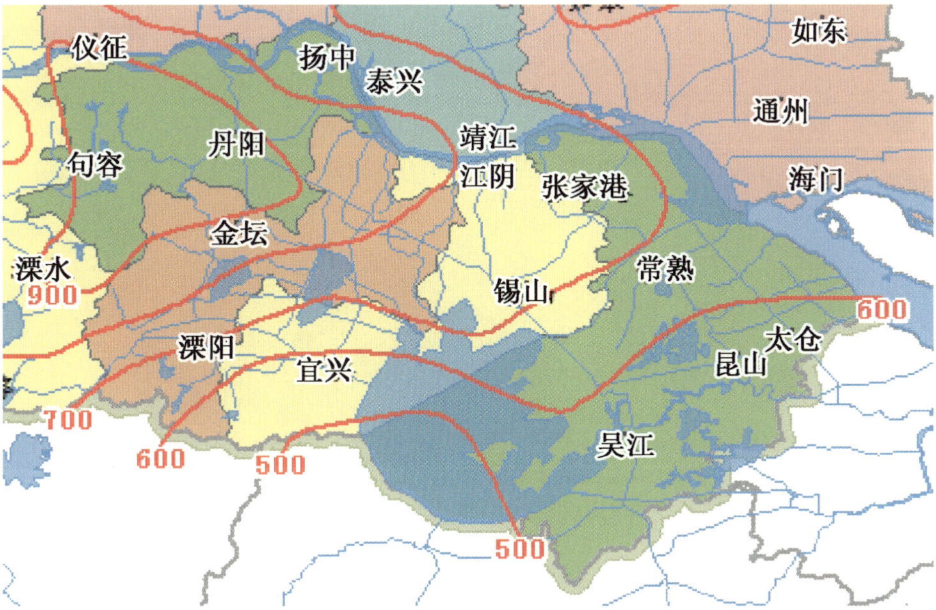

图 3-16　1991 年梅雨期太湖水系雨量等值线图(单位:mm)

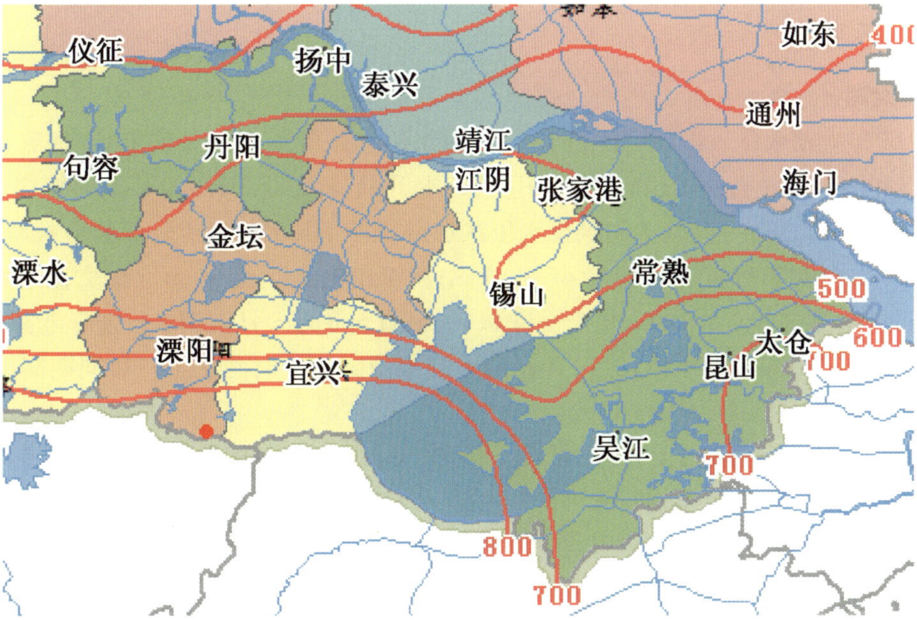

图 3-17　1999 年梅雨期太湖水系雨量等值线图(单位:mm)

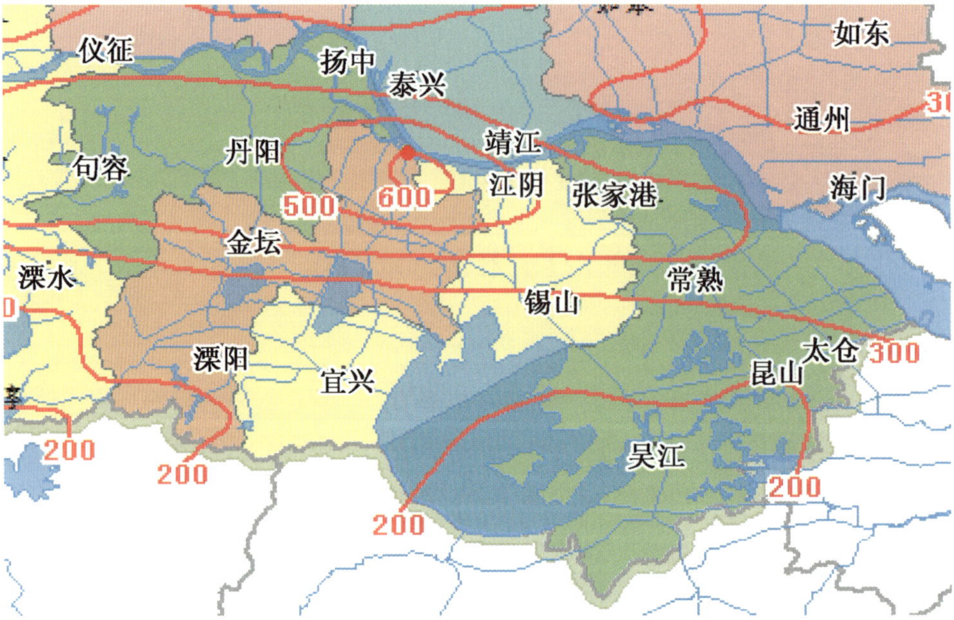

图 3-18　2015 年梅雨期太湖水系雨量等值线图(单位:mm)

3.6　与历史洪水比较

3.6.1　洪水分析

1. 太湖

2016 年太湖水位入汛以后比 2015 年同期水位一直高出 0.25 m 左右，入梅后(除了 6 月 19 日和 20 日)一直处于超警状态并呈持续上升趋势，7 月 3 日 18 时太湖平均达到保证水位 4.65 m，之后一直处于超保证水位状态；7 月 8 日 20 时达到最高水位 4.87 m，历史排位第 2，仅次于历史最高 1999 年 4.97 m；截至出梅日 7 月 20 日 8 时太湖平均水位 4.56 m，仍超警戒水位 0.76 m，低于保证 0.10 m，直至 8 月 5 日太湖水位才降至警戒水位以下。对比 2015 年太湖水位，2016 年汛期太湖水位大部分时间比上一年同期高出 0.20～0.70 m 左右(见图 3-19)。

汛期，望亭立交出湖 21.61 亿 m^3，太浦闸排水 39.16 亿 m^3，太湖地区沿江 15 个闸站排水 67 亿 m^3，其中常熟枢纽排水 30.6 亿 m^3。大水期间(6 月 21 日—8 月 3 日，太湖连续超警期间)，望亭立交、太浦闸排水量分别为 12.02 亿 m^3、22.98 亿 m^3，分别占整个汛期排水量的 55.6%、58.7%，最大日排水流量均为 7 月 11 日，太浦闸为 898 m^3/s、望亭立交为 452 m^3/s，合计为 1 350 m^3/s(如表 3-9，图 3-20 和图 3-21 所示)。

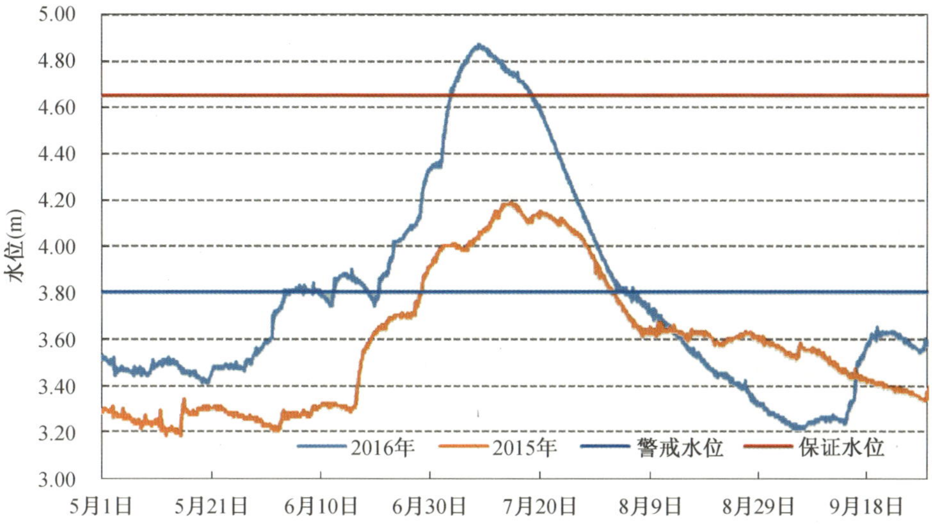

图 3-19 2015 年、2016 年汛期太湖平均水位过程对比图

表 3-9 2016 年汛期太湖主要排水口门排水情况

	超警期间(亿 m^3)	超警期间占比(%)	梅雨期(亿 m^3)	梅雨期占比(%)	汛期(亿 m^3)
望亭立交	12.02	55.6	8.48	39.2	21.61
太浦闸	22.98	58.7	16.3	41.6	39.16

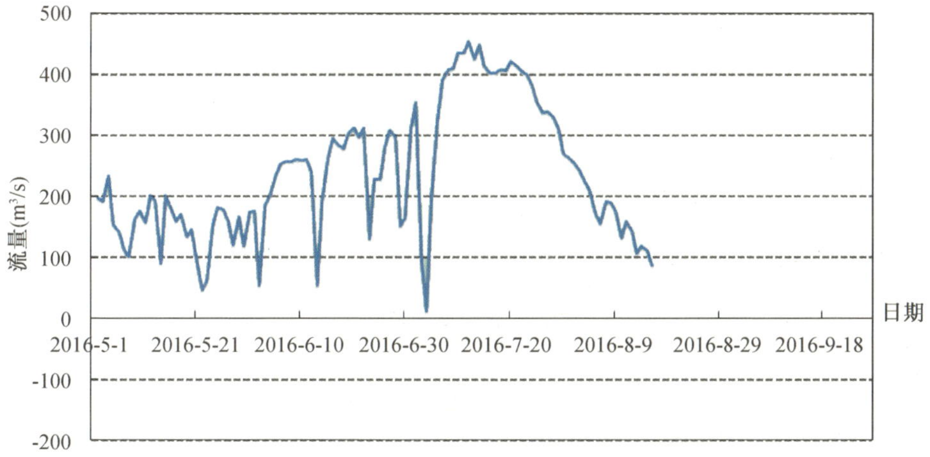

备注:断线期间关闸。

图 3-20 2016 年汛期望亭立交日均流量过程线图

2. 苏南运河

苏南运河各代表站进入主汛期以来水位相对较高,进入 7 月水位迅速上涨,丹阳站 7 月 1 日 18 时开始超警戒水位,7 月 5 日 10 时达到最高水位 6.97 m,10 年一遇;常州站(钟楼闸上)6 月 22 日 8 时开始超警戒水位,7 月 5 日 9 时达到最高水位 6.31 m;无锡站 6

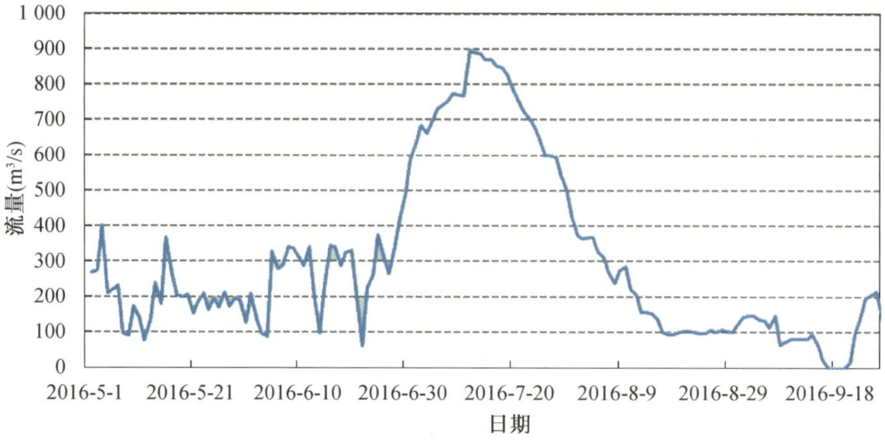

图 3-21　2016 年汛期太浦闸日均流量过程线图

月 22 日 6 时开始超警戒水位，7 月 3 日 6 时开始超历史最高水位，7 月 3 日 10 时达到最高水位 5.28 m，超历史 0.10 m，约为 80 年一遇；苏州站 6 月 21 日 9 时开始持续超警戒水位，7 月 2 日 7 时开始超历史最高，7 月 2 日 10 时达到最高水位 4.80 m，超历史 0.20 m，50 年一遇(图 3-22)。洛社站 2016 年最大实测流量为 7 月 4 日 176 m^3/s，超过 1999 年的 168 m^3/s，排历史第 1 位(图 3-23)。

对比 2015 年苏南运河代表站的水位过程线(图 3-24)可以明显看出，2015 年 3 场降雨形成 3 个场次洪水，洪水陡涨陡落；而 2016 年 6 月份水位相对比较平缓，进入 7 月水位迅速上涨，而且高水位持续时间相对较长，水位回落时间相对较慢。

2016 年汛期，太湖地区沿江闸站合计日均流量最大值为 7 月 3 日 2 298 m^3/s，累计排水 67 亿 m^3，其中常熟枢纽排水 30.6 亿 m^3。6 月 19 日—7 月 20 日梅雨期，沿江排水 29.81 亿 m^3，占汛期排水量的 44.4%(图 3-25)。

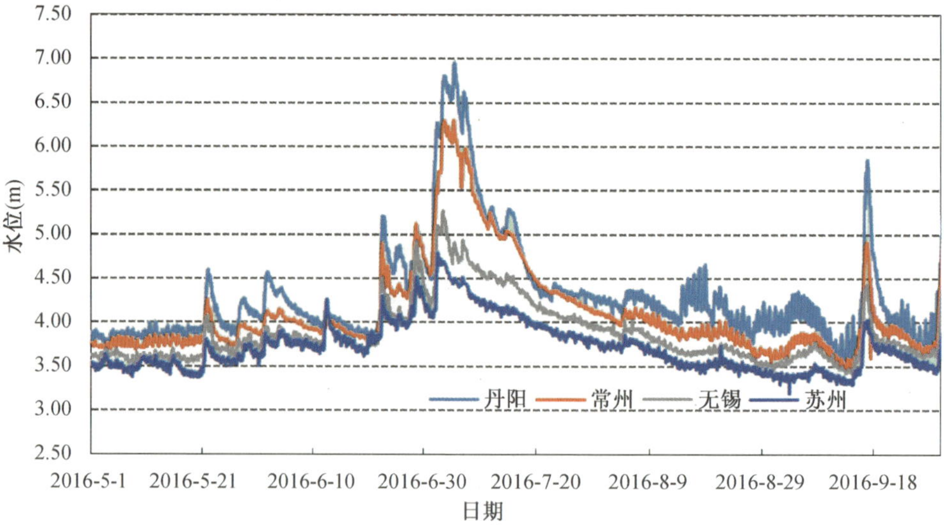

图 3-22　2016 年汛期苏南运河代表站水位过程线图

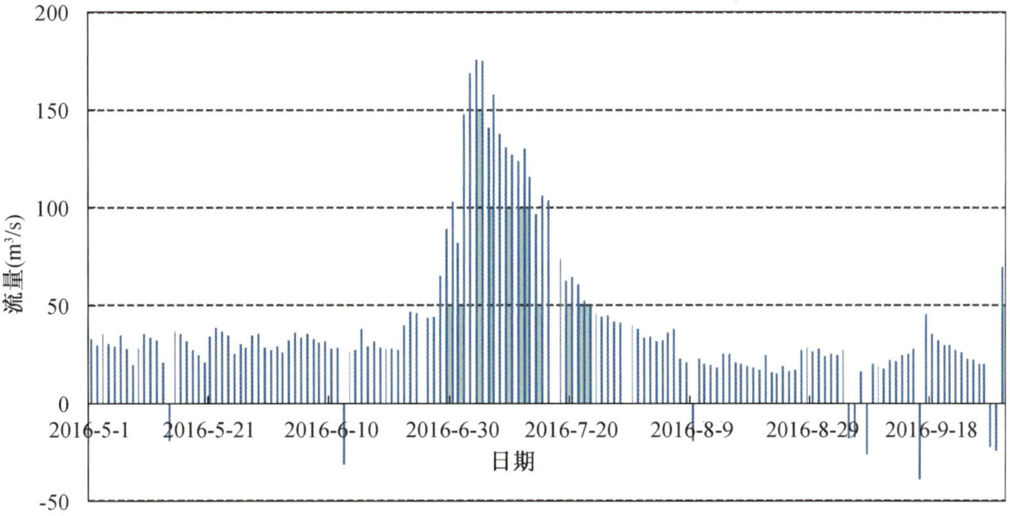

图 3-23　2016 年汛期苏南运河洛社站实测流量柱状图

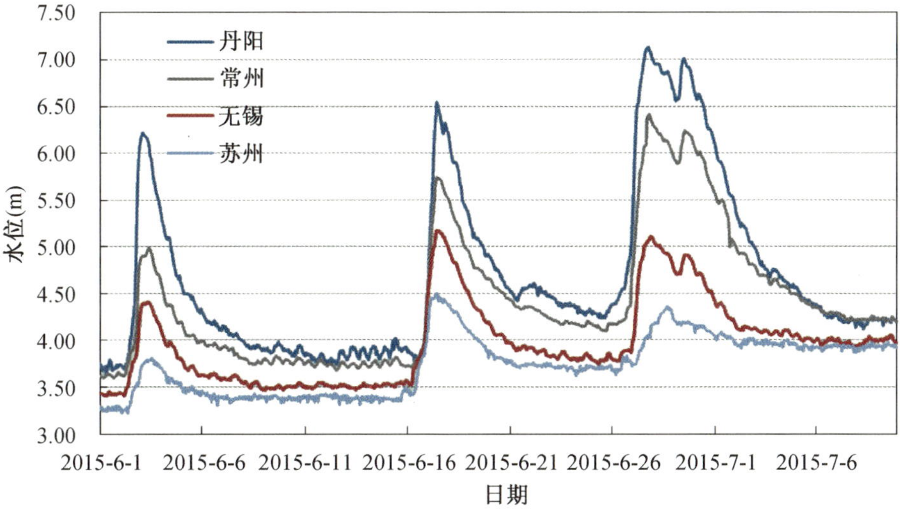

图 3-24　2015 年 6 月 1 日—7 月 11 日苏南运河代表站水位过程线图

3. 洮湖滆湖

入梅后，洮湖代表站王母观站水位波动上升，有数天在警戒水位 4.60 m 上下，6 月 27 日 11 时达到警戒水位之后持续上升，进入 7 月迅速上升，7 月 2 日 16 时达到以往历史最高水位 6.12 m，并于 7 月 5 日 12 时达到最高水位 6.55 m，超 1991 年的历史最高水位 0.43 m，约 100 年一遇；滆湖代表站坊前站水位于 6 月 22 日 8 时开始超警戒水位，并于 7 月 3 日 6 时达到以往历史最高水位 5.43 m，7 月 5 日 11 时达到最高水位 5.80 m，超历史最高水位 0.37 m，约 120 年一遇。王母观、坊前站水位分别于 7 月 21 日、8 月 4 日回落到警戒水位以下，两站持续超警天数分别为 31 d、54 d(图 3-26)。

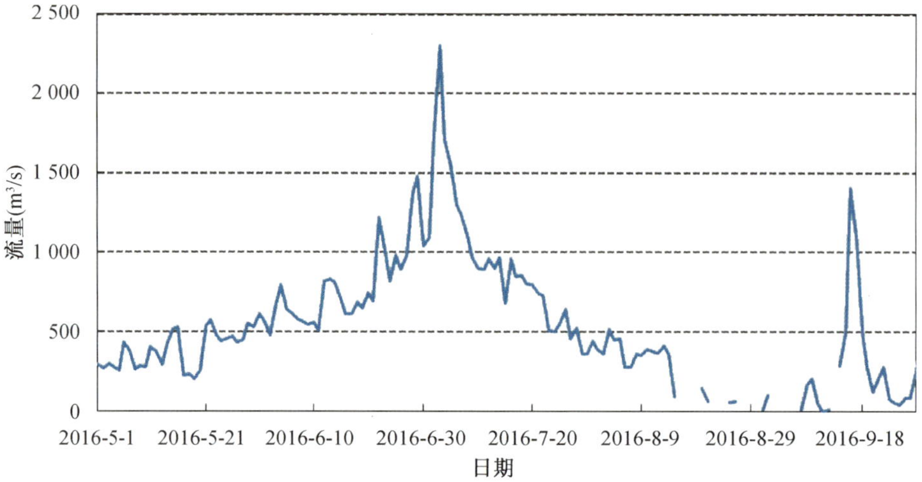

图 3-25　2016 年汛期太湖地区沿江闸站合计日均排水流量过程线图

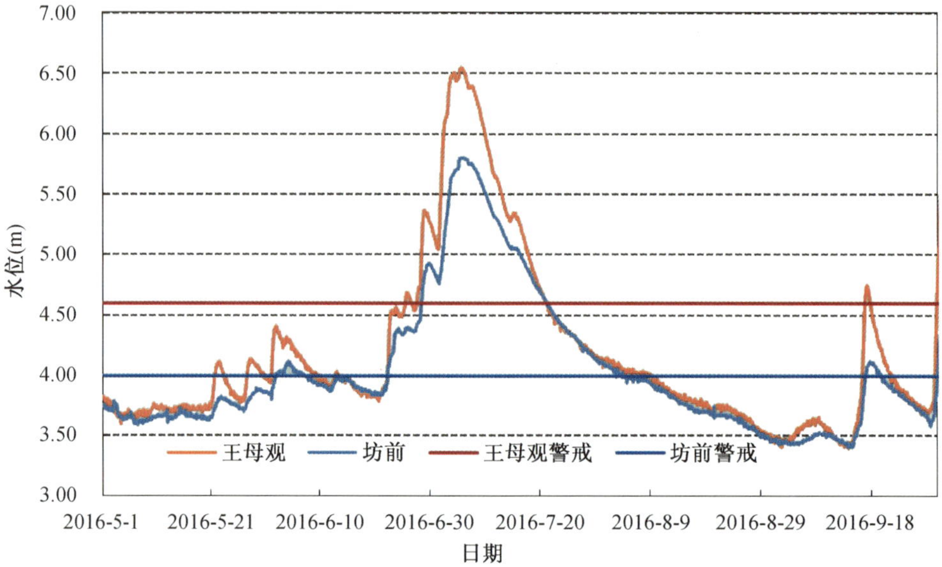

图 3-26　2016 年汛期洮滆湖代表站水位过程线图

4. 湖西区河道

入梅以后，丹金溧漕河金坛站水位 6 月 28 日 8 时开始超警戒水位，7 月 1 日 8 时降到警戒水位以下 4.99 m，进入 7 月又迅速回升，并于 7 月 3 日 8:35 超历史最高水位 0.01 m，7 月 5 日 10 时达到最高水位 6.65 m，超历史最高水位 0.11 m，约 40 年一遇，之后水位缓慢回落，7 月 17 日水位回落至警戒水位以下，累计超警天数 23 d(图 3-27)。

宜溧漕河代表站溧阳站水位 6 月 27 日 6 时开始持续超警，6 月 28 日 21 时达到第一个洪峰水位 5.55 m，进入 7 月以后水位又迅速回升，并于 7 月 2 日 17 时达到历史最高水位 6.00 m，7 月 5 日 7 时达到最高水位 6.29 m，超历史最高水位 0.29 m，87 年一遇。7 月

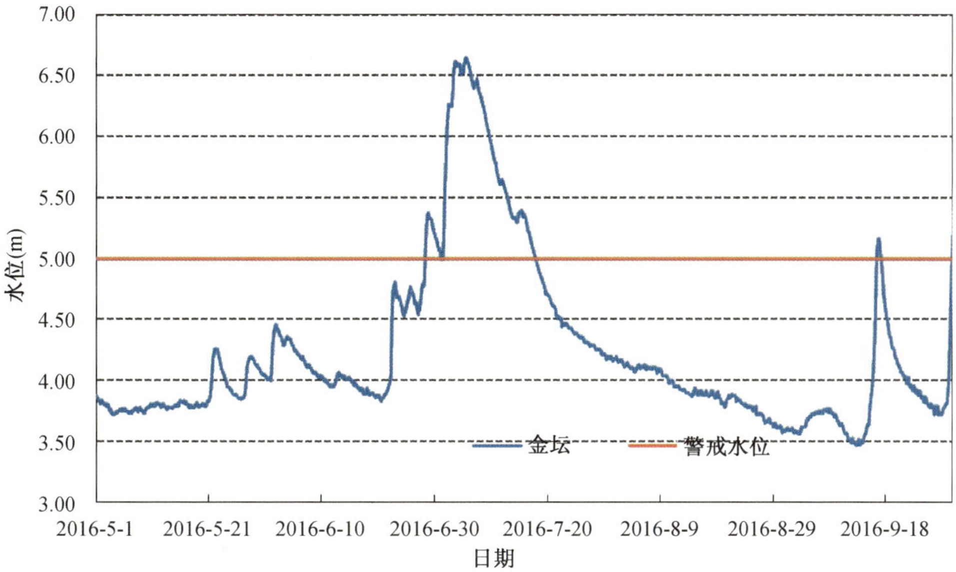

图 3-27　2016 年汛期金坛站水位过程线图

23 日水位回落至警戒水位以下，累计超警戒天数 30 d(图 3-28)。

西氿代表站宜兴站水位 6 月 23 日 10 时开始持续超警，7 月 2 日 17 时达到历史最高水位(5.30 m，1991 年)，7 月 5 日 8 时达到最高水位 5.54 m，约 80 年一遇，7 月 27 日回落至警戒水位以下，累计超警戒天数 36 d(图 3-29)。

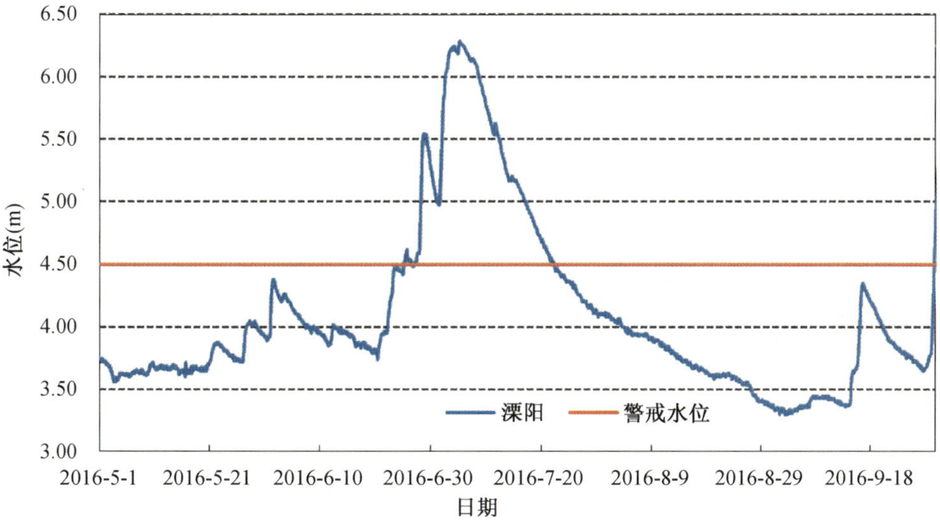

图 3-28　2016 年汛期溧阳站水位过程线图

5. 武澄锡虞区河道

锡澄运河代表站青阳站水位 6 月 22 日 6 时开始超警，之后基本处于超警状态，并于 7 月 3 日 7 时达到历史最高水位(5.32 m，2015 年)，7 月 3 日 7:25 达到最高水位 5.34 m，超历史最高水位 0.02 m，约 80 年一遇。7 月 31 日水位回落至警戒水位以下，累计超警天数 55 d(图 3-30)。

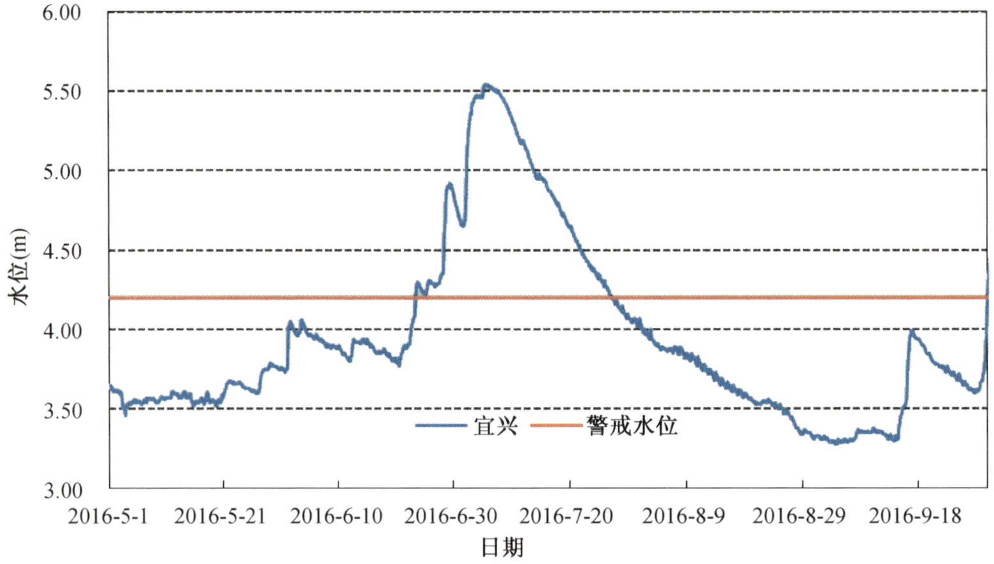

图 3-29　2016 年汛期宜兴站水位过程线图

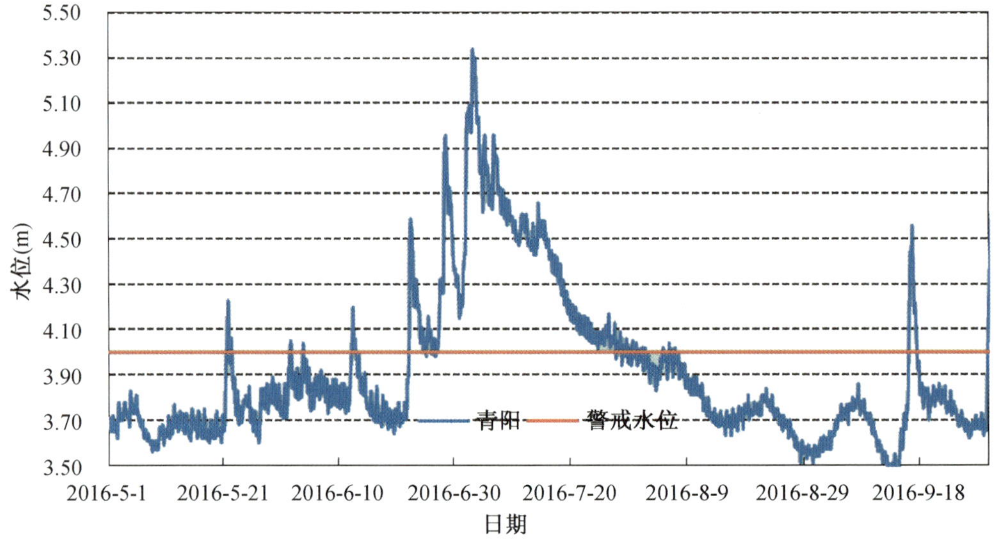

图 3-30　汛期青阳站水位过程线图

3.6.2　与历史洪水比较

1. 太湖

2016 年 7 月 8 日 20 时太湖平均水位达到最高水位 4.87 m，历史排位第 2，仅次于历史最高 1999 年的 4.97 m，排位第 3 的是 1991 年的 4.79 m，排位第 4 的是 1954 年的 4.65 m，排位第 5 的是 1993 年的 4.46 m。

对比典型年洪水过程，首先，2016 年一进入汛期太湖水位就相对比较高，高出 1954 年、1999 年 0.50 m 左右；其次，2016 年洪峰水位历史排位第 2，仅次于 1999 年的 4.97 m；第三，从最大涨幅来说，2016 年太湖水位涨幅 1.41 m 最小，1999 年涨幅 1.99 m 最大；第四，2016 年洪水涨水速度明显快于 1954 年、1991 年，而比 1999 年慢，退水速度（最高水位退至警戒水位）则明显快于其他三个典型年份（表 3-10、图 3-31）。

表 3-10　典型年太湖平均水位洪水期间特征值概况

年份	洪水起讫时间	起涨水位（m）	洪峰水位（m）	最大涨幅（m）	上涨时长（d）	退水时长（d）	洪峰历史排位	警戒水位（m）
1954	5-1～10-1	3.04	4.65	1.61	85	68	4	3.5
1991	5-21～10-1	3.26	4.79	1.53	57	76	3	3.5
1999	6-6～9-4	2.98	4.97	1.99	34	84	1	3.5
2016	5-27～9-4	3.46	4.87	1.41	43	58	2	3.8

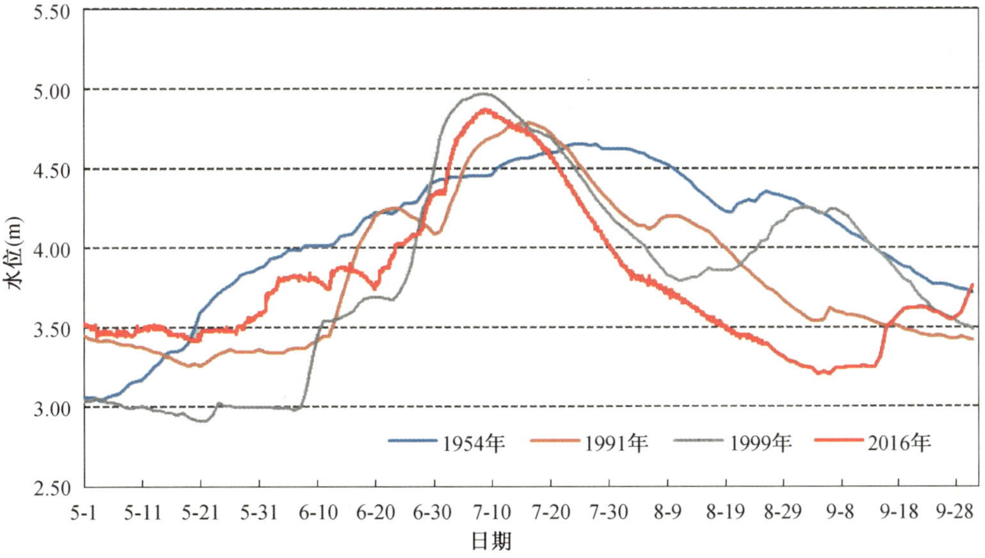

备注：1954、1991、1999 年资料为整编数据，2016 年资料为报汛数据。

图 3-31　2016 年及典型洪水年太湖平均水位过程线对比图

2. 苏南运河

对比 2016 年、2015 年苏南运河代表站的水位过程线，可以明显看出，2015 年 3 场降雨形成 3 个场次洪水，洪水陡涨陡落；而 2016 年 6 月份水位相对比较平缓，进入 7 月水位迅速上涨，而且高水位持续时间相对较长，水位回落速度相对较慢（图 3-32）。

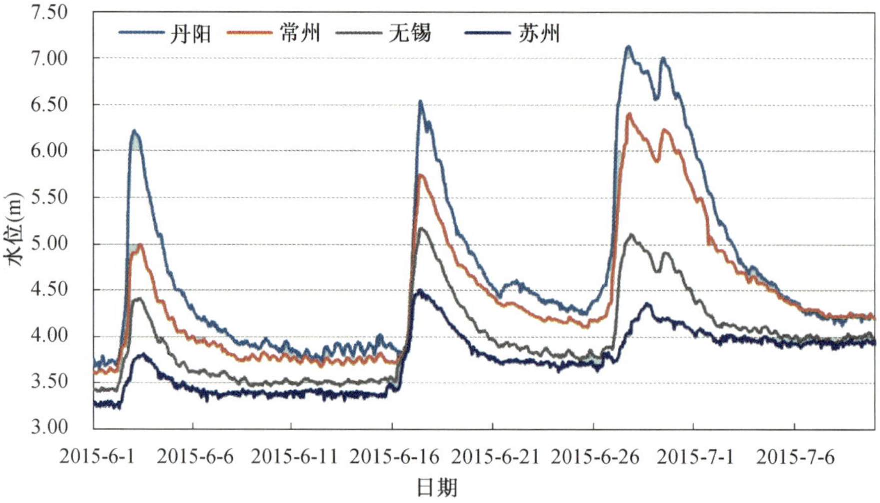

图3-32　2015年苏南运河代表站水位过程线图

3.7　河道行洪能力分析

3.7.1　望虞河

2015年和2016年，苏南地区连续发生高水位，望虞河行洪能力主要依据最近2年实测资料进行分析。

河道行洪能力以张桥站实测报汛流量为依据，张桥站处在望虞河中段，其水位有一定代表性，望虞河总排水流量反映整个河道最终排入长江的排水能力，期间，如果常熟抽水站抽排入江水量也包含其中，常熟抽水站实测最大排水流量为200 m^3/s左右。

望虞河排水流量既受到望虞河上游水位和来水量影响，也受下游长江潮位高低的影响，现选取分析2015—2016年典型洪水期代表站张桥站和常熟枢纽内河侧逐日平均水位，张桥站逐日平均流量、常熟枢纽日平均排水流量。2015年分析选取2015年6月28—30日，2016年分析选取2016年6月28日—7月4日，通过分析计算得到各代表站水位和流量，见望虞河2015—2016年典型洪水期计算水位和流量成果对比表(表3-11)。

由表3-11可知：

2015—2016年，望虞河张桥站最大行洪日均流量为357 m^3/s，发生在2016年6月30日，当日河道平均水位3.97 m，并不是最高，相应的望虞河闸总排水流量为471 m^3/s。

从常熟枢纽最大日排水流量看，2015—2016年，常熟枢纽最大日均排水流量为688 m^3/s，发生在2015年6月29日，当日河道张桥站平均水位4.47 m，水位很高，但河道行洪流量仅为201 m^3/s。

从河道发生最高水位看，张桥站最高日均水位发生在2016年7月3日，为4.55 m，当时河道行洪流量仅为285 m^3/s，但常熟枢纽排水流量为622 m^3/s，仅次于最大日均排水流量。

表 3-11 望虞河 2015—2016 年典型洪水期计算水位和流量成果对比表

日期	张桥站		望虞河闸	
	日均水位(m)	平均流量(m^3/s)	日均水位(m)	日均总排水流量(m^3/s)
2015-6-28	4.47	247	3.67	578
2015-6-29	4.47	201	3.70	688
2015-6-30	4.32	231	3.53	583
2016-6-28	4.08	264	3.35	525
2016-6-29	4.10	328	3.25	553
2016-6-30	3.97	357	3.28	471
2016-7-2	4.31	333	3.70	475
2016-7-3	4.55	285	3.76	622
2016-7-4	4.47	299	3.74	531

由以上分析可知，张桥站水位与流量不相关，常熟枢纽日排水流量与张桥站日水位、日流量也不存在相关关系。初步分析，这与望亭立交排水流量、张桥站与常熟枢纽之间有入流，且常熟枢纽排水还受到下游长江高潮位的顶托影响等因素有关。本次仅分析了典型年河道实测最大行洪流量及排水流量，对望虞河调度起到一定参考作用。

3.7.2 苏南运河

1. 同时刻水面线

2016 年苏南运河各水位站中，望亭(大)、苏州站最早出现年最高水位，然后沿着运河自下而上，如图 3-33 中所示。钟楼闸 7 月 2 日 12:40 关闸，关闸前望亭(大)与苏州站已同时刻出现年最高水位；常州下游洛社站与无锡站是关闸之后出现年最高水位。从不同站出现年最高水位的同时刻水面线可以看出，关闸前，洛社至望亭(大)水位站这一段水面线比降很小，关闸后水面比降变大，关闸后对于钟楼闸上游水面线影响主要是九里铺至钟楼闸上水面比降趋缓，对钟楼闸下段，影响最大的主要是洛社至望亭段，水面比降大大提高。

从图 3-34 可以看出，2015 年苏南运河沿线代表站年最高水位出现时间相隔比较远，洛社及其下游代表站出现在 6 月 17 日，且相隔时间在 4 h 左右；常州及其上游站出现在 6 月 27 日，相隔时间在 1 h 之内。在钟楼闸 6 月 27 日 16:30 关闸后，九里铺至钟楼闸上水面比降明显趋缓，钟楼闸以下至苏州段水面比降比关闸前有所增大。

从 1999 年苏南运河五个代表站汛期最高水位同时刻水面线(图 3-35)可以看出，丹阳、常州最高水位为同一时刻，且相应水面线比降远远比无锡、苏州最高水位同时刻的大。

从 1991 年苏南运河四个代表站汛期最高水位同时刻水面线(图 3-36)可以看出，丹阳最高水位同时刻水面线比降比常州、无锡、苏州最高水位同时刻的大，但是时间相距 16 d 以上，因此在历年同时刻水面线中没有选此水面线。

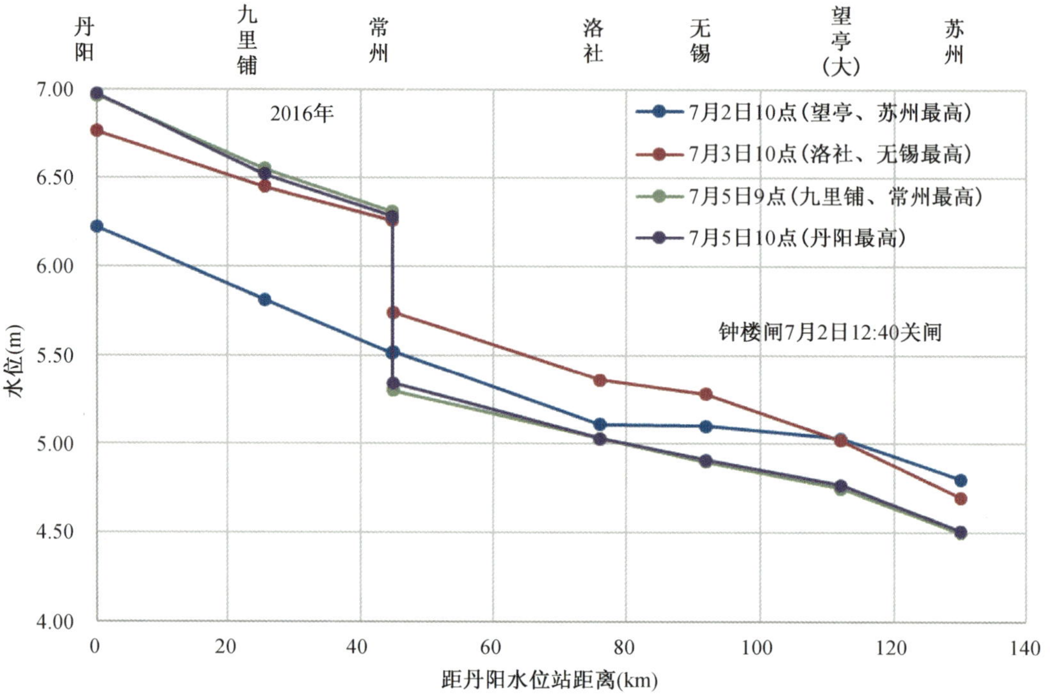

图 3-33　2016 年不同断面最高水位同时刻水面线

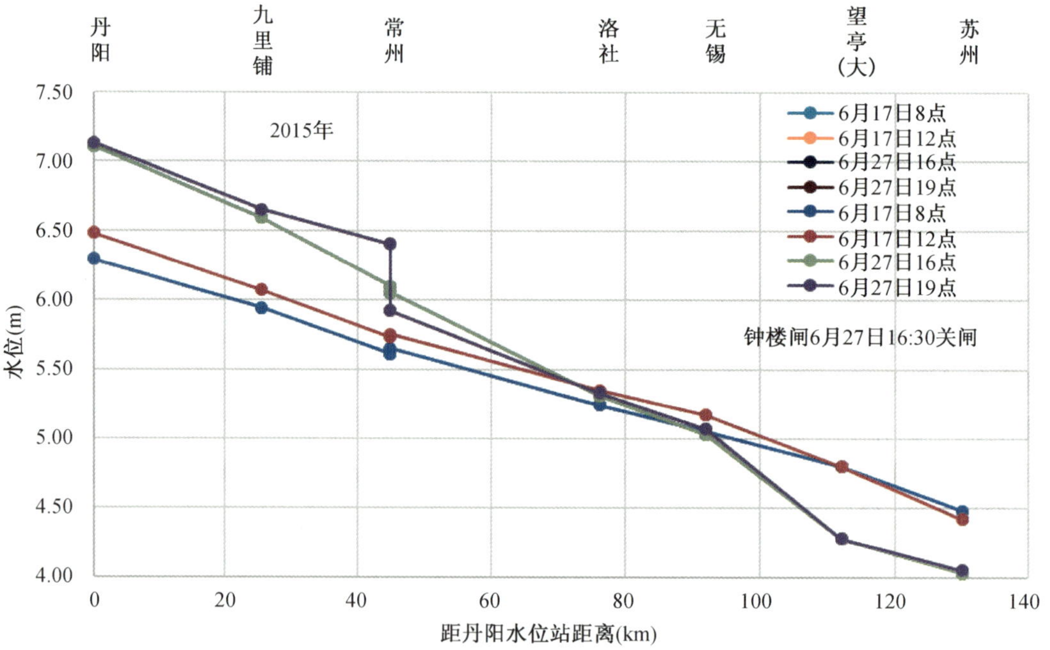

图 3-34　2015 年不同断面最高水位同时刻水面线

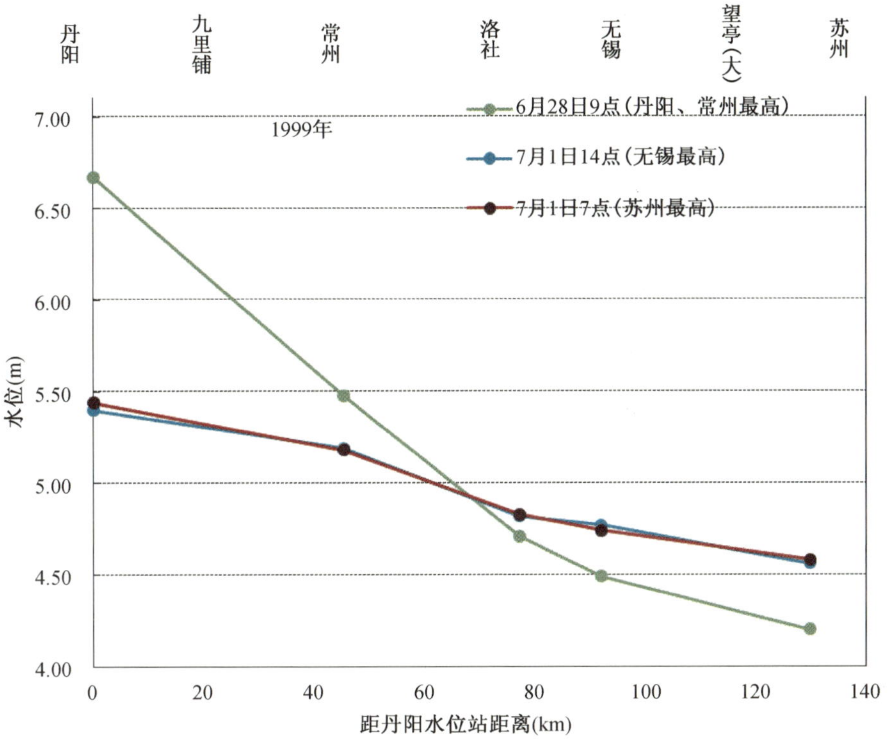

图 3-35　1999 年不同断面最高水位同时刻水面线

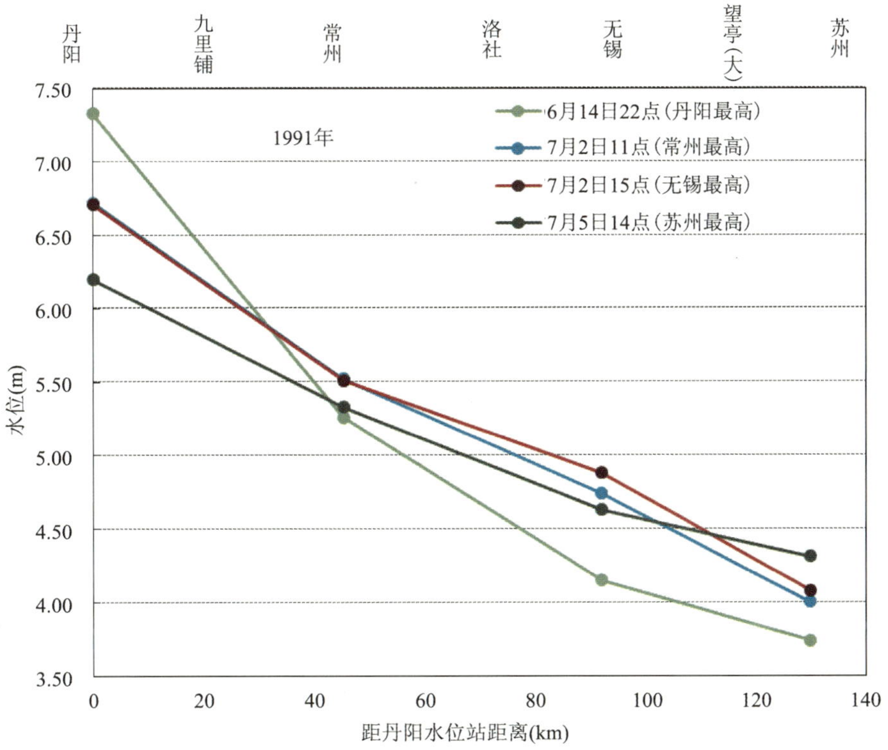

图 3-36　1991 年不同断面最高水位同时刻水面线

抛开一切外在影响因子影响(苏南运河沿线支流太多),从图3-37历年同时刻水面线中可以看出,丹阳至常州段水面线比降1991年、1999年相当,大于2015年、2016年;常州至无锡段水面线比降2016年大于2015年、2015年大于1999年,1999年大于1991年;无锡至苏州段,水面线比降2015年大于1991年大于1999年,1999年与2015年相当。

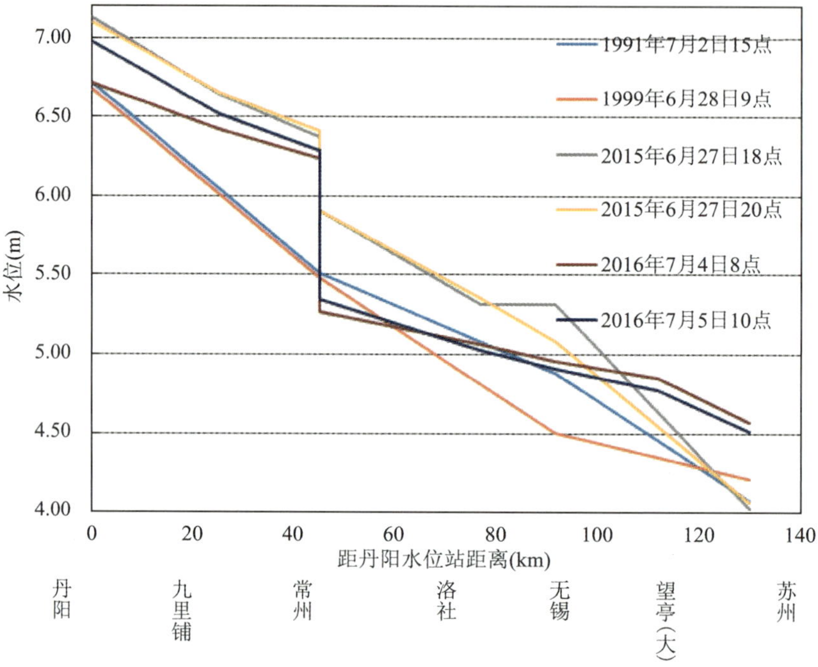

图3-37 历年高水位同时刻水面线

2. 最高水位水面线

选取历年每年汛期洪水期间各断面最高水位绘制河段水面线,如图3-38所示。丹阳至常州段水面线比降1991年与1999年相当,均大于2015年和2016年;钟楼闸关闭后,常州至无锡段水面线比降2015年大于2016年,而2016年比1991年和1999年均要小;无锡至苏州段,水面比降2016年和2015年大致相当,但均小于1991年和1999年。

总体来说最高水位水面线与历年同时刻水面线的比降趋势比较相似,能宏观说明苏南运河不同时段水面比降及行洪能力的大小。

3. 水位流量关系线

图3-39至图3-42是苏南运河无锡段洛社站1991年、1999年、2015年和2016年的水位流量点状图,从图中可以看出无锡段洪水1991年与2015年洪量级别相似,1999年和2016年的洪量级别相似,而且量级比较大,单纯对比1991年和2015年、1999年和2016年水位流量图趋势线,可以看出1991年和1999年趋势线近似于凸抛物线,2015年和2016年为凹抛物线,说明水位没有达到一定量级时苏南运河无锡段行洪能力是2016年大于1999年、2015年大于19991年的,但是水位达到一定高度时反之(这里没有考虑到工程调度)。整体来说分析还是有一定的局限性,因此仅供参考。

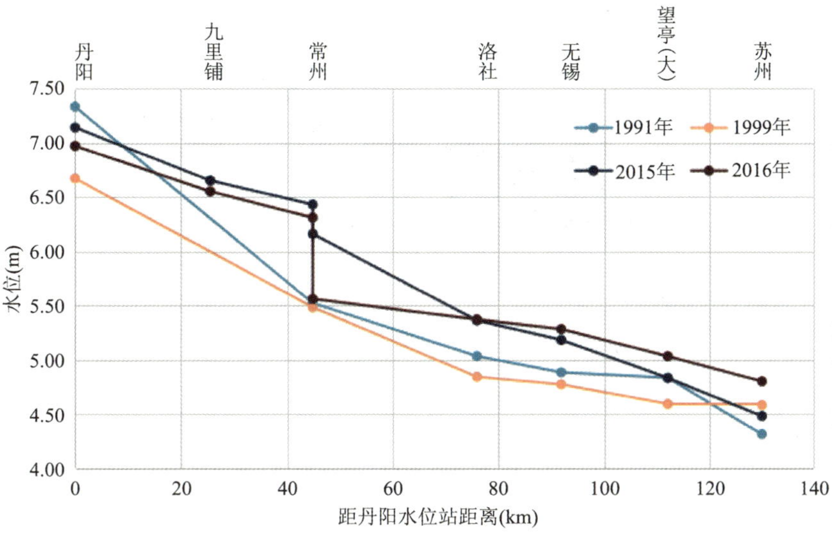

图 3-38　不同断面最高水位水面线

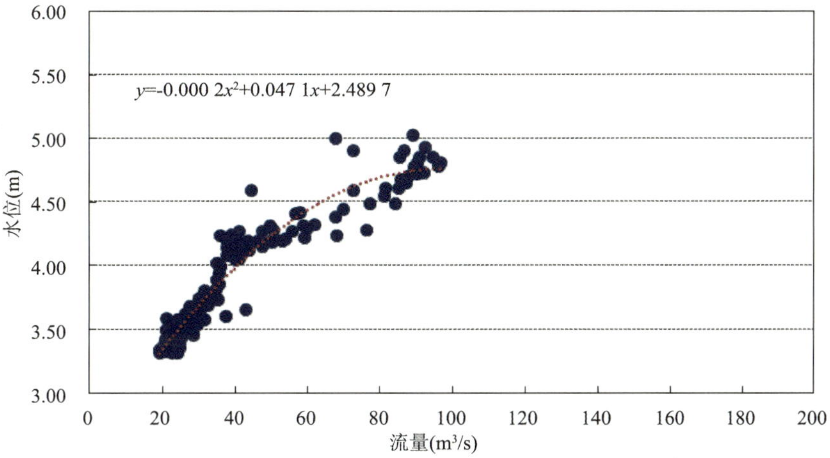

图 3-39　1991 年洛社站水位-流量关系(整编资料)

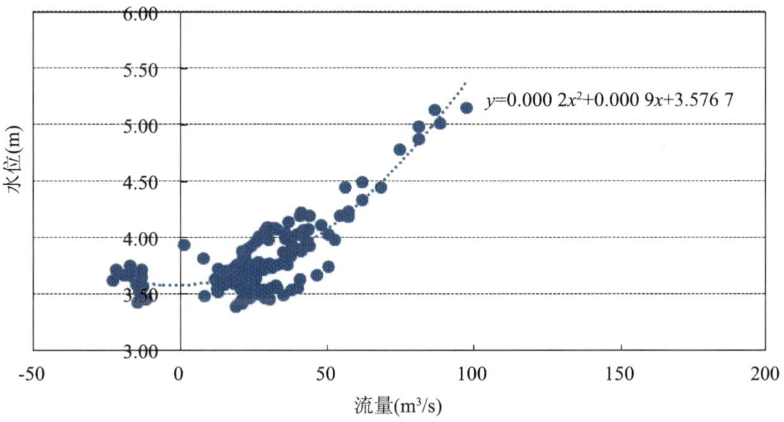

图 3-40　2015 年洛社站水位-流量关系(整编资料)

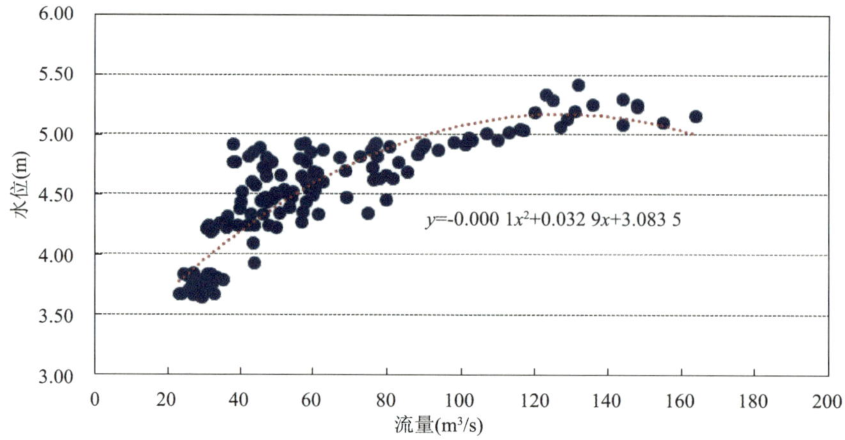

图 3-41　1999 年洛社站水位-流量关系(整编资料)

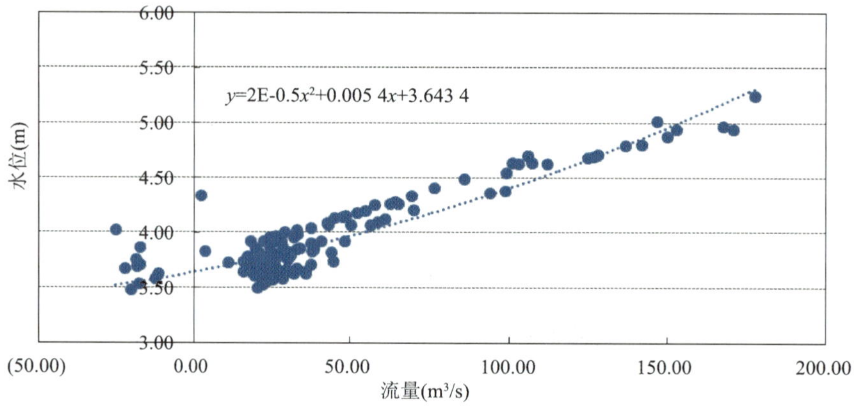

图 3-42　2016 年洛社站水位-流量关系(整编资料)

3.7.3　长江高潮位对沿江排水的影响

由于资料原因,本次选取定波闸分析长江高潮位对沿江排水的影响。图 3-43 是定波

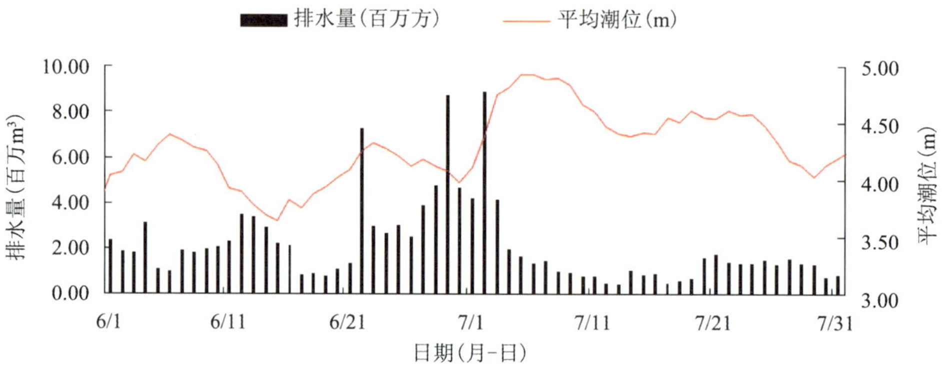

图 3-43　2016 年 6—7 月间定波闸排水量与江阴站潮位

闸逐日排水量与江阴站逐日平均潮位过程，江阴站 2016 年 6—7 月平均潮位分别为 4.08 m、4.51 m，7 月总体上高于 6 月；相反，定波闸 6—7 月排水总量分别为 0.82 亿 m^3、0.49 亿 m^3，7 月明显少于 6 月。可见，长江高潮位不利于沿江口门排水。

进一步对定波闸开闸率进行统计，如表 3-12 所示。在排水量大的 6 月 22 日、6 月 29 日、7 月 2 日，定波闸开闸率显著偏高，均达到 0.60 以上。7 月 4 日起，江阴站潮位持续处于较高水平，导致定波闸开闸率明显降低，多数情况下维持在 0.33 左右的平均水平。

表 3-12　定波闸运用统计

开闸起止时间					开闸历时	一潮历时	开闸率
月	日	时:分	日	时:分			
6	21	11:26	21	14:36	3 h 10 min	12 h 35 min	0.25
	22	8:32	22	15:25	6 h 53 min	12 h 15 min	0.56
		19:11	23	3:00	7 h 49 min	12 h 00 min	0.65
	23	11:10		15:51	4 h 41 min	12 h 45 min	0.37
	24	0:10	24	3:30	3 h 20 min	11 h 50 min	0.28
		12:15		16:30	4 h 15 min	12 h 55 min	0.33
	25	0:22	25	4:20	3 h 58 min	11 h 45 min	0.34
		12:49		17:20	4 h 31 min	13 h 00 min	0.35
	26	0:10	26	4:58	4 h 48 min	11 h 50 min	0.41
		13:45		18:01	4 h 16 min	12 h 40 min	0.34
	27	2:12	27	5:42	3 h 30 min	12 h 05 min	0.29
		13:48		19:00	5 h 12 min	12 h 55 min	0.40
	28	1:21	28	7:10	5 h 49 min	12 h 15 min	0.47
		10:35		20:52	10 h 17 min	12 h 50 min	0.80
	29	0:00	29	8:30	8 h 30 min	12 h 40 min	0.67
		12:30		21:29	8 h 59 min	13 h 00 min	0.69
	30	3:40	30	8:38	4 h 58 min	12 h 15 min	0.41
		15:20		22:07	6 h 47 min	12 h 35 min	0.54
7	1	6:26	1	11:20	4 h 54 min	12 h 35 min	0.39
		16:28		23:40	7 h 12 min	12 h 25 min	0.58
	2	4:55	2	13:01	8 h 06 min	12 h 35 min	0.64
		15:35	3	0:20	8 h 45 min	12 h 00 min	0.73
	3	6:20		13:20	7 h 00 min	12 h 45 min	0.55
		16:12	4	0:30	8 h 18 min	12 h 00 min	0.69
	4	7:52		13:58	6 h 06 min	12 h 45 min	0.48
		20:10	5	1:50	5 h 40 min	12 h 00 min	0.47
	5	9:32		14:30	4 h 58 min	12 h 45 min	0.39
		21:00	6	2:30	5 h 30 min	11 h 55 min	0.46

续表

开闸起止时间					开闸历时	一潮历时	开闸率
月	日	时:分	日	时:分			
	6	11:10		15:30	4 h 20 min	12 h 55 min	0.34
		21:50	7	3:28	5 h 38 min	11 h 45 min	0.48
	7	11:06		15:53	4 h 47 min	12 h 40 min	0.38
		22:52	8	3:43	4 h 51 min	11 h 55 min	0.41
	8	12:23		16:23	4 h 00 min	12 h 50 min	0.31
	9	0:03	9	4:19	4 h 16 min	11 h 45 min	0.36
		13:10		17:10	4 h 00 min	12 h 45 min	0.31
	10	0:42	10	4:36	3 h 54 min	11 h 55 min	0.33
		13:30		17:50	4 h 20 min	13 h 00 min	0.33

4 工程调度及效益

汛期，针对太湖地区降雨明显偏多的形势，江苏省防指落实“四预”，根据天气预报，及时预测水位、流量、洪量等洪水要素，提前做好应对预案，及时发布预警并启动响应；同时充分发挥太湖地区各类排涝手段和工程潜力，通过提前预降、全力排水、错时错峰、应急措施等一系列调度措施，在合适的时间，给洪水一个合适的去处，最大限度地减轻洪涝灾害损失。

4.1 提前调度沿江工程预降水位

4.1.1 调度原则

江苏省太湖地区沿江口门主要根据国家防总批准的《太湖流域洪水与水量调度方案》、省防指印发的《苏南运河区域洪涝联合调度方案(试行)》以及相关市防指制定的调度运行方案进行调度。

(1) **谏壁枢纽：**当丹阳水位高于 4.5 m 或王母观(洮湖)水位高于 4.3 m、并预报有较大降雨时，开闸排水；当丹阳水位高于 6.0 m 或王母观(洮湖)水位高于 4.7 m、并预报有较大降雨时，开泵抽排。

(2) **九曲河枢纽：**当丹阳站水位高于 4.5 m 或常州(三)水位高于 4.0 m、并预报有较大降雨时，开闸排水；当丹阳站水位高于 6.0 m 或王母观(洮湖)水位高于 4.6 m 或坊前(滆湖)水位高于 4.2 m、并预报有较大降雨时，开泵抽排。

(3) **小河闸：**当常州(三)水位高于 4.0 m 时，开闸排水。

(4) **魏村枢纽：**当常州(三)水位高于 4.0 m 时，开闸排水；当常州(三)水位高于5.0 m 时，开泵抽排；当澡港枢纽内河侧水位稳定在 4.3 m 以下时停机。

(5) **澡港枢纽：**当常州(三)水位高于 4.0 m 时，开闸排水；当常州(三)水位高于5.0 m 时，开泵抽排；当常州(三)水位稳定在 4.8 m 以下时停机。

(6) **新沟河江边枢纽(节制闸)：**当常州(三)水位高于 4.0 m、无锡(大)水位高于 3.6 m时，开闸排水。

(7) **定波闸及其他沿江水闸：**当青阳水位高于 3.7 m 时，开闸排水。

(8) **白屈港、新夏港枢纽：**当青阳水位高于 3.7 m 时，开闸排水；当青阳水位高于 4.2 m时，开泵抽排。

(9) **张家港、十一圩港闸：**当张家港市东横河水利枢纽河水位高于 3.8 m 或无锡(大)水位高于 3.6 m 时，开闸排水。

(10) **走马塘江边枢纽**：当无锡(大)水位高于 3.6 m，开闸排水。

(11) **阳澄淀泖区沿江节制闸**：当湘城水位高于 3.3 m 时，阳澄淀泖区沿江节制闸开闸排水。

4.1.2 调度实况

2016 年进入 4 月份后，太湖流域降雨明显偏多，致使太湖水位不断上涨。根据对汛期分析，江苏省提前调度沿江水利工程，预降水位。4 月 27 日，常熟枢纽调整为闸泵联合运行，比调度方案规定条件提早一个多月，为工程建成以来启用泵站排洪的最早时间。根据太湖防总调度指令，常熟枢纽从 4 月 1 日调整为节制闸适时引排，日平均排水 400 万 m^3；4 月 15 日调整为节制闸全力排水。4 月 26 日，在太湖平均水位只有 3.52 m，尚低于警戒水位 0.28 m 时，根据对超强厄尔尼诺现象的天气背景、未来一段时间天气及水情趋势的分析，省防指积极与太湖防总会商、协调，果断决定将常熟枢纽调整为闸泵联合全力排水。2016 年启用泵站排水时间比《太湖洪水与水量调度方案》中规定的条件早了 37 d。

进入 5 月份后，太湖流域降雨明显偏多。5 月至 6 月 13 日，江苏省太湖地区面均降雨量达 258 mm，较多年平均偏多 71.7%；同期长江大通来水维持在较大流量。尽管前期太浦河、望虞河全力排水，但太湖及地区河网水位仍居高不下。6 月 13 日 8 时，太湖平均水位 3.86 m，超警戒水位 0.06 m，苏南运河无锡站和苏州站水位分别为 3.95 m 和 3.93 m，超警戒水位 0.05 m 和 0.13 m。考虑到气象部门预测太湖地区可能于 6 月中旬后期入梅，过程性降雨和局地突发性强降雨随时可能发生，为防御太湖地区可能出现的洪涝灾害，6 月 14 日，省防指下令白屈港、新夏港泵站开机向长江排水，具体流量根据当地用水需求确定，统筹排水和当时农业灌溉生产需求。

6 月 19 日入梅，太湖地区 6 月 21 日出现暴雨大暴雨，受降雨影响，太湖及苏南运河水位普遍上涨。22 日 8 时，太湖平均水位 3.88 m，较 21 日上涨 0.02 m，超过警戒水位 0.08 m；苏南运河常州、无锡、苏州水位分别为 4.34 m、4.00 m、3.88 m，分别超警戒水位 0.04 m、0.10 m、0.08 m。6 月 22 日 8 时，大运河钟楼闸水位 4.30 m，且呈快速上涨趋势；同日 9 时，常州(三)水位 4.50 m，同时根据气象部门预报，未来一段时间太湖流域仍将有强降雨过程，防汛形势趋于严峻。虽然常州水位低于泵站抽排水位，常州市防汛部门仍于 6 月 22 日开启魏村、澡港等泵站提前排水。

6 月 26 日太湖、苏南运河等河湖水位持续上涨，更多站点超警戒水位。6 月 26 日 8 时，太湖水位 4.07 m，超警戒水位0.27 m，苏南运河丹阳、常州、无锡、苏州站水位分别为 4.65 m、4.31 m、4.04 m，3.98 m，其中丹阳水位比警戒水位低 0.95 m，比抽排水位6.0 m 低 1.35 m，常州以下全线超警，长江大通来水量已超过 50 000 m^3/s，且持续增长，沿江自排受阻。根据气象部门预报，6 月 26—29 日江苏省沿江苏南地区还将有大到暴雨，针对当时河湖底水高、长江潮位高、外排困难等不利的防汛形势，省防办下令开启谏壁、九曲河泵站，预降苏南运河等河湖水位。为降低地区河湖水位，确保防洪安全，6 月 26 日 14 时起，省防指调度谏壁抽水站开机，比省防指批复的调度方案规定启用时间提早了 1～6 d。

4.1.3 调度效果

常熟枢纽提前启用泵站抽排，与正常调度相比汛期排水量增加了 8 100 万 m^3，望亭立交出湖水量增加了 7 200 万 m^3。经分析，常熟枢纽提前排水，使得太湖水位超警戒天数减少了 2 d。

根据 2016 年汛期沿江口门实际调度情况，镇江、常州、无锡和苏州等市沿江口门均通过汛期预降水位的方式增加区域内调蓄库容，沿江口门泵站实际启用水位均低于《苏南运河区域洪涝联合调度方案(试行)》中有关运用条件，即启用时间均有所提前。根据计算，相比常规调度，提前启用泵站可多排水量约 1.25 亿 m^3，其中湖西区谏壁、九曲河、魏村枢纽排水量增加了 2 831 m^3，区域代表站王母观和坊前水位超警戒天数分别减少了 1 d 和 2 d；武澄锡虞区澡港河、新夏港、白屈港枢纽排水量增加了 8 162 万 m^3，代表站青阳水位超警戒天数减少了 5 d，区域内无锡站水位超警戒天数减少了 3 d；阳澄淀泖区七浦塘排水量增加了 1 534 万 m^3，区域内枫桥水位超警戒天数减少了 3 d。

4.2 主要闸站全力排水

2016 年汛期，沿江口门排水 66.6 亿 m^3，其中常熟枢纽 30.1 亿 m^3；梅雨期，沿江口门排水 29.8 亿 m^3，其中常熟枢纽 11.6 亿 m^3。7 月 2 日至 7 月 6 日，沿江口门合计日均排水流量一度达 2 000 m^3/s 左右。

4.2.1 调度原则

1. 环湖口门

江苏省太湖地区环湖口门的调度，主要按照《太湖流域洪水与水量调度方案》《苏南运河区域洪涝联合调度方案(试行)》以及相关市防指制定的调度运行方案进行调度。为兼顾苏南运河区域排水和太湖水环境保护的要求，环湖口门可关闭或按套闸方式运行。

(1) 直湖港闸、武进港闸、雅浦港闸

考虑到对太湖水质影响，直湖港闸、武进港闸、雅浦港闸一般情况下按套闸方式运行。遇区域强降雨时，雅浦港闸、武进港闸报省防指批准后可开闸排水，且雅浦港闸优先开启。

当雅浦港闸上水位高于 3.9 m 时，雅浦港闸和武进港闸开闸排水。

当无锡(大)水位在 3.9～4.5 m 之间时，由无锡市人民政府综合分析，决定直湖港闸是否开闸排水。

当无锡(大)水位高于 4.5 m 时，直湖港闸开闸排水。

(2) 环湖其他口门

为兼顾苏南运河区域排水和太湖水环境保护的要求，环湖其他口门一般情况下关闭或按套闸方式运行。当无锡(大)水位达到 4.4 m 且有继续上涨趋势时，关闭梁溪河与大运河连通的仙蠡桥南枢纽、张巷浜节制闸及骂蠡港节制闸，开启犊山防洪工程节制闸，有节制地向太湖排泄梁溪河涝水；当无锡(大)水位达到 4.65 m 且有继续上涨趋势时，由无锡市人民政府综合分析，决定是否开启张巷浜节制闸有节制地向太湖排泄大运河洪涝水。

2. 望虞河和太浦河

（1）望亭水利枢纽

当太湖水位不超过 4.20 m 时，望亭水利枢纽泄水按琳桥水位不超过 4.15 m 控制；

当太湖水位不超过 4.40 m 时，望亭水利枢纽泄水按琳桥水位不超过 4.30 m 控制；

当太湖水位不超过 4.65 m 时，望亭水利枢纽泄水按琳桥水位不超过 4.40 m 控制。

当预报望虞河下游地区遭受风暴潮或地区性大暴雨袭击时，望亭水利枢纽提前适当减少泄量。

（2）常熟水利枢纽

当太湖水位高于防洪控制水位时，望虞河常熟水利枢纽泄水；当太湖水位超过 3.80 m，并预测流域有持续强降雨时开泵排水。

当无锡（大）水位高于 3.6 m 时，望虞河常熟水利枢纽开启节制闸排水；当无锡（大）水位高于 3.9 m 且不能自排时，望虞河常熟水利枢纽开启泵站抽排。

（3）望虞河两岸水利工程

望亭水利枢纽泄水期间，当湘城水位不超过 3.70 m 时，望虞河东岸口门保持行水通畅；当湘城水位超过 3.70 m 时，望虞河东岸口门可以控制运用。

蠡河、伯渎港、九里河和裴家圩枢纽在望亭水利枢纽泄水期间不得向望虞河排水。

（4）太浦河工程

当太湖水位不超过 3.50 m 时，太浦闸泄水按平望水位不超过 3.30 m 控制；

当太湖水位不超过 3.80 m 时，太浦闸泄水按平望水位不超过 3.45 m 控制；

当太湖水位不超过 4.20 m 时，太浦闸泄水按平望水位不超过 3.60 m 控制；

当太湖水位不超过 4.40 m 时，太浦闸泄水按平望水位不超过 3.75 m 控制；

当太湖水位不超过 4.65 m 时，太浦闸泄水按平望水位不超过 3.90 m 控制。

当预报太浦闸下游地区遭受地区性大暴雨袭击或预报米市渡水位超过 3.70 m（佘山吴淞基面）时，太浦闸可提前适当减少泄量。

4.2.2 调度过程

1. 沿江口门

（1）镇江市

谏壁水利枢纽：受连续强降雨袭击及长江高潮位顶托影响，太湖地区湖西区雨水外排困难而积蓄滞留，致使苏南运河和湖西区河网水位普遍较高。省防指调度谏壁站于 6 月 26 日 14:00 提前开机，全力排泄地区涝水；直到 7 月 22 日下午 5:00 停机，全部机组共计满负荷连续运行 27 d。

6 月 26 日—7 月 22 日谏壁枢纽排水总量共计 3.51 亿 m^3。停机时，丹阳水位 4.47 m，低于警戒水位 1.13 m，谏壁大运河口水位 4.35 m，低于警戒水位 2.15 m，极大地缓解了苏南运河严峻的防汛形势，充分发挥了工程效益。此外，6 月 26 日提前预降水位，为7月1日起连续强降雨腾出了调蓄空间，镇江主城区通过丹徒南闸向苏南运河排水，降低了金山湖和古运河的水位。据统计，谏壁站4 d排涝水量约0.56亿m^3，有效避免了镇江市主城区出现“看海”，减少了水灾损失。

九曲河水利枢纽：基于与谏壁站开机相同的决策背景，省防指调度九曲河枢纽泵站于6月26日16时起开机，全力排泄地区涝水；7月22日16时停机。6月26日—7月22日九曲河枢纽泵站抽排水1.80亿m^3、节制闸自排水0.82亿m^3。

（2）常州市

小河闸、魏村枢纽、澡港枢纽：汛前4月份，由于内河底水较高，在4月初和4月下旬连续阴雨天气期间，口门均采取了挡潮的调度方式；5月上旬和中旬，省防指下发通知，要求苏南沿江各市防指密切关注雨情、水情变化，灵活调度沿江口门，以控制内河维持较低水位，口门基本执行挡潮调度；5月下旬开始，鉴于苏南运河区域内河水位居高不下，滆湖水位3.81 m，接近警戒水位。经研究，小河闸等3个口门执行“高潮挡，低潮排”的调度方案，降低内河水位。6月21日，太湖地区出现暴雨大暴雨，受降雨影响，太湖及苏南运河水位普遍上涨。6月22日8时，太湖平均水位3.88 m，超过警戒水位0.08 m；苏南运河常州（三）水位4.30 m，且呈快速上涨趋势；9时，常州（三）水位4.50 m，常州及以下段超警戒水位0.08～0.10 m，同时根据气象部门预报，未来一段时间太湖流域仍将有强降雨过程，防汛形势趋于严峻，于是常州启动城市大包围，同日魏村、澡港枢纽泵站启用。据统计，5月1日至9月30日，小河闸、魏村枢纽、澡港枢纽排水71 d，挡潮12 d；自排2.21亿m^3，256潮次，泵排2.05亿m^3，4 226台时。

（3）无锡市

白屈港闸站和新夏港闸站：为防御太湖地区可能出现的洪涝灾害，6月14日，省防指调度提前开启白屈港、新夏港泵站开机向长江排水。自6月14日10:00至7月25日16:00两泵站共计动力排水42 d。白屈港抽水站机组运行4 712台时，排涝3.4亿m^3。新夏港抽水站机组运行2 957.25台时，排涝1.6亿m^3。停止动力排水后白屈港闸、新夏港闸充分利用潮差排涝，两闸继续排涝1.2亿m^3。截止8月底，白屈港闸站和新夏港闸站累计排水6.2亿m^3。

定波北闸：定波北闸利用潮差排水，5月1日至8月31日排水量3.92亿m^3，其中梅雨期排水1.58亿m^3。

通过沿江水闸、泵站调度运行，发生内涝时，能快速向长江排出涝水，有效降低了江阴以及锡澄低片的高水位。

（4）苏州市

沿江共有各类水闸（泵站）40个，排水能力5 353 m^3/s；其中，由苏州市调度的八大闸（张家港闸、十一圩港闸、浒浦闸、白茆闸、荡茜闸、七浦闸、杨林闸、浏河闸），排水能力2 924 m^3/s。

张家港闸、十一圩港闸的调度，主要依据张家港市区的汛情决定引、排。浒浦闸、白茆闸、荡茜闸、七浦闸、杨林闸、浏河闸的调度，需统筹兼顾阳澄区、淀泖区的区域汛情，当汛期湘城水位超过3.20 m时，原则上不得引水。为保证上海陈行水库的供水安全，在启用浏河闸排水之前，苏州市还需与上海市有关方面进行充分沟通。

2016年汛期，苏州市沿江口门，全力排水。6月27日在太湖水位达4.09 m，超过警戒水位0.29 m，且区域内苏州（枫桥）、湘城、陈墓（锦溪）水位分别达到4.0 m、3.4 m、3.56 m，其中苏州（枫桥）超过警戒水位0.20 m，省防指下令紧急启用尚未验收移交的七浦塘江边枢纽泵站，协助流域、区域排水。据统计，2016年汛期沿江八大闸共排水25.14亿m^3，其中梅雨期22.03亿m^3，七浦塘泵站从6月27日至7月18日共排水0.91亿m^3。

2. 环湖口门

（1）常州市环太湖口门（武进港、雅浦港）

5月底6月初，连续阴雨，6月3日17:00，大运河常州站水位已达4.10 m，武进港洛阳站4.04 m，武进港闸内3.96 m、闸外3.70 m，雅浦港闸内3.92 m，闸外3.81 m，武进区东南部沿太湖地区已出现内涝，武进港、雅浦港水位仍在上涨中。6月3日20:00，根据调度方案有关规定，省防指调度武进港、雅浦港开启泄洪，直至7月13日雅浦港关闸，7月16日武进港关闸，之后两闸按套闸方式运行。期间，受太湖水位高于内河水位的影响，雅浦港闸于6月14—22日关闭挡洪，武进港闸于6月8—22日、7月13—15日关闭挡洪。

9月15日，受第14号台风“莫兰蒂”和弱冷空气共同影响，常州市普降大到暴雨。9月16日2:00，大运河常州站水位4.15 m，武进港闸（内）3.99 m，雅浦港闸（内）3.97 m，武进东南部沿太湖局部低洼地出现内涝，省防指调度武进港、雅浦港于4:00开闸排水，至9月19日武进港关闸。

9月28日8:00至29日16:00，受第17号台风“鲇鱼”和弱冷空气共同影响，常州市普降大到暴雨。9月29日17:00，大运河常州站水位4.33 m，武进港闸（内）3.95 m。虽然雅浦港闸开启，但武进东南部沿太湖局部低洼地已经出现内涝，省防指调度武进港闸于同日18:00泄洪，至11月4日，武进港闸、雅浦港闸关闭。

据统计，在太湖特大洪水期间（6月20日至8月4日），武进港、雅浦港累计排水天数均为22 d，闸上最高水位分别为4.90 m（7月11日20:00）、4.88 m（7月11日20:00），最大排水流量分别为102.6 m^3/s、98.7 m^3/s。

（2）无锡市环太湖口门工程

无锡市环太湖闸站工程按照省、市防指指令进行调度。一般情况下水闸实行关闸挡污：犊山防洪工程梁溪河船闸、梁溪河节制闸、五里湖节制闸关闸挡污。直湖港水利枢纽工程直湖港节制闸关闸挡污，直湖港船闸实行套闸运行。梅梁湖泵站及大渲河泵站等泵站实行不间断调水引流。

6月27—29日，无锡市迎来了入梅后第二次强降雨过程，全市普降大到暴雨，局部大暴雨，面平均累计降雨量108.8 mm。降雨前，无锡各地河湖库底水位普遍偏高，太湖、大运河、锡澄运河等多处站点水位已经超警。受强降雨影响，各地水位快速上涨，至6月28日15:00左右各站水位达到洪峰水位。其中大运河无锡站最高水位达4.93 m，较降雨前上涨0.83 m，超警戒水位1.03 m；太湖平均最高水位达4.31 m，较降雨前上涨0.23 m，超警戒水位0.51 m。6月28日6:30，针对大运河无锡站水位已达4.50 m且仍在上涨的情况，无锡市防指调度仙蠡桥南枢纽节制闸、张巷浜节制闸关闭，梁溪河节制闸开启，向太湖排泄梁溪河低洼片区涝水，控制梁溪河水位在4.20～4.40 m之间。

7月1—6日，无锡市迎来了入梅后第三次强降雨过程，全市普降大到暴雨，局部大暴雨，面平均累计降雨量241.6 mm。受连续暴雨袭击，各地河湖库水位普遍较高，太湖、大运河、锡澄运河、宜兴西氿多处站点水位已经超警并进一步上涨，其中无锡(大)、洛社、青阳、西氿等多个站点超历史最高水位。7月3日，大运河无锡站最高水位达5.28 m，超警戒水位1.38 m，比历史最高水位5.18 m(2015年6月17日)高0.10 m；7月8日，太湖平均水位最高达4.87 m，超警戒水位1.07 m，比历史第二高水位4.79 m(1991年7月16日)高0.08 m。7月1日22:30，大运河无锡站水位4.42 m，无锡市防指调度仙蠡桥南枢纽节制闸、张巷浜节制闸关闭，梁溪河节制闸开启，控制梁溪河水位在4.30～4.50 m之间。7月2日7:30，调度直湖港节制闸开启向太湖泄洪。7月6日5:30，大运河水位低于太湖水位，调度梁溪河节制闸、七里桥节制闸关闭，仙蠡桥南枢纽节制闸开启；6:30，调度直湖港节制闸关闭，停止泄洪。7月6日晚间，受短时强降雨及上游钟楼闸开闸泄洪的影响(钟楼闸16:00全部开启)，锡澄地区河网水位快速上涨0.25～0.30 m，其中大运河无锡站水位从4.70 m迅速涨至4.95 m，上涨0.25 m，调度南枢纽节制闸、张巷浜节制闸于18:00关闭，阻挡大运河洪水侵袭梁溪河片区。直湖港节制闸19:30开启泄洪。具体排涝泄洪统计如表4-1所示。

据统计，2016年汛期，无锡市环太湖闸站工程共向太湖泄洪0.992亿 m^3(其中五里湖洪水0.244亿 m^3，市区洪水0.748亿 m^3)，当太湖水位高于大运河水位时，通过梁溪河向大运河排泄太湖洪水0.38亿 m^3，积极发挥了环太湖闸站工程防洪功能，合理控制住了水位，成功抵御了强降雨威胁，保护了武澄锡低洼地区人民群众的生命财产安全。

表4-1　无锡市环太湖闸站工程2016年汛期排涝泄洪统计

序号	工程名称	向太湖排五里湖水		向太湖排市区水		向梁溪河排太湖水	
		排涝时间(h)	排涝量(万 m^3)	排涝时间(h)	排涝量(万 m^3)	泄洪时间(h)	泄洪量(万 m^3)
1	五里湖节制闸	68.8	2 185.44				
2	梅梁湖泵站工程	25.84	252.76				
2	梁溪河节制闸			126.25	1 215.89	242.25	3 797.98
3	七号桥节制闸			130.25	705.84		
4	直湖港节制闸			117.97	4 073.68		
5	直湖港船闸			90.23	1 486.97		

(3) 苏州市环太湖口门(胥口水利枢纽)

2016年入汛后，太湖水位持续走高，防汛形势十分严峻，最高水位达4.87 m，为历史第二高水位，太湖与内河水位差达50 cm。为保证船只安全通航，胥口水利枢纽自6月12日开始采用套闸运行，汛期累计高水位运行58 d，充分发挥了工程防洪排涝的功效。

3. 望虞河和太浦河

（1）常熟水利枢纽

2016年入梅以后，“暴力梅”持续袭击苏南地区，6月27日—29日镇江、常州、无锡、苏州等地再次出现强降雨天气，太湖流域多个站点水位继续超警戒。省防指于6月28日14:00启动了江苏省太湖地区防汛Ⅲ级应急响应；7月3日10:00，启动了江苏省沿江苏南地区防汛Ⅱ级应急响应。7月2日8:00，太湖平均水位4.45 m，且上涨趋势明显，琳桥水位4.45 m，望亭立交上下游水位基本持平，短时出现倒流，望亭立交被迫于10:05关闭。为加快太湖洪水及区域涝水外排，省防指下达调度指令，调度望虞河江边船闸停航，参与泄洪；7月19日，太湖平均水位低于保证水位后，调度望虞河江边船闸恢复正常通航；7月28日，调度常熟枢纽泵站暂停运行，节制闸继续全力排水；8月15日，省防指调度常熟枢纽调整为节制闸适时引排。

受14号台风“莫兰蒂”外围环流与西风槽的共同影响，9月14日起江苏省自南向北出现强降水天气，为做好强降雨防范工作，9月16日，省防指调度常熟枢纽节制闸投入全力排水运行；9月19日，调整为节制闸适时引排；9月29日，常熟枢纽节制闸投入全力排水运行。

5月1日至9月30日，常熟枢纽排水112 d；共计排水30.56亿 m^3，其中自排27.46亿 m^3，219潮次，泵排3.1亿 m^3，3 934台时；从4月27日—9月30日，泵站累计开机23天，排水3.36亿 m^3。常熟枢纽最大日泄水量达5 370万 m^3，日均排水流量为622 m^3/s。

（2）太浦闸

2015年汛后的10—12月，省防指提前采取措施，结合冬春安全供水，科学统筹流域防洪与供水。自2015年12月初起加大太浦闸泄量，在2015年12月—2016年3月累计通过太浦闸泄水10.84亿 m^3，太湖水位由2015年12月13日的3.51 m降至2016年4月1日的3.09 m，实现了调度方案要求降至3.10 m的目标，为充分发挥太湖调蓄作用并减轻太湖洪水威胁创造了有利条件。

进入4月份后，太湖地区降雨明显增多，太湖防总调度太浦闸全力泄水，同时在杭嘉湖地区出现高水位时，多次控制太浦闸下泄流量，甚至关闭太浦闸，为及时排泄区域涝水、缓解区域紧张汛情创造了条件。

4月1日至9月30日，太浦闸排水177 d，共计排水42.8亿 m^3，最大日泄量达7 759万 m^3，日均流量为898 m^3/s，创历史新高。

（3）望亭水利枢纽

望亭枢纽4月16日开始泄洪，至8月15日关闭，共计排水121 d，排水量22.6亿 m^3，最大日泄量达3 905万 m^3，日均流量452 m^3/s，为建闸以来最大值。

据统计，从4月1日太湖水位开始上涨至8月18日太湖水位降至防洪控制水位以下，太浦河、望虞河两河排泄太湖洪水61.2亿 m^3，望虞河常熟水利枢纽排水33.1亿 m^3。梅雨期间，太浦闸出湖水量16.7亿 m^3，占总出湖量的56%，望亭水利枢纽出湖水量8.83亿 m^3，占总出湖量的29%，阳澄淀泖区环湖口门出湖水量占比为11%。

7月3日—7月18日太湖发生超标准洪水期间，望虞河、太浦河累计排泄太湖洪水

16.25 亿 m^3，相当于降低太湖水位 0.7 m，日均流量达 1 175 m^3/s；望亭水利枢纽、太浦闸持续超设计流量排水，最大日均排水流量分别达到 452 m^3/s 和 898 m^3/s。两个枢纽合计最大日排水流量 1 350 m^3/s，超过了 1999 年两河最大泄量；常熟水利枢纽闸泵全力排水，共计排水 6.21 亿 m^3，日均排水流量 449 m^3/s。江苏省其他沿长江闸泵、浙江省杭嘉湖南排工程全力排水，分别排水 12.87 亿 m^3、5.07 亿 m^3，日均流量分别为 931 m^3/s、367 m^3/s。

4.2.3　调度效果

1. 沿江口门

历年防汛调度实践表明沿长江引排工程对排泄流域、区域洪水具有不可替代的重要作用，太湖流域和区域防洪规划中也均提出需增加洪水北排长江能力。

2016 年，太湖地区通过沿江水闸、泵站的调度运行，提前预降水位，为连续强降雨腾出了调蓄空间，汛期全力排水，快速向长江排出涝水，有效降低了流域和区域高水位，保障了人民群众的生命财产安全。据统计，汛期镇江、常州、无锡、苏州等主要沿江口门共排水 67 亿 m^3，对降低太湖地区水位起到了重要的作用。

根据太湖地区模型的模拟分析计算，假定在极端情况下，沿江口门不排水，那么区内主要代表站水位均会有大幅度的提高。若湖西区沿江口门不排水，区域内洮湖和滆湖水位将分别上升 0.19 m 和 0.21 m，运河丹阳水位上升 0.97 m，九里水位上升 0.95 m；若武澄锡虞区沿江口门不排水，区域代表站青阳和陈墅水位将分别上升 0.75 m 和 0.93 m，运河洛社站水位将抬高 0.61 m，无锡站水位将抬高 0.62 m；若阳澄淀泖区沿江口门不排水，区域代表站湘城站和陈墓站水位将分别上升 0.20 m 和 0.14 m，运河苏州站水位将抬高 0.06 m。由此可见，沿江口门排水，对控制区域河网水位，确保流域、区域防洪安全，具有举足轻重的作用。

2. 环湖口门

目前沿太湖建有环湖控制线（环湖大堤和口门控制工程），其中环湖口门建筑物是环湖大堤的重要组成部分，主要作用是防止太湖洪水倒灌，当太湖水位较低、地区有排涝要求时也可打开环湖口门向太湖排涝。历年防汛实践表明入湖口门打开对降低区域以及常州、无锡洪水有着显著的效益。

据统计，2016 年汛期常州市沿太湖的武进港闸、雅浦港闸等向太湖排水 1.78 亿 m^3，无锡市直湖港闸、五里湖闸共向太湖泄洪 9 920.58 万 m^3（其中五里湖洪水 2 438.2 万 m^3，市区洪水 7 482.38 万 m^3），通过合理的错峰调度充分发挥了太湖的调蓄作用，降低了地区水位，保护了人民群众的生命财产安全。

根据模型模拟分析结果，若不启用环湖口门排水，地区洪水南排太湖将会受阻，洪水只能向东、向北排向运河和望虞河，入运河和望虞河水量将明显增加，造成环湖地区和运河、望虞河沿线水位上升。当常州境内的雅浦港和武进港不发挥作用时，洛社水位将升高 0.13 m，无锡水位将升高 0.09 m，直武地区（戴溪）水位将升高 0.15 m；若无锡境内的直湖港、大溪港等口门不发挥作用，运河无锡水位将会抬高0.01 m，直武地区（戴溪）水位将升高0 m，环湖地区的梁溪片和太湖新城片内部水位将分别抬升0 m和0 m（由于2016年无锡入湖条件比较苛刻，所以效益不大）；若苏州境内口门不发挥作用，枫桥水位将抬升0.02 m；当常州雅浦港、武进港，无锡直湖港、大溪港和苏州境内口门不发挥作用时，洛社、无锡、苏州水位将分别升高0.17 m、0.12 m、0.04 m，直武地区（戴溪）水位将升高0.18 m，环湖地区的梁溪片和太湖新城片内部水位将分别抬升0.09 m和0.11 m。可见利用入湖河道及时分泄区域内洪水，对降低区域水位有显著作用。

3. 望虞河和太浦河

望虞河为流域性的骨干排水河道，为保证太湖流域安全度汛，望虞河常熟枢纽在汛前开始排水运行，预降水位。入梅以后，针对太湖地区发生的连续强降雨，根据省防指调令和实际情况，望虞河江边船闸、节制闸和泵站全力投入排水，5月1日至9月30日常熟枢纽排水112 d，共计排水30.56亿m^3，其中自排27.46亿m^3，219潮次，泵排3.1亿m^3。6月21日—8月3日（太湖平均水位超警期间）望亭立交排水量为12.02亿m^3（相当于太湖水深0.51 m对应的调蓄水量），日均最大排水量为452 m^3/s。梅雨期间，望虞河蠡河闸分别与6月22日、6月28日和7月2日三次开闸分泄苏南运河洪水进入望虞河，缓解了苏南运河沿线区域内的防洪压力。

望虞河不仅对降低太湖最高水位起了积极的作用，同时还排泄了大量的地区涝水。根据模型计算结果，若望虞河不泄洪，太湖最高水位将增加0.29 m。区域水位也会大大升高，如青阳、陈墅、常州、无锡、琳桥、苏州的最高水位将分别上升0.09 m、0.22 m、0.11 m、0.13 m、0.32 m和0.12 m。

太浦河为太湖流域排泄太湖洪水的主要通道之一，6月21日—8月3日太湖连续超警戒水位期间太浦闸排水量为22.98亿m^3，日均最大排水量898 m^3/s，占整个汛期排水量的58.7%。当太湖水位涨至4.85 m时，在保证两岸地区安全的前提下，按照国家防总的《太湖流域2016年超标准洪水应对方案》，太浦河两岸口门开闸泄水。太浦闸大流量地排泄太湖洪水，将有效地降低太湖水位。

根据2016年实测资料统计，5月1日—7月8日（太湖出现最高水位期间），太浦闸出湖水量共17.7亿m^3，若太浦闸在此期间不泄洪该部分水量而全部由太湖调蓄的话，太湖水位将升高0.72 m。5—8月如果太浦闸不泄洪，其出湖水量将减少35.3亿m^3，太湖最高水位将升高0.32 m。因此太浦闸泄洪对降低太湖水位，减轻其他河道排水压力，保障环湖大堤和环湖地区安全有着十分重要的作用。

4.3 实施错时错峰调度

4.3.1 调度原则

1. 钟楼防洪控制工程

当无锡（大）水位低于4.6 m且常州（三）水位低于5.3 m时，钟楼闸敞开泄洪，保持正常航运。

当无锡(大)水位达到4.6 m或常州(三)水位达5.3 m,且根据天气预报湖西及武澄锡有较大降雨过程,无锡、常州水位均将继续迅速上涨时,根据省防指指令,由海事部门实施停航管制,启动关闸程序。

钟楼闸关闭期间,当丹阳水位达到6.5 m且根据天气预报湖西地区有较大降雨过程,丹阳水位可能超过6.8 m时,如无锡(大)水位低于4.0 m,同时常州(三)水位低于4.7 m,钟楼闸全开渲泄湖西高水;如无锡(大)水位在4.4~4.8 m之间,同时常州(三)水位在5.2~5.5 m之间,钟楼闸部分泄水,泄洪流量根据无锡(大)、常州(三)、丹阳的水位和洪水预报分析确定。

当无锡(大)水位超过4.8 m或常州(三)水位超过5.50 m,同时丹阳水位超过6.8 m时,钟楼闸控制泄流,由省防指根据上下游灾情统一调度。

洪水退水期,当无锡(大)水位低于4.6 m,同时常州(三)水位低于5.3 m,钟楼闸部分泄水,泄至闸上下游水位差小于0.5 m时,钟楼闸全部开启,恢复通航。

钟楼闸启闭具体操作程序,由省防指与省海事局研究制定。

2. 蠡河控制工程

当无锡(大)水位超过警戒水位3.90 m,且蠡河控制工程处运河水位高于望虞河水位时,分泄苏南运河洪水入望虞河。

3. 丹金闸枢纽及丹金船闸

丹金闸枢纽为湖西区运河高片与洮滆低片之间的控制性建筑物,丹金溧漕河按三级航道标准整治后,新建的丹金船闸将取代丹金闸枢纽的工程任务,丹金船闸运行调度暂按省防指批复的丹金闸枢纽调度方案执行,以后在湖西区水利治理规划中进一步研究调度方案调整。

当丹阳水位低于6.5 m,且王母观水位低于4.6 m时,节制闸及船闸均开闸。节制闸和船闸按双线运行,其中节制闸通上行船只,船闸通下行船只。

当丹阳水位低于6.5 m,且王母观水位高于4.6 m并继续上涨时,节制闸关闸控制,船闸按单线船闸方式运行。

当丹阳水位高于6.5 m,且王母观水位低于4.6 m时,控制泄流流量不超过建筑物消能设计流量250 m^3/s。上下游水位基本持平后,节制闸和船闸可开闸同航。

当丹阳水位高于6.5 m,且王母观水位高于4.6 m时,由省防指视上下游水情调度。

当闸上水位超过6.31 m(最高通航水位)时,禁止通航。

4.3.2 调度实况

1. 钟楼防洪控制工程

2016年7月1日—4日,常州市再次出现持续强降雨,4 d累计雨量达到306 mm。其中7月1日面雨量123 mm,致使苏南运河水位进一步上涨,沿线防汛形势严峻。7月2日8:00,苏南运河常州、无锡、苏州站水位分别涨至5.53 m、5.07 m、4.68 m,超保证水位

0.73 m、0.54 m和0.48 m，而丹阳站水位6.26 m，低于保证水位0.94 m，根据当时苏南运河汛情、天气趋势，以及《苏南运河区域洪涝联合调度方案（试行）》中的有关调度原则，7月2日11:00，省防指调度钟楼防洪控制工程启用挡洪，工程在第一时间发挥了挡洪效益；12:40闸门关闭到位。根据区域上下游水情、灾情及天气趋势，省防指调度钟楼闸于7月5日9:00部分开启，按2 m开宽运行；12:00按4 m开宽运行；18:00按6 m开宽运行。7月6日16:00闸门临时全开；20:00临时关闭。7月8日15:00前开启宽度45 m。7月9日18:00闸门全部打开，恢复通航。

2016年汛期，钟楼防洪控制工程共运用略大于7 d（超设计标准7 d），期间闸上最高水位达6.32 m，工程经受住了严峻的考验，充分发挥了防洪减灾效益，为减轻常州、无锡、苏州的城市防洪压力作出了极为重要的贡献，也为太湖地区水利工程管理处工程运行管理积累了宝贵的实战经验。

2. 蠡河枢纽

6月22日，江苏省太湖地区遭受暴雨大暴雨，太湖及苏南运河局部站点水位快速上涨，22日15:00，苏南运河无锡（大）涨至4.52 m，超警戒水位0.62 m，仅比保证水位低0.01 m；太湖平均水位3.93 m，超警戒水位0.13 m，远低于保证水位。为缓解苏南运河紧张形势，6月22日15:30，省防指调度蠡河枢纽开闸排泄苏南运河洪水，22:40关闭。

6月27日，太湖地区再次出现强降雨过程，出现大到暴雨，局部大暴雨；受降雨影响，河湖水位再次明显上涨。27日8:00，苏南运河无锡站水位达4.71 m，超过保证水位0.18 m；太湖平均水位4.18 m，低于保证水位。在统筹流域、区域形势后，省防指调度蠡河枢纽于27日9:50开闸排泄苏南运河洪水，29日22:00关闭。

7月1日，江苏省太湖地区再次遭受暴雨大暴雨，受降雨影响，苏南运河沿线水位再次大幅上涨，2日6:00，苏南运河无锡站涨至4.94 m，超过历史最高水位，太湖平均水位4.42 m，仍低于保证水位。省防指统筹流域、区域防汛形势于7:20开闸排泄苏南运河洪水入望虞河，7月4日18:00，苏南运河无锡站降至历史最高水位以下，蠡河枢纽关闭。

9月6日12:00蠡河枢纽开启，适度向苏南运河排水，9月8日18:00关闭；9月30日9:00开启蠡河枢纽向望虞河排水，10月3日12:15，停止向望虞河排水。

在2016年抗击洪水过程中，蠡河枢纽多次开闸排泄苏南运河洪水入望虞河，在一定程度上缓解了苏南运河沿线的防洪压力，充分发挥了工程防洪减灾效益。

3. 丹金闸枢纽

7月2日22:00，丹金溧漕河金坛站水位达6.26 m，超过警戒水位1.25 m，超保证水位0.25 m，距历史最高水位仅0.29 m，且涨势明显；上游丹阳水位6.11 m，超警戒水位0.51 m，低于保证水位1.09 m，汛情相对缓和些。当时，受通济河区域洪水影响，丹金闸上下游水位并涨，分别为6.25 m、6.24 m，为此，省防指调度丹金闸上闸首、节制闸闸门关闭挡洪，尽量减少通济河区域洪水向南的流量。23:00，闸门关闭挡洪。7月6日11:00，金坛水位回落至6.49 m，且呈下降趋势，而苏南运河丹阳站水位已涨至6.36 m，为减轻大运河防洪压力，减少通济河区域进入大运河流量，省防指调度丹金闸枢纽于7月6日

12:00 开启。

在 2016 年汛期最为紧张阶段，丹金闸关闸挡洪运行期间，其上游最高水位达6.86 m，超出设计水位 0.36 m。7 月 3 日，河水从护坡上的排水口、下游西护坡倒灌进管理所，导致交通桥南侧区域大面积受淹，积水深度超过 20 cm，管理所组织抢险队冒雨布设临时钢板桩围堰挡水，并加设多台水泵抢排积水，同时紧急转移票房重要物资，以确保工程物资和财产安全。

本次丹金闸共安全挡洪运行 5 d，丹金闸管理所全体干部职工反应及时，操作准确，执行到位，顺利完成本次抗洪任务，在保障工程安全的同时发挥了防洪减灾效益。

4. 丹金船闸

7 月 2 日 11:30 丹金溧漕河金坛站水位 6.27 m，王母观站水位 6.06 m，超警戒水位 1.46 m，丹金溧漕河沿线城区和圩区出现漫溢险情，洮滆片防汛形势极为严峻。7 月 2 日 23:00，省防指发出调度指令关闭丹金船闸。

7 月 6 日上午，丹金闸枢纽闸上水位 6.42 m，金坛站水位 6.53 m，为尽快减轻下游高水位压力，9:30，常州市防指向省防指请求要求开启丹金闸，同时通知常州市交通局开启丹金船闸。

7 月 6 日 18 时起，丹金溧漕河上游普降大到暴雨，水位迅速上涨，金坛区城区及长荡湖周边抗洪形势愈加严峻。为减轻抗洪压力，确保人民群众生命安全，7 月 6 日 22:00，常州防指通知常州市交通局关闭丹金船闸。7 月 7 日下午，丹金闸枢纽闸上水位 6.42 m，金坛站 6.44 m，丹阳站 6.33 m，具备了北排条件，常州市防指通知常州交通局于 7 月 7 日 18:00 开启丹金船闸。

5. 限制城市大包围外排

根据苏南运河水位上涨迅猛的情况，省防指按照《苏南运河区域洪涝联合调度方案（运行）》有关精神，及时发出通知，要求运河沿线各市适时限制城市大包围外排，缓解运河防洪压力。苏南运河沿线常州市、无锡市、苏州市也严格执行相关指令，积极主动地根据大包围内外水情，大幅度削减泵站向运河的排水流量，甚至部分时段全停，有效地控制了大运河沿线水位的上涨幅度。

4.3.3 调度效果分析

苏南运河沿线区域主要水利工程有谏壁水利枢纽、常州新闸防洪控制工程、常州钟楼闸防洪控制工程、蠡河水利枢纽等。2016 年汛期根据省防指的调度指令，运河沿线水利工程先后全部投入运行，其中常州新闸、钟楼闸等防洪控制工程等均出现长时间超标准运行，充分发挥了工程的防洪减灾效益，为保障太湖地区防洪安全，减轻常州、无锡、苏州的城市防洪压力作出了重要的贡献。

1. 钟楼防洪控制工程

钟楼闸为武澄锡虞西控制线上的主要防洪控制工程，7 月 2 日起逐步关闭，关闸后，闸下水位下降明显，闸下水位从关闸前的 5.42 m，一度降低到 5.19 m，减少了湖西高水向东的流量，缓解了下游常州城区、无锡段、苏州段防洪压力；至 7 月 9 日 18:00，钟楼闸全开，恢复通航，钟楼防洪控制工程共超设计标准运行 7 d，期间钟楼闸上最高水位达到 6.32 m，为历史第二高值，仅次于 2015 年的 6.43 m。

钟楼闸的启用阻挡了湖西上游洪水下泄，缓解了运河下游区域的防洪除涝压力，充分发挥了工程的效能。根据太湖流域水量水质数学模型模拟分析的结果，若钟楼闸不启用，遇 2016 年实况降雨，沿钟楼闸下泄入武澄锡的运河峰前(6 月 26 日—7 月 3 日)水量将减少 3 314 万 m^3，钟楼闸下最高水位将升高 0.17 m，下游无锡、苏州的最高水位将分别抬高 0.16 m 和 0.06 m，可见钟楼闸的启用对降低运河下游无锡和苏州的水位起到了重要作用。

2. 蠡河枢纽

2016 年汛期，蠡河枢纽多次开闸排泄苏南运河洪水入望虞河，在一定程度上缓解了苏南运河沿线特别是无锡段的防洪压力，充分发挥了工程防洪减灾效益。目前，根据太湖流域水量水质数学模型模拟分析结果可知，遇 2016 年实况降雨，蠡河枢纽若不向望虞河分洪，5—8 月蠡河枢纽入望虞河水量将减少 1 447 万 m^3(实况 1 962 万 m^3)，无锡、苏州最高水位分别升高 0.01 m 和 0.02 m，琳桥，甘露(望)最高水位均下降 0.03 m。

3. 丹金闸枢纽和丹金船闸

进入 7 月份主汛期以来，丹金溧漕河沿线城区和圩区出现漫溢险情，洮滆片防汛形势极为严峻。根据省防指调令，关闭丹金闸挡洪运行 5 d。丹金闸枢纽两次关闭，在保障工程安全的同时发挥了防洪减灾效益。丹金闸关闭后，减缓了金坛及湖西片河湖水位上涨速度，减少水位上涨幅度在 10～15 cm。

4.4 适时启动城市大包围抢排城市涝水

4.4.1 调度原则

当苏南运河沿线代表站水位低于 100 年一遇设计洪水位时，城市大包围按已批准的方案运行，及时排水，确保大包围内部排涝安全。

当苏南运河沿线代表站水位在 100～200 年一遇设计洪水位之间时，沿运河泵站择机排水。当包围圈内代表站水位低于设定门槛值(内部最高控制水位以下 20 cm)时，沿运河泵站停机，包围圈内其他泵站根据排涝要求进行调度；当包围圈内水位高于设定门槛值时，沿运河泵站开机排水。

当苏南运河沿线本河段或下一河段代表站水位高于 200 年一遇设计洪水位时，沿运河泵站原则上不得向运河排水。

常州运北大包围、无锡运东大包围、苏州中心区大包围具体调度如下：

(1) 常州运北大包围

常州(三)水位不超过 5.8 m；当常州(三堡街)水位超过 4.3 m 时，启动大包围，开机排水。

常州(三)水位在 5.8～5.95 m 之间：当常州(三堡街)水位低于 4.6 m 时，沿运河泵站停机，包围圈内其他泵站根据排涝要求进行调度；当常州(三堡街)水位高于 4.6 m 时，沿运河泵站开机排水。

当常州(三)水位超过 5.95 m 或无锡(大)水位超过 5.15 m 时，沿运河泵站原则上不得向运河排水。

(2) 无锡运东大包围

无锡(大)水位不超过 5.0 m：当无锡(南门)水位超过 3.8 m 时，启动大包围，开机排水。

无锡(大)水位在 5.0～5.15 m 之间：当无锡(南门)水位低于 4.0 m 时，沿运河泵站停机，包围圈内其他泵站根据排涝要求进行调度；当无锡(南门)水位高于 4.0 m 时，沿运河泵站开机排水。

当无锡(大)水位超过 5.15 m 或苏州(枫桥)水位超过 5.1 m 时，沿运河泵站原则上不得向运河排水。

(3) 苏州城市中心区大包围

苏州(枫桥)水位不超过 4.85 m：当苏州(觅渡桥)水位超过规定起抽水位时，启动大包围，开机排水。

苏州(枫桥)水位在 4.85～5.1 m 之间：当苏州(觅渡桥)水位低于 3.0 m 时，沿运河泵站原则上应停机，但视天气情况可开机预降水位，包围内其他泵站根据排涝要求进行调度；当苏州(觅渡桥)水位高于 3.0 m 时，沿运河泵站开机排水。

当苏州(枫桥)水位超过 5.1 m 时、苏州(觅渡桥)水位低于 3.0 m 时，沿运河泵站应停机；当苏州(枫桥)水位超过 5.1 m 时、苏州(觅渡桥)水位超过 3.0 m，且预报后期有明显降雨时，沿运河泵站可有控制地排水。

4.4.2　调度实况

1. 常州市

第一次大包围运行：受强降雨影响，大运河钟楼闸水位 6 月 22 日 7:55 达到警戒水位 4.30 m，水位呈快速上涨趋势，根据常州市防指调度指令，于 6 月 22 日 9:30 起启用运北片城市防洪大包围，7 月 20 日 10:00，停止运行运北片城市防洪大包围。

自 6 月 22 日至 7 月 20 日，第一轮运北片城市防洪大包围共计运行 29 d，在此期间，17 座节点工程全部关闸挡水，所辖泵站累计开机 4 000 台时、排除涝水 10 242.8 万 m^3。

第二次大包围运行：受 2016 年第 14 号台风“莫兰蒂”外围影响，大运河常州站水位 9 月 16 日 4:00 达到警戒水位 4.30 m，且水位仍呈快速上涨趋势，9 月 16 日 8:00 起启用运北片城市防洪大包围。9 月 17 日 14:50，大运河水位蓝色预警解除。经研究，停止运行运北片城市防洪大包围。9 月 16 日至 17 日启用运北片城市防洪大包围工程期间，共关闭水闸工程 14 座，启动泵站工程 10 座，泵站机组累计运行 550 台时，排涝 909.45 万 m^3。

第三次大包围运行：受北方冷空气和2016年第17号台风"鲇鱼"外围环流影响，大运河钟楼闸水位9月29日14:20达4.2 m，且仍呈快速上涨趋势。根据气象部门预报，后续仍有强降雨，预计大运河水位仍将持续上涨。常州防指于9月29日15:00启用运北片城市防洪大包围。10月3日15:45，大运河常州站（钟楼闸上）水位已降至4.32 m，经研究，停止运行运北片城市防洪大包围。

第四次大包围运行：受冷暖空气交汇影响，大运河钟楼闸水位10月7日21:20达到警戒水位4.30 m，且后期水位仍呈快速上涨趋势。根据气象部门预报，后续仍有强降雨，预计大运河水位仍将持续上涨。常州防指于10月7日21:30起启用运北片城市防洪大包围。10月9日7:30，大运河常州站（钟楼闸上）水位已降至4.30 m，经研究，停止运行运北片城市防洪大包围。

第三、第四次大包围运行累计开机2 000台时，排涝2 147.45万m^3。

第五次大包围运行：受冷暖空气交汇影响，大运河钟楼闸水位10月26日11:15达到警戒水位4.3 m，且仍呈快速上涨趋势，根据气象部门预测，常州地区仍有50 mm以上强降雨。常州防指于10月26日14:30起启用运北片城市防洪大包围。10月31日10:00，大运河常州站（钟楼闸上）水位已降至4.41 m，经研究，停止运行运北片城市防洪大包围。本次大包围泵站开机运行950台时，排涝1 535.39万m^3。

据统计，2016年常州市城市防洪大包围累计排水7 500台时，排涝1.48亿m^3。

2. 无锡市

2016年汛期，太湖流域防汛形势异常严峻，无锡市4月份即进入汛期，比往年提前1个月，当月降雨量约230 mm，是常年同期的两倍；4月至7月无锡平均降雨量984 mm。6月19日无锡市正式入梅，7月20日出梅，梅雨期间无锡市先后遭遇了三次集中强降雨，梅雨量达495.4 mm，是常年梅雨量的两倍多。期间城市防洪工程累计排涝5 300多万m^3。受降雨影响，大运河水位长时间居高不下，至7月底大运河无锡站水位超过警戒天数达48 d，并于7月3日再次刷新历史记录，达到5.28 m，超历史最高水位0.1 m（2015年最高水位5.18 m）。

7月1日至3日，无锡市3 d降雨量超200 mm，运河无锡站水位最高达5.28 m。降雨前，无锡市防指已提前关闭运东大包围，预降内河水位。降雨期间，运东大包围控制运行，7月2日凌晨开始，调度利民桥枢纽开机1台，江尖枢纽开机2台。随着雨势的增强，紧急启用严埭港枢纽5台机组，利民桥枢纽加开1台，伯渎港枢纽加开2台，最多时城市防洪工程开机数量达12台，最大排涝量达180 m^3/s，大包围内调度代表站无锡（南门）最高水位3.73 m。随着大运河水位上升，在保证城市防洪安全的前提下，市防指合理安排开机台数及排水方向，减少大运河沿线江尖、仙蠡桥、利民桥3个泵站排涝量，利用伯渎港、严埭港、九里河、北兴塘泵站全力向东、向北排涝，减轻周围地区防洪压力。7月2日及3日两天，城市防洪工程累计运行191台时，排涝量逾1 000万m^3。其中利民桥枢纽、伯渎港枢纽、严埭港枢纽均连续运行超过48 h，有力地保障了无锡主城区的防汛安全。

据统计，2016 年汛期，无锡市城市大包围累计排水 2130 台时，排水量 1.19 亿 m^3。

3. 苏州市

2016 年汛期苏州城市大包围往运河排水共 3.32 亿 m^3。7 月 2 日 10:00，京杭大运河苏州(枫桥)水位创历史新高，达 4.82 m，防汛形势极为严峻，苏州市城市大包围立刻停止向运河排水，减少入运河水量。

4.4.3 效益分析

2016 年汛期受超强厄尔尼诺事件影响，苏州、无锡和常州城区多次遭受强降雨袭击，区域河网水位迅速上涨，苏州、无锡和常州三市根据相关的调度方案，结合雨情，及时启动防洪大包围，将洪水拦截在外围，同时迅速排出涝水，降低城区河道水位。常州城市防洪运北片大包围 2016 年启用 5 次，为建成以来启用次数最多的一年，全年排水 1.48 亿 m^3；无锡市城市大包围累计排水量 1.19 亿 m^3；苏州汛期投入最大排涝流量为 200 m^3/s，排涝量共计 1.96 亿 m^3。城市防洪工程的启用确保了主城区汛情总体平稳，有力保障了主城区防汛安全。

根据太湖流域水量水质数学模型的模拟分析成果，若城市防洪工程不启用，防洪包围圈内的水位将明显上升，常州(三堡街)的最高水位将上升 1.25 m，按包围内起调水位 4.0 m 常水位计，最高水位可达到 5.25 m，远超内部最高控制水位 4.8 m，且持续高水位天数将增加 22 d；无锡大包围内无锡(南门)最高水位将上升 1.23 m，按包围内起调水位 3.8 m 常水位计，最高水位可达到 5.03 m，远超内部最高控制水位 4.8 m，且持续高水位天数将增加 55 d；苏州大包围内苏州(觅渡桥)最高水位将上升 0.72 m，按包围内起调水位2.7～2.9 m 常水位计，最高水位可达到 3.42～3.62 m，超过内部最高控制水位 3.2～3.4 m，持续高水位天数将增加 28 d。由此可见，防洪大包围的启用对维持主城区内部水位，降低高水位的持续时间有着显著作用。若不启用防洪大包围工程，常州、无锡和苏州城区大部分地区将受淹，造成经济损失将十分巨大，社会影响更是无法估量。

以无锡市为例，根据相关资料统计，2015 年无锡市城市防洪大包围内常住人口约 120 万人，按照无锡市人均国民经济生产总值 13.09 万元计算，区域内 GDP 约 1 600 亿元。若无大包围工程，7 月 3 日无锡水位最高将达到 5.28 m，按 5.0 m 高程以下区域受淹计算，大包围内约 77 km^2 区域将受灾，占大包围总面积的 53%，持续时间约 2 d(5.0 m 以上水位)，估算区域内企事业单位停产，直接经济损失将接近 10 亿元。

城市防洪大包围的启用，一定程度上增加了防汛安全感。2016 年高水位期间，由于城市防洪工程发挥作用，对保护范围内的人民群众基本未造成影响，仅有少数低洼地区和道路由于雨水管网不通畅或来不及排水造成短时间的积水，避免了大包围内企事业单位停产停业损失和居民家中大面积受淹等状况，确保了广大市民的生命财产安全，城市防洪大包围工程的建成及启用，增加了保障防汛安全的措施和手段。

然而城市大包围圈工程的运用也存在一些矛盾和问题，调度机制尚需完善。苏南运河沿线区域水系复杂，工程众多，既涉及流域、区域，又涉及城市防洪排涝等多层面的调度，在目前试行的调度方案以及近几年的调度实践中，包围圈内河网调蓄空间的运用尚不充分，强降雨期间内外河水位差过大，存在城市防洪"外紧内松"的情况。

4.5 应对超标准洪水

4.5.1 调度原则

（1）沿江各闸（泵）全力排水，各船闸（套闸）在确保工程安全的条件下全力泄洪。

（2）立即开启望虞河西岸福山船闸参与分泄望虞河洪水；保持望虞河东岸谢桥以下（谢桥～长江）口门行水通畅，若湘城水位超过 4.10 m，望虞河东岸口门可关闭。

（3）太浦河两岸口门开闸泄水。若陈墓水位超过 4.00 m，北岸口门可关闭；若嘉兴水位超过 4.00 m，南岸口门可关闭。

（4）立即开启瓜泾口水利枢纽泄洪，若陈墓水位超过 4.10 m，可适当控制下泄流量。

（5）开启千灯浦闸泄水。

4.5.2 调度实况

7 月 7 日 20:00，太湖平均水位达 4.85 m，超过保证水位 0.19 m，且据气象部门预测，2016 年 1 号台风"尼伯特"将严重影响太湖流域，防汛形势极为严峻。国家防总下发了《关于太湖流域 2016 年超标准洪水应对方案的批复》（国汛〔2016〕13 号），江苏省坚决贯彻执行国家防总通知精神，省防指 7 月 7 日紧急下发通知，要求苏州等市贯彻落实太湖流域 2016 年超标准洪水应对方案。一是沿江各闸（泵）继续全力排水，各船闸（套闸）在确保工程安全的条件下全力泄洪；二是立即开启望虞河谢桥以下口门参与分泄望虞河洪水；三是太浦河两岸口门开闸泄水；四是立即开启瓜泾口水利枢纽泄洪；五是开启千灯浦闸泄水。汛期，针对太湖地区严峻汛情，省防指及各市防指还与海事部门及相关单位沟通协调，调度沿江部分船闸控制通航或临时停航，参与排泄太湖地区洪水，主要包括望虞河江边船闸，以及常熟市、江阴市、常州市新北区沿江各船闸等。

苏州市防指紧急调度开启望虞河西岸福山船闸、东岸谢桥以下口门、太浦河两岸口门、瓜泾口水利枢纽及千灯浦闸，以协助太湖分泄洪水，确保太湖堤防安全。

7 月 11 日，省防指下达《关于加强望虞河（谢桥～长江）口门控制运用的通知》（苏防办电传〔2016〕97 号），要求常熟市防指结合区域水情、雨情、水系、地形等情况，科学调度望虞河谢桥以下的王市船闸、新泾闸、龙墩闸、福圩闸等 5 座口门进行泄洪，并派人全天候对泄洪区域及口门进行巡查，发现区域受淹时及时调整闸门开启度。在长江落潮时段，望虞河水位低于内河水位时及时关闭口门，防止内河涝水倒流望虞河。

7 月 27 日，太湖防总将防汛Ⅲ级应急响应调整为Ⅳ级，省防指下发通知（苏防办电传〔2016〕111 号），要求前期参与排泄太湖超标准洪水的望虞河西岸福山船闸、望虞河东岸谢桥以下口门、太浦河两岸口门、瓜泾口水利枢纽和千灯浦闸等工程恢复正常运行，环太湖其他口门调度按照《太湖流域洪水与水量调度方案》中的有关规定及时参与排水。至此，瓜泾口泄洪水量达到 1.67 亿 m^3；望虞河东岸谢桥以下口门最大分洪流量约为 80 m^3/s，平均泄洪流量为 60 m^3/s，1 d 分泄太湖洪水约 518 万 m^3，7 月 8 日—8 月 1 日共分泄太湖洪水约 4.61 亿 m^3，有效发挥了分洪作用。

表 4-2 太湖超标准洪水应对方案中水工建筑物工程规模

序号	河湖	口门	节制闸				套闸	
			孔数	单孔净宽 (m)	闸顶高程 (m)	设计流量 (m^3/s)	孔宽 (m)	闸顶高程 (m)
1	太湖	瓜泾口闸	2	16	5.5	96	12	5.5
2	望虞河	谢桥船闸					7	上 6.0/下 5.5
3		福山船闸					8	上 6.0/下 5.0
4		福圩防洪闸	1	6	6.1			
5		龙墩防洪闸	1	6	6.1			
6		王市船闸					8	上 6.0/下 5.0
7		新泾套闸					6	上 6.1/下 5.0
8	淀山湖	千灯浦套闸					12	5.27

4.5.3 调度效果分析

2016 年，太湖流域发生流域性的特大洪水。太湖水位相比 2015 年入汛同期水位就高出 0.25 m 左右，太湖入梅后(除了 6 月 19 日和 20 日)一直处于超警 3.80 m 状态并呈持续上升趋势，7 月 8 日 20:00 达到最高水位 4.87 m，历史排位第 2，仅次于历史最高 1999 年的 4.97 m。根据国家防总的《应对方案》和江苏省防指指令，苏州市防办紧急调度开启瓜泾口水利枢纽、千灯浦闸、望虞河东岸及太浦河两岸部分口门，沿长江各泵站、水闸(包括船闸)在确保安全的前提下全力泄洪，协助太湖分泄洪水，确保太湖堤防安全。调度措施的实施为望虞河、太浦河加大下泄流量创造了有利条件，遏制了太湖及河网水位的进一步上涨，加速了太湖水位回落至警戒水位以下，保证了流域在发生特大洪水的情况下，环湖大堤等重要堤防、重要设施未发生重大险情，重要城市基本未受淹受涝，未出现流域性、大范围的洪涝灾害，洪灾损失远小于 1991 年、1999 年。根据太湖流域水量水质数字模型模拟分析，若江苏境内望虞河东岸、太浦河两岸和瓜泾口不实行超标准洪水调度，太湖最高水位将上升 2 cm，且洪水退至警戒水位 3.8 m 的速度将减慢 0.002 m/d，超过警戒水位的时间将增加 12 d，超太湖设计水位 4.8 m 的时间将增加 4 d。

5 认识与建议

受超强厄尔尼诺影响，2016年太湖流域发生流域性特大洪水，地区河网水位大范围超警戒，湖西区、武澄锡虞区和苏南运河一线10余个站点达到或超过历史最高水位。针对严峻的防汛形势，省防指统筹考虑流域与区域、区域与城市、城市与圩区、上游与下游、水库与河道雨水情变化，实施精准科学调度，最大限度地发挥了水利工程的防灾减灾效益。

5.1 原因分析

造成太湖流域性特大洪水和苏南运河超历史的原因很多，总结起来，主要有异常强降雨、下垫面的巨大变化、生态（环境）调水、洪涝南排入湖出路受阻和城市大包围工程集中排涝等原因。

1. 异常强降雨是首要客观原因

2015年、2016年汛期，受大气环流形势影响，江苏省太湖地区连续遭遇暴雨、大暴雨袭击。据省气象台和省水文局分析，2015年苏南运河区域20多天内先后遭遇三次强降雨，日面均雨量均超过150 mm，局部达200 mm以上；2016年太湖地区汛期累计降雨量1 164 mm，超过发生历史最大洪水的1999年同期，排历史第一位，梅雨期面均雨量是常年平均的2.4倍。

2. 下垫面的巨大变化改变了区域产汇流条件

城市化进程加快，造成不透水面积的增加，湿地和耕地面积的减少，导致产汇流条件发生变化，间接导致了运河汛期高水位频发。据研究，相同降雨条件，下垫面自然状态下的地表产流仅有5%，而不透水面积达到50%的情况下，地表产流可以增加到30%以上。据统计，1997—2012年，江苏省太湖地区建设用地面积（不透水）增加了2 430.64 km^2，这客观上增大了径流系数，导致洪水总量增多、水位上涨速度加快、洪峰流量增大、洪水位抬高。

据模拟分析，如遇2016年实况降雨，仅不透水面积增加这一因素（对比1997年、2012年不透水面积数据）就会导致常州、洛社、无锡、枫桥等四个站最高水位分别抬高12 cm、10 cm、7 cm和3 cm，洛社、无锡和枫桥站最高水位出现时间将提前24 h。

3. 运河“四改三”航道升级加快水流下泄

交通部门组织的运河“四改三”航道升级工程实施后，由于河道断面拓宽，上游汇流速度加快，运河来水量明显增加，其中苏州枫桥站增加尤为明显，苏州枫桥站2008年前和2008年后相比，汛期平均流量由33 m^3/s增加到71 m^3/s，增加幅度为118%，年最大流量增加幅度为38%，比实施前显著增加。

根据模拟分析，运河“四改三”实施后，如遇2016年实况降雨，上游入无锡市洛社站最大流量将增加192 m^3/s，苏州市枫桥站将增加89 m^3/s，增加幅度分别为151%和74%，由此可见汛期沿运河下泄水量比实施前明显增加。

4. 生态(环境)调水抬高了运河常水位

为促进水体流动，改善水质，增加区域河网水系水环境容量，沿江相关市(县、区)实施引江调水，加大了运河与周边水系的水量交换，抬高了区域河网基础水位，带来一定防洪风险。据水文资料分析，近几年运河无锡段常水位较以前的多年平均值偏高30～50 cm。

5. 保护太湖水源地限制了运河洪涝南排出路

历史上运河沿线地区洪涝既北排长江，也南入太湖。2007年太湖蓝藻事件发生后，由于保护太湖水资源的需要，环湖口门向太湖排水受到严格控制，无锡境内环湖口门几乎常年关闭，此无奈之举人为削减了地区向太湖排水能力。根据以往调度实践，利用入湖河道分泄部分洪涝水进入太湖，对降低运河洪水位作用十分明显。

据模拟分析，南排入湖出路受阻对无锡段水位影响最大，与规划调度方案对比，无锡站最高水位升高了12 cm，其他代表站最高水位升高了1～4 cm。直湖港、武进港和雅浦港3个主要入湖口门汛期入湖水量比以前正常调度运用减少约7 600万 m^3。由此可见利用环湖口门分泄运河洪涝水特别是对降低无锡段水位有显著作用。

6. 城市大包围工程集中排涝加快运河水位上涨速度

目前苏锡常三市中心城区大包围工程基本建成。由于实际调度中城市防洪大包围排水主要考虑城市内部排涝需求，一定时段内洪涝水集中外排也导致汛期沿线城市外河水位过高。

据模拟分析，运河沿线苏锡常防洪大包围建成后，若汛期集中向运河排涝，在遭遇2016年实况降雨时，相比城市大包围工程实施前，运河沿线最高水位均有不同程度的抬高，其中常州站水位抬高13 cm，无锡站抬高2 cm，苏州段受上游来水增加和自身防洪大包围排涝的影响，水位抬高幅度最大，其中苏州站最高水位抬高23 cm。由此可见，汛期城市防洪工程集中排涝对运河高水位有较大影响。

5.2　建议

1. 加强城市和圩区排涝能力的规划管理

开展运河“排水权”问题研究，科学合理安排洪涝出路及排水规模。从统筹流域、区域、城市洪涝出路的角度出发，加强对城市包围圈扩张的规划管理，分析研究适当的圩区排涝模数，坚持局部利益服从全局利益，防止不当的洪涝灾害搬家。

2. 开展航道升级工程对水利影响评价及补偿措施研究

我省太湖地区河网密布，多数河道既具有水量调节的自然禀赋，同时又是重要的内河航运通道。鉴于当前苏南运河、锡澄运河、张家港等重要河道的航道升级所带来水系单元调整、河道水量交换变化等新情况，需要水利部门组织开展航道升级工程对水利影响评价以及补偿措施研究工作，并在规划、设计阶段提前对交通部门提出要求。

3. 坚持生态(环境)调度服从防洪排涝调度

要统筹处理好水生态(环境)与防洪排涝的关系，坚持防洪安全第一的原则，水生态(环境)调度应服从防洪保安要求，充分发挥水利工程的防灾、减灾、兴利综合效益。

4. 不断细化完善苏南运河沿线区域洪涝联合调度

建议加强苏南运河沿线区域各类工程联合调度的研究实践和总结分析，根据运河及沿线区域水文特性变化、防洪排涝工程建设进度和调度实践，进一步完善《苏南运河区域洪涝联合调度方案》。

下篇

秦淮河流域

6 流域概况

6.1 自然概况

秦淮河流域地处北纬 31°35′～32°07′，东经 118°43′～119°18′，水系呈蒲扇形，长宽各约 50 km，从北源至三汊河全长 110 km，全流域面积 2 631 km^2，其中 80%为丘陵山区，20%为平原圩区。流域内现辖南京市江宁、溧水等区和镇江市句容市。秦淮河流域城市化发展很快，经济比较发达，是江苏省防汛防旱的重点区域。

6.1.1 地形地貌

流域地形呈锅形，丘陵山区占 80%；中间腹部为低洼圩区和河湖水面占 20%。地势高低起伏，总体东高西低、四周高沿江沿河低。

秦淮河有南北两源，南源溧水河发源于南京市溧水区东庐山，北源句容河发源于句容市宝华山南麓，两河在南京市江宁区前埠村汇合成秦淮河干流。秦淮河干流至东山分为两支，北支为秦淮河，经南京市区至三汊河入长江，西支为人工开挖的分洪河道即秦淮新河，经南京西善桥至金胜村入长江。秦淮河共有支河 16 条，是一个典型的一干多支树状型河道，其中句容河、溧水河流域面积最大，占全流域总面积的 74%。支流大都为山丘河道，具有源短、坡陡、流急、汇流快的特点，出口处又受江潮顶托，造成排水不畅，历史上洪涝灾害不断。

6.1.2 气象水文

秦淮河流域属于北亚热带湿润季风气候区，四季分明。多年平均年降水量1 059.8 mm，从南向北依次递减；降水年际间变幅较大，全年有三个明显的多雨期，即 4—5 月春雨，6—7 月梅雨，8—9 月台风秋雨，季风特征明显，易受台风袭击。

6.2 社会经济

秦淮河流域是江苏省防汛抗洪重点关注地区之一。2015 年，常住人口 1 141.24 万人，占全省总人口的 14.3%；GDP 达 13 223.2 亿元，占全省的 18.4%；工业产值 5 643.7 亿元，占全省的 16.8%；农业产值 365.3 亿元，占全省的 10.3%；服务业产值 7 213.6 亿元，占全省的 20.8%；社会消费品零售总额 5 703.9 亿元，占全省的 22.0%；耕地面积 581.3 万亩，占全省的 0.85%。

6.3 洪涝灾害

秦淮河地区下游受长江及秦淮河洪水共同威胁，中上游则受流域自身洪水危险。中华人民共和国成立以来，先后发生的较为严重的洪涝灾情年份主要有 1954 年、1969 年、1974 年、1991 年、1998 年、2003 年、2007 年和 2015 年，下面重点介绍 1954 年、1991 年和 2015 年的洪涝灾情。

(1) 1954 年

1954 年夏，长江发生全流域性特大洪水，南京下关水位站最高潮位达 10.22 m，为历史最高。秦淮河流域 5 月中旬开始连续降雨，3 个月降雨 58 d，共降雨 869 mm，由于雨势猛烈，山洪暴发，洪水向下游腹部圩区汇集，并且受长江高潮位影响，迅速逼高干流河道水位。秦淮河东山站水位最高达 10.15 m，南京市处于洪水包围之中，南京市委、市政府动员干部、工人、学生、居民和驻宁部队，奔赴沿江、沿河一线，全力以赴加高秦淮河堤防，并及时封闭了市区沿河涵洞，防止外洪倒灌；积极开动抽水站抽排市区涝水，但仍因市区降雨量过大，抽水动力不足，洼地积水严重，最深处达到 1.5 m，2.6 万户居民家中进水，倒塌房屋 700 多间；城墙因大水浸泡倒塌 7 处。为了确保南京市的安全，只有牺牲局部以保全大局，秦淮河中上游圩区基本全部破圩滞洪，才缓解了险情。本次洪灾淹没农田 26 万亩，淹没房屋 3.7 万间，倒塌房屋 2 万多间，受灾死亡 70 余人。

(2) 1991 年

1991 年汛期，秦淮河流域连续遭遇强降雨袭击，全年降雨量 2 015 mm，最大 3 d 面雨量 270 mm，约相当于 50 年一遇，最大 7 d 面雨量 342 mm，也相当于 50 年一遇。这一年秦淮河降雨历时长，洪水过程表现出多峰叠加，河、湖水位再超历史。实测赤山湖最高水位 13.68 m、东山最高水位 10.74 m，均创历史新高。上游开太圩、土谷圩破(漫)圩，淹没面积 0.85 万亩，受淹村庄 4 个。

(3) 2015 年

2015 年 6 月份秦淮河流域共出现三次明显降雨过程，其中 6 月 26—28 日暴雨洪水(以下简称“6·26”洪水)最大。从降雨空间分布上看，本次暴雨中心集中在前垾村—句容一线，主要为秦淮河支流句容河流域及下游干流区域，特别是句容上游茅山山脉一带暴雨强度明显大于其他区域，而支流溧水河流域降雨相对较小。其中暴雨中心前垾村站最大 12 h 降水量为 199.0 mm，为有记录以来最大值；最大 24 h 降水量为 295.0 mm，与历史最大值 296.8 mm 基本持平；最大 3 d 降水量 380 mm 为有记录以来最大值。从降雨时程分布看，本次降雨主要集中在 6 月 26 日 20:00 至 6 月 27 日 20:00 之间，时段降雨量约占整场降雨量 70%左右。

较大范围的强降雨导致秦淮河河道洪水快速上涨，并在高水位持续较长时间，各测站洪水全面超历史记录。秦淮河东山站水位 1 d 之内快速上涨 2.6 m，6 月 27 日洪峰水位 11.17 m，超过 1991 年历史最高水位 0.43 m，超过历史最高水位时间持续约 34 h，超过警戒水位持续 7 d。前垾村站水位 27 日达到最高水位 12.22 m，超过历史最高水位(11.60 m)

0.62 m,超过历史最高水位时间持续 52 h。同期长江下关站日均潮位 8.45 m,最高潮位 8.66 m。秦淮河干流前埠村实测最大流量为 1 100 m^3/s,超过历史最大流量 982 m^3/s。句容河前埠村实测最大流量为 985 m^3/s,为历史第 2 位。秦淮新河闸 28 日最大泄洪流量为 986 m^3/s,超过历史最大泄洪流量 971 m^3/s;武定门闸 28 日最大泄洪流量为 511 m^3/s,超过历史最大泄洪流量 509 m^3/s;6 月 28 日天生桥闸闸门全开泄洪,最大泄洪流量为 131 m^3/s。

2015 年,秦淮河流域共发生河水漫溢、塌方、滑坡、渗漏等险情 36 处,发生了江宁机场高速牛首山河桥和云台山河桥桥下堤防漫溢、胜利河凤凰村堤防漫溢塌方、溧水一干河凌庄圩堤防漫溢塌方等较大险情,受灾人口 11.6 万人,转移人口 0.55 万人,倒塌房屋 150 间,农作物受淹面积 76.02 万亩,农作物受灾面积 42.24 万亩,直接经济损失 16.56 亿元。

6.4 防洪工程体系

江苏省秦淮河流域按照"上蓄、中滞、下泄"的治理方针,经多年治理,基本形成了上游水库塘坝调洪削峰,中游干支流河道行洪、赤山湖滞洪,下游外秦淮河、秦淮新河泄洪入江,洼地圈圩设站抽排的防洪治涝工程体系,现状流域防洪标准约 20 年一遇,如图 6-1 所示。目前,秦淮河堤防防洪标准基本达到 50 年一遇,下游南京城区段堤防挡洪标准基本达到 100 年一遇,支流防洪标准 10~20 年一遇,圩区治涝标准接近 10 年一遇。2015 年、2016 年连续两年发生大洪水,干河水位均超过设计防洪水位。

6.4.1 河道堤防

(1) 秦淮河干流

从前埠村至河定桥,全长 11.4 km,现状堤顶高程 12.6~14.0 m,堤顶宽 6.0~8.0 m,河道行洪能力约 1 400 m^3/s。河段防洪标准基本达到 50 年一遇。

(2) 秦淮河

从河定桥至三汊河口,全长 23.6 km,其中武定门闸以下的 12.8 km 一般称为外秦淮河。现状堤顶高程 11.8~13.0 m,堤顶宽 6.0~8.0 m,河道行洪能力约 400~500 m^3/s。该河段堤防挡洪标准基本达 100 年一遇。

(3) 秦淮新河

从河定桥至金胜村,为人工开挖的分洪河道,全长 16.8 km,其中从铁心桥到红庙桥为切岭段。现状堤顶高程 13.0~13.5 m,堤顶宽 6.0~8.0 m。河道设计行洪流量800 m^3/s。

(4) 溧水河

溧水河从一干河和三干河汇合口至前埠村汇入秦淮河干流,全长 16.8 km,现状堤顶高程 14.0~14.2 m,堤顶宽约 6.0 m。溧水河主要支流有一、二、三干河及横溪河等,上游中型水库有中山、方便、卧龙山、赵村等。溧水河防洪标准基本达到 20~50 年一遇。

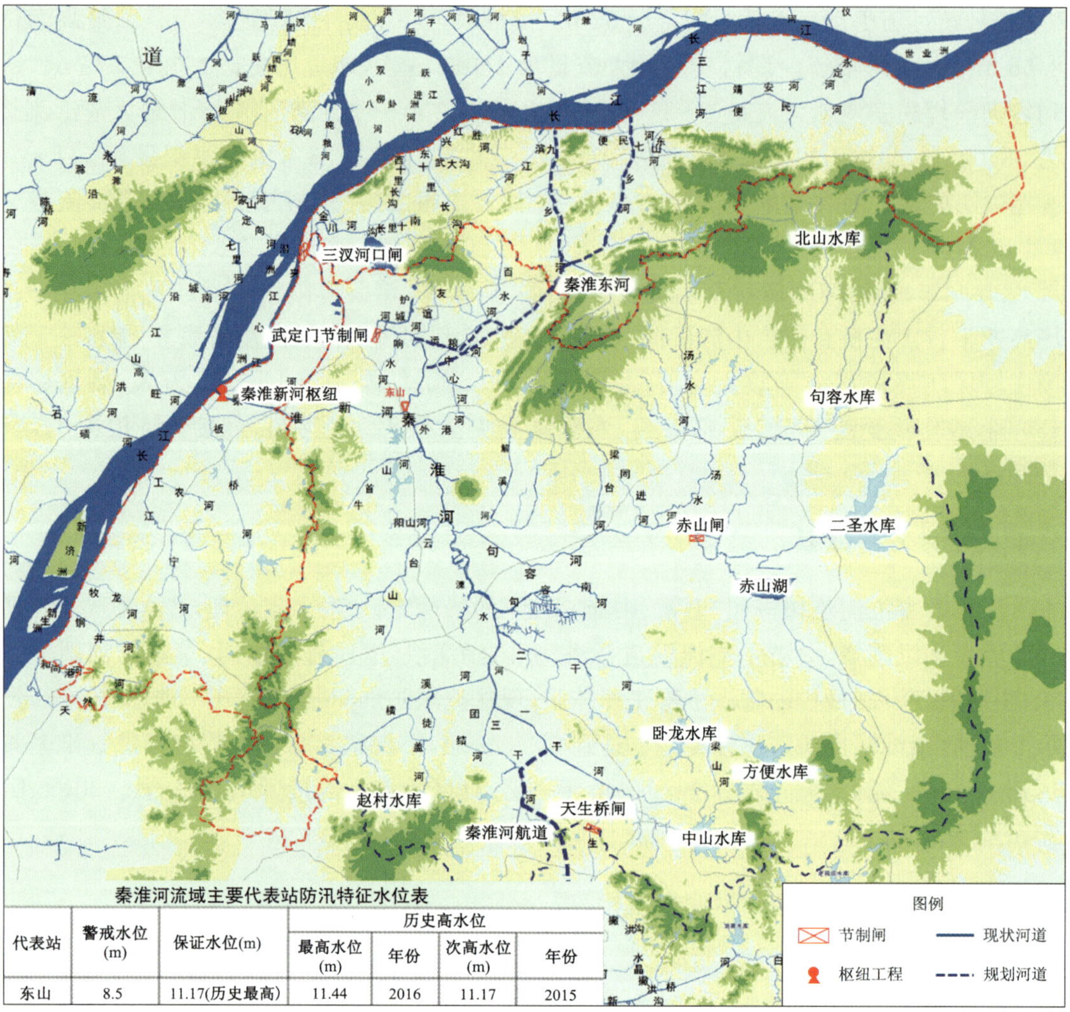

秦淮河流域主要代表站防汛特征水位表

代表站	警戒水位(m)	保证水位(m)	历史高水位			
			最高水位(m)	年份	次高水位(m)	年份
东山	8.5	11.17(历史最高)	11.44	2016	11.17	2015

图6-1　秦淮河流域防洪工程布局示意图

（5）句容河

句容河从句容城区至前埠村汇入秦淮河干流，全长41.0 km，其中从赤山闸下到前埠村长22.5 km，现状堤顶高程14.1～15.1 m。句容河主要支流有汤水河、梁台河、解溪河、赤山湖及其支流南河、中河、北河等。上游中型水库有：北山、句容、二圣桥、茅山等。句容河防洪标准总体接近50年一遇。

6.4.2　枢纽闸站

秦淮河流域水利控制枢纽主要有上游一干河支流天生桥河上的天生桥套闸、沟通句容河与赤山湖的赤山闸、秦淮新河入江口秦淮新河枢纽、外秦淮河武定门枢纽和下游入江口三汊河口闸。

（1）天生桥套闸

主要作用是蓄水、挡洪、通航，总长150 m，闸孔净宽12.0 m，闸底高程3.5 m。

(2) 赤山闸

主要功能为蓄水、挡洪、排洪和补水，设计流量为 300 m^3/s。

(3) 秦淮新河枢纽

节制闸设计排洪流量 800 m^3/s，校核排洪流量 1 100 m^3/s。秦淮新河抽水站设计流量 50 m^3/s，设计扬程(排涝)2.0 m。

(4) 武定门枢纽

节制闸位于外秦淮河干流上，泵站为双向灌排两用泵站节制闸，设计排洪流量 450 m^3/s。武定门抽水站设计流量 46 m^3/s，设计扬程(排涝)2.8 m。

(5) 三汊河口闸

三汊河口闸位于外秦淮河入江口，采用“双孔护镜门”方案，主要功能是非汛期关闸蓄水，改善城市河道景观，汛期闸门敞开行洪，设计行洪流量为 600 m^3/s。

(6) 秦淮河船闸

秦淮河船闸位于秦淮河航道秦淮新河段下游，距入江口约 2 km，是沟通长江干流和南京内河航道的唯一通江口船闸，为Ⅴ级船闸，船闸尺寸为 10.4 m×160 m×2.5 m。船闸由南京市交通局航道管理处管理。

6.4.3 蓄滞洪区

(1) 赤山湖

赤山湖位于句容河中部，是秦淮河流域中部滞洪湖泊，洪水期承担调蓄洪水任务。赤山湖三面岗地，西北一面地势平坦，下游通句容河，赤山湖实施“退渔还湖”后，内湖 5 座渔场全部变为湖面。现状赤山湖环湖面积 2.3 km^2，内湖水面面积为 4.0 km^2，陆面面积 1.5 km^2，内湖堤防为 20 年一遇防洪标准，堤顶高程 14.0 m，外湖大堤现状堤顶高程基本在 15.0 m 左右。

赤山湖正常蓄水位 9.0 m，相应容积 1 433 万 m^3(其中内湖 1 038 万 m^3)；警戒水位 11.0 m，相应容积 2 758 万 m^3(其中内湖 1 812 万 m^3)；设计洪水位 13.34 m，相应容积 4 476万 m^3(其中内湖 2 748 万 m^3)；校核洪水位 14.42 m，相应容积 5 261 万 m^3(其中内湖 3 187 万 m^3)；历史最高水位 13.97 m(2016 年 7 月 5 日)。

(2) 白水荡

白水荡为赤山湖蓄滞洪区的一部分，位于赤山湖西侧，面积 2.5 km^2，目前正在建设。当其水位 13.0 m 时，相应滞洪容积 1 500 万 m^3。

(3) 泗庄圩和西万亩圩

泗庄圩位于句容河上游左岸，为农业圩，圩区高程 6.0～9.0 m，圩区面积为 1.33 km^2；当其水位 13.0 m 时，相应滞洪容积 798 万 m^3。西万亩大圩位于白水荡南侧，赤山湖以西，圩内以农田为主，圩区高程 7.0～10.0 m，圩区面积为 4.0 km^2；当其水位 13.0 m 时，相应滞洪容积 2 400 万 m^3。泗庄圩和西万亩圩可发挥应急蓄滞洪水的作用。

6.4.4 水库

秦淮河流域现有中型水库8座，分别为北山、句容、二圣桥、茅山、方便、中山、卧龙山、赵村水库，集水面积共388.18 km^2，总库容25 695万 m^3，兴利库容11 911万 m^3，防洪库容8 167万 m^3。

(1) 北山水库

位于句容河的上游，集水面积为59.5 km^2，按50年一遇洪水设计，2 000年一遇洪水校核。设计洪水位54.42 m，相应库容3 595万 m^3；校核洪水位56.46 m，总库容4 980万 m^3；汛限水位52.0 m；兴利水位53.0 m，相应库容2 601万 m^3；设计最大下泄流量250 m^3/s。大坝系均质土坝，现状坝顶高程60.5 m。

(2) 句容水库

位于句容河的上游，集水面积45.8 km^2，按50年一遇洪水设计，1 000年一遇洪水校核。设计洪水位28.8 m，相应库容1 938.8万 m^3；校核洪水位30.44 m，总库容2 859万 m^3；汛限水位26.50 m，兴利水位27.30 m，相应库容1 274万 m^3；设计最大下泄流量105 m^3/s。大坝系均质土坝，现状坝顶高程31.6 m。

(3) 二圣桥水库

位于赤山湖入湖支流北河的上游，集水面积103.5 km^2，按50年一遇洪水设计，1 000年一遇洪水校核。设计洪水位17.58 m，相应库容4 016万 m^3；校核洪水位18.86 m，总库容5 720万 m^3；汛限水位15.0 m，兴利水位16.0 m，相应库容2 480万 m^3；设计最大下泄流量86 m^3/s。大坝系均质土坝，现状坝顶高程22.0 m。

(4) 茅山水库

位于赤山湖入湖支流中河的上游，集水面积33.5 km^2，按50年一遇洪水设计，1 000年一遇洪水校核。设计洪水位为29.94 m，相应库容1 777.2万 m^3；校核洪水位30.94 m，总库容2 274万 m^3；汛限水位28.0 m；兴利水位28.5 m，相应库容1 214万 m^3；设计最大下泄流量89 m^3/s。大坝系均质土坝，现状坝顶高程32.5 m。

(5) 中山水库

位于溧水河支流一干河的上游，集水面积32.28 km^2，按100年一遇洪水设计，2 000年一遇洪水校核。设计洪水位27.61 m，相应库容2 099万 m^3；校核洪水位28.76 m，总库容2 868万 m^3；汛限水位26.0 m；兴利水位26.00 m，相应库容1 318万 m^3；设计最大下泄流量95 m^3/s。大坝系均质土坝，现状坝顶高程30.6 m。

(6) 方便水库

位于溧水河支流二干河的上游，集水面积77.1 km^2，按50年一遇洪水设计，1 000年一遇洪水校核。设计洪水位28.04 m，相应库容3 507.3万 m^3；校核洪水位29.15 m，总库容4 900.2万 m^3；汛限水位26.2 m；兴利水位26.2 m，相应库容2 256万 m^3；设计最大下泄流量97 m^3/s。大坝系均质土坝，现状坝顶高程31.7 m。

(7) 卧龙水库

位于溧水河支流二干河的中游，集水面积 18.2 km^2，按 50 年一遇洪水设计，1 000 年一遇洪水校核。设计洪水位 19.59 m，相应库容 1 093 万 m^3；校核洪水位 20.29 m，总库容 1 339 万 m^3；汛限水位 18.5 m；兴利水位 18.5 m，相应库容 779.8 万 m^3；设计最大下泄流量 97 m^3/s。大坝系均质土坝，现状坝顶高程 23.0 m。

(8) 赵村水库

位于溧水河支流横溪河的上游，集水面积 18.3 km^2，按 50 年一遇洪水设计，1 000 年一遇洪水校核。设计洪水位 33.85 m，相应库容 872.3 万 m^3；校核洪水位 34.83 m，总库容 1 014.5 万 m^3；汛限水位 32.5 m；兴利水位 32.5 m，相应库容 695 万 m^3；设计最大下泄流量 70 m^3/s。大坝系均质土坝，现状坝顶高程 36.0 m。

6.4.5　城市防洪

1. 南京市

南京城市四周多低山、丘陵，腹地低洼，城区地面标高多在 6～10 m 之间，低于长江下关站历史最高水位。当外河水位超过地面标高时，雨水不能自流，必须关闸开机抽排，以保证汛期排水正常。近年来，南京市不断加大城市排涝建设力度，排涝骨干工程、雨污分流工程等重要排水工程的实施使城市排涝能力有所提高。目前已经初步形成了由管网—内河—泵站—外河组成的排涝工程体系。

南京市主城区大部分区域涝水通过管网收集，汇入各条内河，并通过泵站抽排入外秦淮河或外金川河。中华人民共和国成立后，通过历年的建设及改造，主城区管网按照 1～3 年一遇标准建设、改造，新建区管网按照 2～3 年一遇标准进行建设，基本形成了较完整的城市排水管网，管网排水能力有了较大提高；对内秦淮河、内金川河及玄武湖、莫愁湖等城市水系湖泊进行清淤、整治，基本做到了老城河道全护砌，改善了河道淤积状况，有效提高了河道湖泊的蓄滞和排水能力；通过新建泵站，改造武定门、西水关、铁窗棂、金川门等城市排涝泵站，城市排涝模数大大增加。主城区现有河道 110 条，总长 248 km，水面率 4.61%；泵站 71 座，总规模为 444.26 m^3/s，排涝模数3.16 $m^3/(s \cdot km^2)$。

仙林、东山、浦口、六合等地区在 20 世纪 90 年代进入加速发展时期，在完成新建城区排涝体系建设的同时，也对原有排涝体系进行了改造。经过二十多年的建设，仙林、东山及江北副城排涝工程体系初步形成。据统计，仙林副城现有河道 31 条，长 80.6 km，水面率 2.43%；泵站 14 座，总规模 41.4 m^3/s，排涝模数 2.25 $m^3/(s \cdot km^2)$。东山副城现有河道44 条，长 90.5 km，水面率 5.12%；泵站 30 座，总规模为 245.0 m^3/s，排涝模数 3.06 $m^3/(s \cdot km^2)$。江北副城现有河道 102 条，长 270.2 km，水面率 9.14%；泵站 112 座，总规模 260.31 m^3/s，排涝模数 1.32 $m^3/(s \cdot km^2)$。

现状南京市秦淮河干流堤防防洪能力基本达到 50 年一遇，但河道下游行洪能力明显不足；中心城区范围内河道长度 32.9 km，其中运粮河以下至三汊河口段堤防经整治后，防洪能力满足 100 年一遇；运粮河至东山段虽未经系统整治，但防洪能力也基本达到 50

年一遇；东山至云台山河口段防洪能力在50年一遇以上，城区河道防洪能力50～100年一遇。

2. 句容市

句容市地处宁镇丘陵山区，东南、北部高山起伏，境内有大小山159座，为诸河发源地和分水岭，境内宁镇山脉横亘东西，茅山丘陵环绕东南，将全市分割成秦淮河、太湖湖西和长江三片水系。影响句容城市防洪安全的工程主要有上游北山、句容两座中型水库、8座小型水库、房家坝水利枢纽工程及相关泄洪河道。句容现状防洪能力主要包含河道行洪能力和水库防洪能力两部分。

(1) 河道行洪能力

汤水河水系：汤水河干河大部在江宁区境内，仅上段2.1 km为句容江宁界河。

北山水库泄洪河水系：北部新城由于地处老城区上游，对于老城区的防洪有很大影响，排水河道主要为北山水库排洪河。北部新城的山丘区小流域常受山洪威胁，环山截水沟、撇洪沟未达到5年一遇标准开挖河槽，需要对截水沟以及撇洪沟进行设计开挖疏浚。

句容河干流及部分支流：句容老城区的所有洪水汇入句容河，句容河城区段河堤顶高程在16～17 m，相应东门桥水位在12 m以下，设计标准洪水对句容城区防洪安全基本不构成威胁。句容河河底高程2.0 m，正常水位5.5 m，堤顶高程16～17 m，依据《秦淮河流域防洪规划》，在陈家边20年一遇的设计水位为10.68 m时，城区段水位为11.18 m，在陈家边50年一遇的控制水位为11.05 m的情况下，句容城区段水位为11.5 m。

(2) 水库

水库是调蓄洪水的重要工程，为了防御洪水，减轻下游河道行洪压力，在句容河的支流上游还修建了水库，分别是黄金坝水库、肖庄水库、句容水库和北山水库，玉清河在下游城区形成水库，称葛仙湖；在黄梅河上游还修建了固江口水库。对于句容城而言，影响城市防洪安全的主要因素是上游北山、句容2座中型水库，4座小型水库，房家坝水利枢纽工程和肖庄水库泄洪河、黄金坝泄洪河、玉清河、北山水库泄洪河、杜家山冲。与城区相关的中型水库2座(北山水库、句容水库)已按50年一遇设计，2 000年一遇校核的标准加固、加高和配套(现已实施达标)；小(一)型水库(肖庄、固江口水库)按30年一遇设计，500年一遇校核的标准加固；黄金坝水库目前蓄水容积不够，建筑物也需要改建，已按20年一遇设计，100年一遇校核的标准扩建、加固。

7 雨情及水情分析

7.1 雨情水情概述

7.1.1 雨情概述

2016 年秦淮河流域汛期雨量与历史年份比较如表 7-1 所示。

秦淮河流域：2016 年汛期面雨量 1 108.7 mm，与 2015 年同期相当，较常年同期偏多 67%，居历史第 3 位；2016 年梅雨量（6 月 19 日至 7 月 20 日）598.4 mm，是常年同期梅雨量的 1.7 倍，是 2015 年梅雨量（321.8 mm，6 月 24 日至 7 月 13 日）的 1.6 倍，为 1951 年以来同期第 1 位。

水阳江地区：2016 年汛期面雨量 1 451.4 mm，比 2015 年同期偏多 76%，为常年同期的 2.1 倍，超过历史最大值（1 220.1 mm，1991 年），是常年内雨量的 3.25 倍，是 2015 年梅雨量（180.8 mm）的 4.18 倍，亦为 1951 年以来第 1 位。

表 7-1 2016 年江苏省秦淮河流域汛期雨量与历史年份比较表

分区名	2016 年汛期（mm）	2015 年同期（mm）	多年平均（mm）	与 2015 年比（%）	与多年平均比（%）	历史最大雨量（mm）	历史最大年份	历史排位
秦淮河流域	1 108.7	1 097.9	665.2	1	67	1 351	1991	3
水阳江地区	1 451.4	826.8	685.4	76	112	1 220.1	1991	1

7.1.2 水情概述

秦淮河流域：2016 年秦淮河流域发生流域性大洪水，水位频频刷新历史记录。秦淮河东山站最高水位 11.44 m，超历史 0.27 m（11.17 m，2015 年）；句容河前埠村站最高水位 12.23 m，超历史 0.01 m（12.22 m，2015 年）。

水阳江地区：固城湖、石臼湖 2016 年汛期最高洪水位也刷新历史。固城湖、石臼湖最高水位分别为 13.21 m、13.02 m，分别超历史最高水位 0.14 m（13.07 m，1999 年）、0.34 m（12.68 m，1999 年）。

长江干流：汛期大通来水 6 760 亿 m^3，较 2015 年汛期（5 121 亿 m^3）偏多 32%，较多年同期（5 594 亿 m^3）偏多 21%。南京下关站最高潮位 9.96 m（7 月 5 日 9:35），位居历史第 4 位；镇江最高潮位 8.58 m（7 月 6 日 8:00），位居历史第 2 位（历史最高 8.59 m，1996 年 8 月 1 日 7:04）。梅雨期，大通站水位持续上涨至 7 月 5 日，之后趋于平缓，7 月 12 日

11:00 达到最大流量 70 700 m^3/s,最高水位 15.66 m(7 月 8 日 19 时),超警戒 1.26 m。整个梅雨期大通来水量为 1 542 亿 m^3。

7.2 暴雨成因

江苏省秦淮河流域、太湖地区地理位置相近,天气系统相似,因此暴雨成因参照上篇太湖地区暴雨成因的相关分析(3.2 节)。

7.3 暴雨过程

7.3.1 秦淮河流域

1. 降雨过程

秦淮河地区 2016 年汛期降雨过程线与累计降雨过程线如图 7-1 所示。

6 月 19 日—7 月 20 日为梅雨期,秦淮河流域发生了 3 场强降雨过程。第 1 场强降雨发生时间为 6 月 20—28 日,降雨量为 124.4 mm,日最大面均雨量为 6 月 21 日的34.7 mm,最大点雨量为江宁镇和南京站的 99.5 mm。6 月 30 日—7 月 7 日,秦淮河流域迎来第 2 场强降雨过程,降雨量为 400.9 mm,日最大面均雨量为 7 月 1 日的 121.8 mm。第 2 场强降雨结束后,7 月 11—15 日发生第 3 场强降雨过程,降雨量为 71.4 mm,暴雨中心位于流域东部,日最大面均雨量为 7 月 14 日的 44.3 mm,最大点雨量为马家庙站的 142.5 mm。

汛期末,受台风影响,秦淮河流域发生 2 场较为明显的降雨过程。第 1 场强降雨发生时间为 9 月 14—17 日,降雨量为 119.7 mm,最大日雨量为 9 月 15 日的 83.5 mm。第 2 场降雨发生在 9 月 27—30 日,降雨量为 94.3 mm,暴雨中心集中在流域南部,最大日雨量为 9 月 29 日的 61.7 mm。

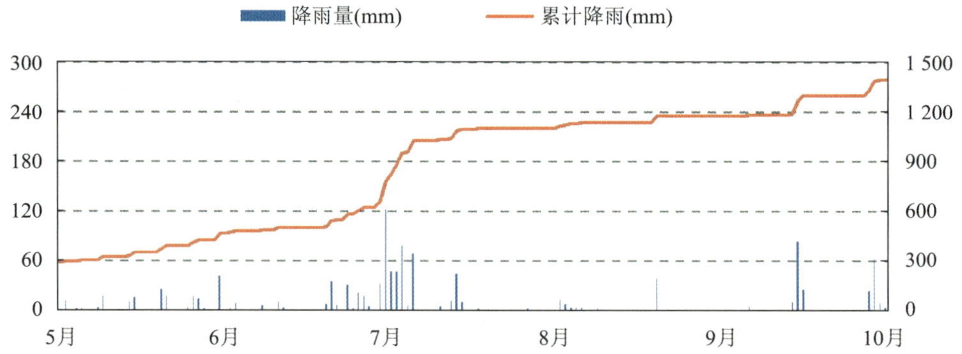

图 7-1 秦淮河地区 2016 年汛期降雨过程线、累计降雨过程线图

2. 最大 1 d、3 d、7 d 面雨量

最大 1 d 面雨量为 121.8 mm(7 月 1 日),居历史第 12 位(历史最大为 193.6 mm),约 7 年一遇;暴雨中心位于北部沿江地区,100 mm 以上笼罩面积 2 528 km^2,150 mm 以上笼罩面积 797 km^2。

最大 3 d 面雨量为 215.7 mm(7 月 1—3 日)，居历史第 6 位(历史最大为 274.7 mm)，约 13 年一遇；暴雨中心覆盖境内大部分地区，150 mm 以上笼罩面积 3 418 km^2，200 mm 以上笼罩面积 2 277 km^2，250 mm 以上笼罩面积 1 240 km^2，300 mm 以上笼罩面积 1 240 km^2。

最大 7 d 面雨量为 400.6 mm(6 月 30 日—7 月 6 日)，超历史最大值，约 52 年一遇；暴雨中心覆盖境内全部地区，300 mm 以上笼罩面积 3 918 km^2，400 mm 以上笼罩面积 1 889 km^2，500 mm 以上笼罩面积 62 km^2。秦淮河流域最大 7 d 降雨等值线图如图 7-2 所示。

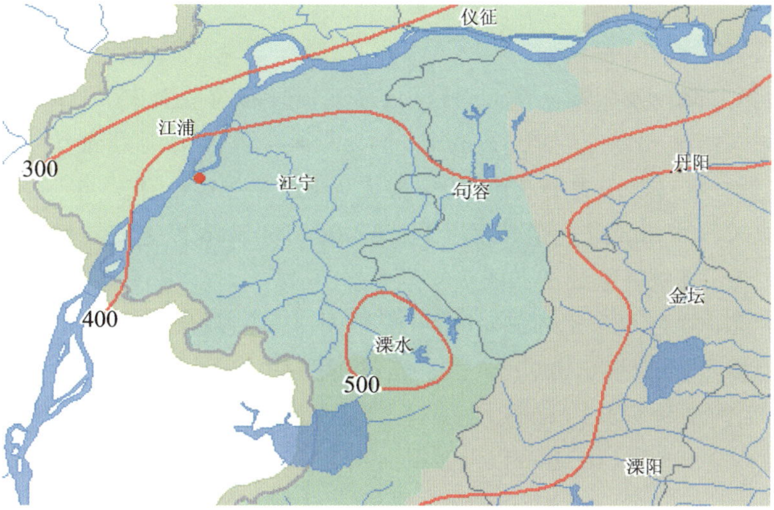

图 7-2　秦淮河流域最大 7 d 降雨等值线图

7.3.2　水阳江地区

1. 降雨过程

水阳江地区 2016 年汛期降雨过程线与累计降雨过程线如图 7-3 所示。

5 月 1 日—6 月 18 日，水阳江地区发生多场降雨过程，日最大面均雨量为 5 月 31 日的 39.2 mm。

6 月 19 日—7 月 20 日为梅雨期，水阳江地区发生 1 场历史长、强度大的降雨过程(6 月 19 日—7 月 8 日)，面均降雨量为 695.1 mm，最大日面均雨量为 7 月 2 日的 146.4 mm。

汛期末，受台风影响，水阳江地区发生 3 场较为明显的降雨过程。第 1 场降雨发生时间为 8 月 2—6 日，面降雨量为 55.5 mm，最大面日雨量为 8 月 2 日的 44.5 mm，最大点雨量为蛇山闸的 129.5 mm。第 2 场降雨发生在 9 月 13—16 日，面降雨量为 102.3 mm，暴雨中心集中在地区南部，最大日面雨量为 9 月 15 日的 63.1 mm，最大点雨量为漕塘站的 129.0 mm。第 3 场降雨发生在 9 月 27—30 日，面降雨量 219 mm，暴雨中心集中在地区南部，最大日面雨量为 9 月 29 日的 157 mm，最大点雨量为漕塘站的 296.5 mm。

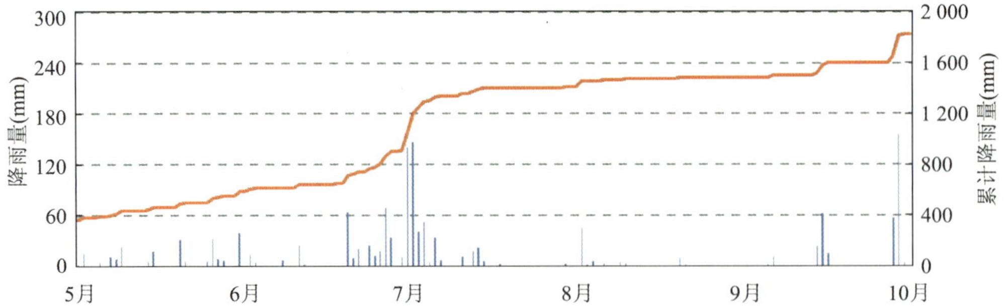

图 7-3　水阳江地区 2016 年汛期降雨过程线、累计降雨过程线图

2. 最大 1 d、3 d、7 d 面雨量

汛期最大 1 d 降雨发生在 9 月 29 日，由台风引起，面雨量为 157.0 mm(9 月 29 日)，居历史第 2 位(历史最大为 170.2 mm)，约 29 年一遇。梅雨期最大 1 d 面雨量为 146.4 mm(7 月 2 日)，居历史第 3 位(历史最大为 170.2 mm)，约 25 年一遇；暴雨中心覆盖境内全部地区，100 mm 以上笼罩面积 1 226 km^2，150 mm 以上笼罩面积 639 km^2。水阳江地区最大 1 d 降雨等值线图如图 7-4 所示。

最大 3 d 面雨量为 328.7 mm(7 月 1 日—7 月 3 日)，超历史最大值，约 104 年一遇；暴雨中心覆盖境内全部地区，300 mm 以上笼罩面积 1 048 km^2。

最大 7 d 面雨量为 443.4 mm(6 月 27 日—7 月 3 日)，超历史最大值，约 123 年一遇；暴雨中心覆盖境内全部地区，400 mm 以上笼罩面积 1 172 km^2，500 mm 以上笼罩面积11 km^2。

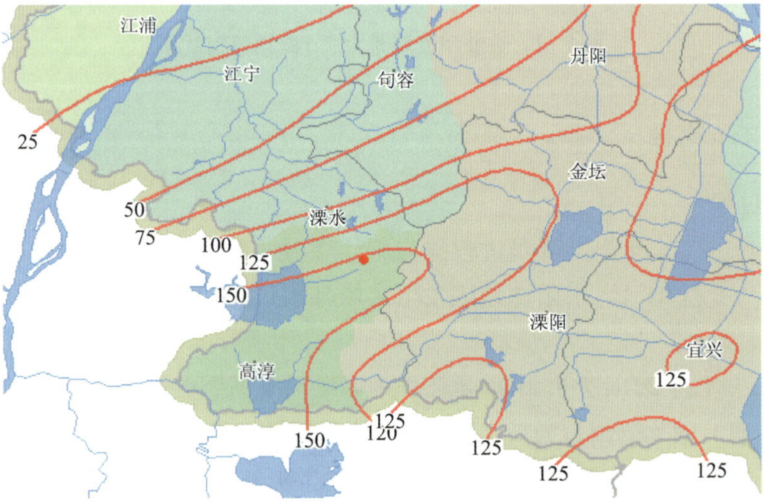

图 7-4　水阳江地区最大 1 d 降雨等值线图

7.3.3　与历史暴雨比较

在空间分布上，1991 年汛期秦淮河流域、水阳江地区降雨呈现由中间向两边递减的趋势，介于 1 100～1 300 mm（见图 7-5）；2003 年汛期秦淮河流域、水阳江地区降雨总体呈由北向南递减的趋势，秦淮河流域雨量介于 800～1 000 mm，水阳江地区雨量介于 600～800 mm（见图 7-6）；2007 年汛期秦淮河流域雨量在 800 mm 左右，水阳江地区在 600 mm 左右（见图 7-6）；2015 年汛期秦淮河流域雨量在 1 200 mm 左右，水阳江地区在 1 000 mm 左右（见图 7-7）；2016 年汛期秦淮河流域、水阳江地区降雨总体呈由北向南递增趋势，秦淮河流域雨量介于 1 000～1 400 mm，水阳江地区介于 1 400～1 600 mm（见图 7-7）。

1991 年梅雨期秦淮河流域降雨量介于 800～900 mm，水阳江地区在 800 mm 左右（见图 7-5）；2003 年梅雨期秦淮河流域雨量在500 mm左右，水阳江地区在 400 mm 左右（见图 7-8）；2007 年梅雨期秦淮河流域、水阳江地区降雨总体呈由北向南递减趋势，秦淮河流域雨量介于 300～600 mm，水阳江地区 200 mm 左右（见图 7-8）；2015 年梅雨期秦淮河流域雨量介于 200～400 mm，水阳江地区 200 mm 左右（见图 7-9）；2016 年梅雨期秦淮河流域雨量介于 600～700 mm，水阳江地区均大于 700 mm（见图 7-9）。

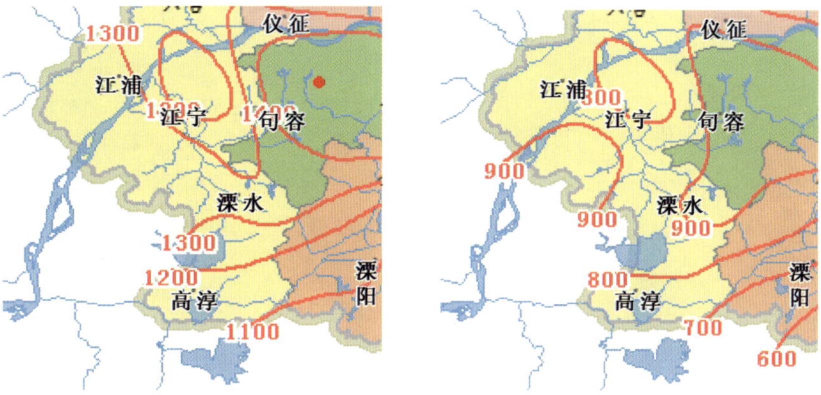

(a) 汛期　　(b) 梅雨期

图 7-5　1991 年汛期、梅雨期秦淮河流域、水阳江地区雨量等值线图

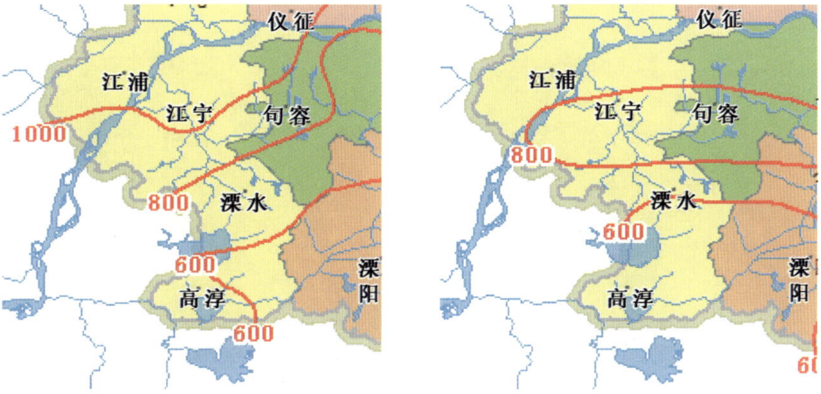

(a) 2003 年　　(b) 2007 年

图 7-6　2003 年、2007 年汛期秦淮河流域、水阳江地区雨量等值线图

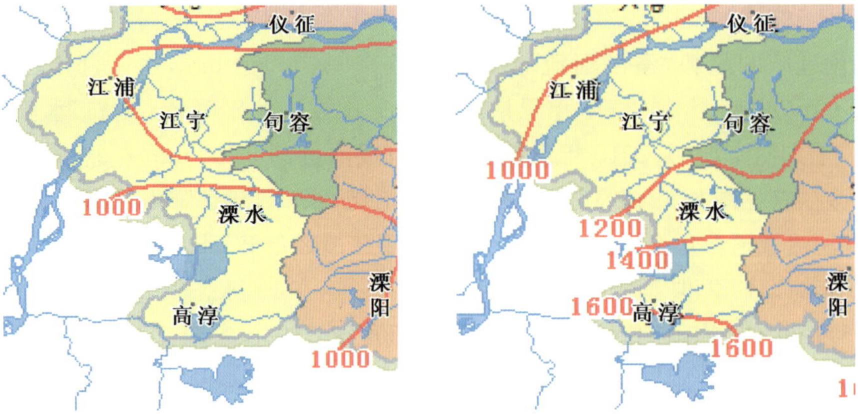

(a) 2015 年　　(b) 2016 年

图 7-7　2015 年、2016 年汛期秦淮河流域、水阳江地区雨量等值线图

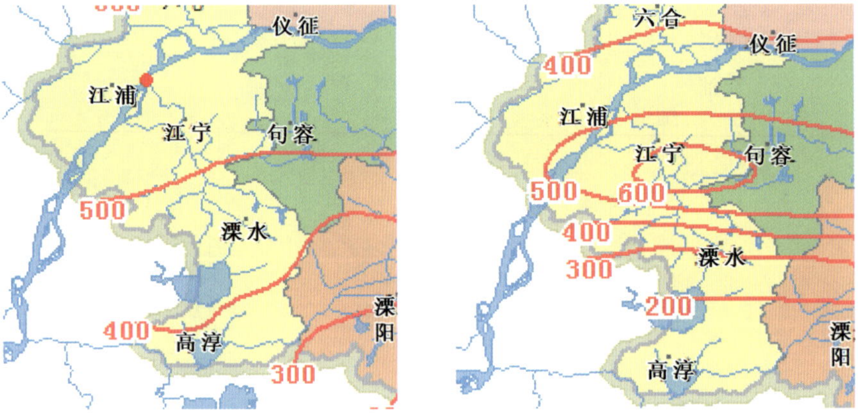

(a) 2003 年　　(b) 2007 年

图 7-8　2003 年、2007 年梅雨期秦淮河流域、水阳江地区雨量等值线图

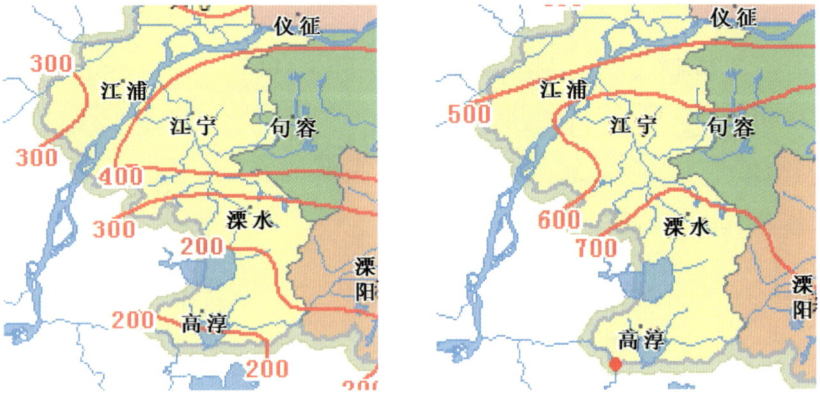

(a) 2015 年　　(b) 2016 年

图 7-9　2015 年、2016 年梅雨期秦淮河流域、水阳江地区雨量等值线图

7.3.4　长江干流

从整个汛期水位流量过程线来看(图 7-10),大通站汛前水位流量就处于一个相对高水位、大流量的状态。

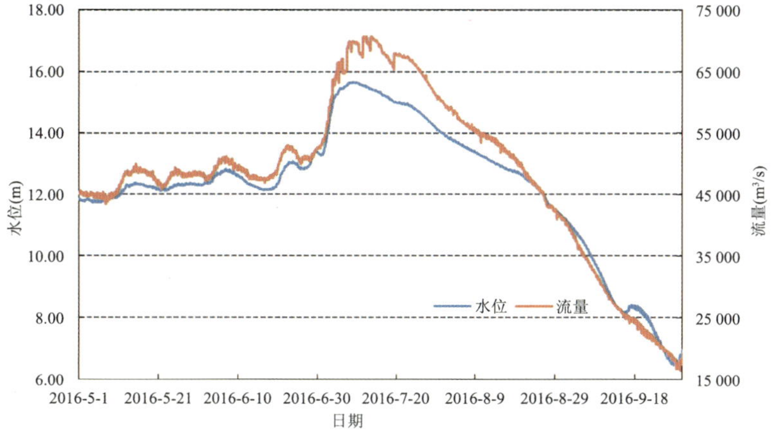

图 7-10　2016 年主汛期长江大通站水位流量过程线图

南京下关站最高潮位 9.96 m(7 月 5 日 9:35),位居历史第 4 位;镇江站最高潮位 8.58 m(7 月 6 日 8:00),位居历史第 2 位(历史最高 8.59 m,1996 年 8 月 1 日 7:04);因汛期长江口地区未遭受规模较大以上的风暴潮袭击,江阴以下高潮位历史排位并不十分突出,江阴站最高潮位 6.52 m(7 月 6 日 4:30),位居历史第 8 位;天生港最高潮位 6.00 m(7 月6 日 3:55),位居历史第 14 位。各代表站高潮位等值线图如图 7-11 所示。

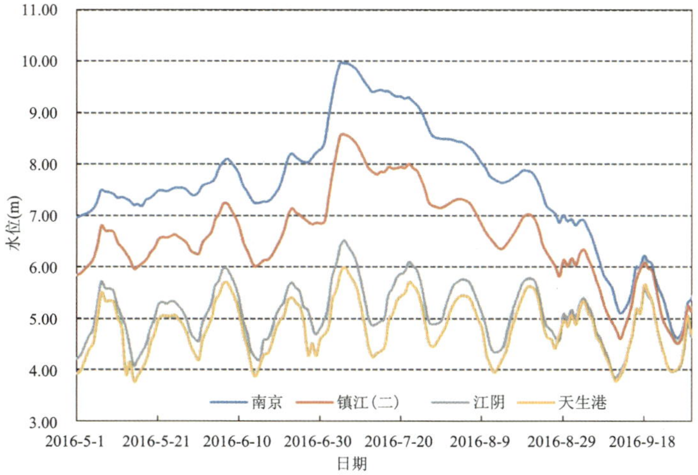

图 7-11　2016 年汛期长江干流主要代表站高潮位过程线图

7.4　暴雨重现期

对 2016 年不同历时(1 d、3 d、7 d、15 d、30 d)面雨量特征值进行了统计分析和频率计算，得到了面雨量的最大 1 d、3 d、7 d、15 d、30 d 的值（见表 7-2 至表 7-6）。

表 7-2　2016 年最大 1 d 面雨量频率分析及与历史比较表

分区	2016 年				历史最大值		
	最大 1 d（mm）	开始日期（月-日）	历史排位	重现期（年）	最大 1 d（mm）	开始日期（年-月-日）	重现期（年）
秦淮河流域	121.8	7-1	12	7	193.6	1974-7-30	87
水阳江地区	157.0	9-29	2	29	170.2	1969-7-14	54

表 7-3　2016 年最大 3 d 面雨量频率分析及与历史比较表

分区	2016 年				历史最大值		
	最大 3 d（mm）	开始日期（月-日）	历史排位	重现期（年）	最大 3 d（mm）	开始日期（年-月-日）	重现期（年）
秦淮河流域	215.7	7-1	6	13	274.7	1991-6-11	47
水阳江地区	328.7	7-1	1	104	292.5	1951-7-11	48

表 7-4　2016 年最大 7 d 面雨量频率分析及与历史比较表

分区	2016 年				历史最大值		
	最大 7 d（mm）	开始日期（月-日）	历史排位	重现期（年）	最大 7 d（mm）	开始日期（年-月-日）	重现期（年）
秦淮河流域	400.6	6-30	1	52	362.1	2003-7-4	31
水阳江地区	443.4	6-27	1	123	330.1	1991-6-29	22

表 7-5　2016 年最大 15 d 面雨量频率分析及与历史比较表

分区	2016 年				历史最大值		
	最大 15 d（mm）	开始日期（月-日）	历史排位	重现期（年）	最大 15 d（mm）	开始日期（年-月-日）	重现期（年）
秦淮河流域	482.5	6-22	4	24	555.0	1991-6-28	46
水阳江地区	646.9	6-20	1	154	482.1	1991-6-28	27

表 7-6　2016 年最大 30 d 面雨量频率分析及与历史比较表

分区	2016 年				历史最大值		
	最大 30 d（mm）	开始日期（月-日）	历史排位	重现期（年）	最大 30 d（mm）	开始日期（年-月-日）	重现期（年）
秦淮河流域	598.4	6-19	2	21	847.5	1991-6-11	161
水阳江地区	756.0	6-19	2	61	769.9	1991-6-11	67

秦淮河流域：2016 年秦淮河流域最大 7 d 面雨量为 400.6 mm（6 月 30 日—7 月 6 日），超历史最大值（362.1 mm，2003 年），约 52 年一遇；最大 15 d、30 d 面雨量分别居历史第 4 位、第 2 位，重现期在 20～25 年之间；最大 1 d、3 d 面雨量相对偏小，重现期小于 15 年。

水阳江地区：2016 年水阳江地区各历时面雨量特征值历史罕见，最大 3 d 面雨量 328.7 mm(7 月 1—3 日)，最大 7 d 面雨量 443.4 mm(6 月 27 日—7 月 3 日)，最大 15 d 面雨量 646.9 mm(6 月 20 日—7 月 4 日)，均超 100 年一遇，且均居历史第 1 位；而最大1 d、30 d 面雨量也均达历史第 2 位，重现期分别在 30 年、60 年左右。

7.5 河道行洪能力分析

7.5.1 秦淮河流域河道行洪能力分析

1. 行洪能力分析方法

秦淮河流域上游有溧水河、句容河两源，汇合处设有前垾村水文站，上游源短流急，调蓄能力小，洪水上涨快，洪峰次数多，中游设有东山水位站，下游为南京市及江宁区。洪水分别通过秦淮新河闸和武定门闸控制排入长江，秦淮新河闸是泄洪的主要口门。根据水文站的布设及相关水文资料，对秦淮河行洪能力进行分析。本次主要分析秦淮河上游主要支流句容河的行洪能力，代表站为前垾村(句)水文站；秦淮河干流的行洪能力，代表站为前垾村(秦)水文站；下游分别分析秦淮河下游秦淮新河段和武定门闸下游段行洪能力及其组合。

上游及干流主要收集水文站的历史典型年实测水文资料，采用水位流量关系进行对比，分析其能力的变化。下游秦淮新河闸和武定门闸的下泄流量受到长江潮位的影响十分明显，一方面收集两闸历史典型年实测大断面资料，分析秦淮新河段以及武定门闸以下段区间的河道断面的变化，从而分析其行洪能力的变化；另一方面，依据秦淮河历史典型年最大下泄流量资料以及相应的东山站水位、长江高潮位进行统计，采用多元回归，建立了秦淮河最大行洪流量与东山站水位和长江潮位的回归方程。

2. 主要河段行洪能力变化分析

句容河前垾村(句)段：本次分析选取了 1983 年、1991 年、1996 年、1998 年、1999 年、2003 年、2007 年、2015 年和 2016 年实测水位流量资料。各典型年水位流量统计对比见表 7-7。由表 7-7 可知，2000 年前，不同水位级的行洪流量差别不是很大，1991 年略大一些，如前垾村水位在 10.50～11.00 m 时，1991 年行洪流量为 460～470 m^3/s，而 1998—1999 年的行洪流量在 300～470 m^3/s 之间。2000 年以来，2003 年的流量明显高于 1991 年，为历年最大，前垾村水位在 10.50～11.00 m 时，其行洪流量在 1 000～1 170 m^3/s 之间；2007 年后行洪流量逐步减小，2016 年与 2015 年比，行洪流量明显小于 2015 年。从水位流量关系看，2003 年以来，句容河同级水位下，流量逐步变小，行洪能力似乎有减小的趋势。实际上，受溧水河来水和下游潮位顶托的影响，前垾村(句)的水位与流量相关性差。考虑到河道断面为河道行洪能力的重要制约因素之一，分析相关资料，可以发现句容河前垾村(句)大多数河道断面变化并不明显，因此可以认为秦淮河上游段行洪能力变化并不明显。

表 7-7　前埠村(句)典型年水位流量关系对比表　m^3/s

水位(m)	1983 年	1991 年	1996 年	1998 年	1999 年	2003 年	2007 年	2015 年	2016 年
10.00	147	300～400	150	150	150～200	800	400	460	336
10.24	207	450	485	200	300	900	700	535	364
10.50		460		300	380	1 000	780	670	388
11.00		470			470	1 170	922	800	500
11.60		563						980	600
12.00								985	532
12.50								985	

秦淮河干流前埠村(秦)段：本次分析选取了前埠村(秦)站 1991 年、1999 年、2002 年、2003 年、2007 年、2015 年和 2016 年的实测水位流量资料。由表 7-8 可知，各典型年不同水位级的行洪流量差别不大，当前埠村(秦)水位为 11.00 m 时，各典型年的行洪流量介于 750～900 m^3/s，变化不是很大。当前埠村(秦)水位在 11.20 m 以下时，其流量有减小的趋势，当水位 11.20 m 以上时，其流量有增大的趋势(见表 7-8)

表 7-8　前埠村(秦)典型年水位流量关系对比表　m^3/s

水位(m)	1991 年	1999 年	2002 年	2003 年	2007 年	2015 年	2016 年
10.00	650	560	620	500	500	650	420
10.20	700	650	650	550	500	675	500
11.00	900			830	750	900	800
11.20	760				865	930	900
11.40	800			960			950
11.50	880						1 000
12.00						900	930

秦淮新河段：秦淮新河行洪能力分析选取秦淮新河闸下 367 m 河段，14 个大断面测量资料，选择 2005 年、2010 年、2015 年 3 个典型年，进行了断面面积冲淤对比分析，分析结果见秦淮新河闸下断面 2005 年、2010 年、2015 年比较表(表 7-9)，可知 2005 年、2010 年、2015 年断面面积和相应的河床容积均比标准断面面积及相应河床容积有所减少。从河床容积比较看，2005 年减少了 5%，2010 年减少了 10.8%，2015 年减少了 5.3%，说明秦淮新河闸下段现状断面与标准断面比，均存在不同程度的淤积，而现状河段行洪能力有所下降，幅度不大，总体下降约 5%左右。

武定门闸下游段：武定门闸下游段也是南京市的外秦淮河段，分析选取武定门闸下 352 m 河段，11 个大断面测量资料，同样选择 2005 年、2010 年、2015 年 3 个典型年，进行了断面面积冲淤对比分析，分析结果见武定门闸下断面 2005 年、2010 年、2015 年比较表(表7-10)，可知 2005 年、2010 年、2015 年断面面积和相应的河床容积均比标准断面面积及相应河床容积有所减少。从河床容积比较看，2005 年减少了 27.4%，2010 年减少了 33.2%，2015 年减少了 25.2%，说明武定门闸下段现状断面与标准断面比，均存在不同程度的淤积，现状河段行洪能力下降较为明显，总体下降 25%左右。

表 7-9 秦淮新河闸闸下断面 2005 年、2010 年、2015 年比较表

计算水位：8.50 m

断面编号	计算水位断面宽(m)				断面积(m^2)				断面间距(m)	河床容积(10^3 m^3)			
	标准断面	2005 年	2010 年	2015 年	标准断面	2005 年	2010 年	2015 年		标准断面	2005 年	2010 年	2015 年
C.S.1 下	190.0	191.4	190.9	191.1	1 272	1 254	1 144	1 202	16	20.640	19.912	18.192	18.856
C.S.2 下	190.0	191.2	191.7	191.0	1 308	1 235	1 130	1 155	15	19.290	18.480	16.935	17.228
C.S.3 下	190.0	191.1	191.5	191.2	1 264	1 229	1 128	1 142	5	6.342	6.155	5.615	5.698
C.S.4 下	190.0	191.1	191.4	191.5	1 273	1 233	1 118	1 137	5	6.398	6.260	5.638	5.778
C.S.5 下	190.0	191.1	191.3	191.2	1 286	1 271	1 137	1 174	15	19.080	18.862	16.905	17.355
C.S.6 下	188.0	191.1	192.0	191.4	1 258	1 244	1 117	1 140	20	25.040	24.370	22.010	22.270
C.S.7 下	192.0	189.3	189.8	189.8	1 246	1 193	1 084	1 087	20	24.920	23.470	21.380	21.640
C.S.8 下	190.0	188.0	189.2	188.7	1 246	1 154	1 054	1 077	20	24.730	22.560	17.590	21.910
C.S.9 下	188.0	187.3	156.9	187.3	1 227	1 102	705	1 114	20	23.680	21.900	18.160	22.590
C.S.10 下	186.0	186.4	185.7	186.3	1 141	1 088	1 111	1 145	50	54.450	51.250	51.900	52.075
C.S.11 下	170.0	169.3	168.5	166.5	1 037	962	965	938	50	47.025	44.300	43.575	46.325
C.S.12 下	147.0	151.5	151.5	151.4	844	810	778	915	50	40.700	39.300	38.625	42.600
C.S.13 下	147.0	150.1	150.1	150.0	784	762	767	789	50	40.125	37.850	37.725	39.400
C.S.14 下	144.0	149.8	149.5	149.8	821	752	742	787					
										352.42	334.669 (−5%)	314.25 (−10.8%)	333.7 (−5.3%)

表 7-10　武定门闸闸下断面 2005 年、2010 年、2015 年比较表

计算水位:8.00 m

断面编号	计算水位断面宽(m)				断面积(m^2)				断面间距(m)	河床容积(10^3 m^3)			
	标准断面	2005 年	2010 年	2015 年	标准断面	2005 年	2010 年	2015 年		标准断面	2005 年	2010 年	2015 年
C. S. 1 下	64.0	64.0	64.0	64.0	511	505	513	511					
C. S. 2 下	78.4	78.4	78.4	78.4	625	586	606	584	12	6.816	6.546	6.714	6.570
C. S. 3 下	102.0	102.6	102.7	102.7	608	561	517	585	18	11.097	10.323	10.107	10.521
C. S. 4 下	102.0	102.5	102.5	102.8	624	646	545	618	20	12.320	12.070	10.620	12.030
C. S. 5 下	102.0	102.5	102.4	102.6	589	595	499	570	20	12.130	12.410	10.440	11.880
C. S. 6 下	102.0	102.4	102.4	102.7	567	487	467	528	30	17.340	16.230	14.490	16.470
C. S. 7 下	102.0	102.0	102.3	102.5	567	382	347	398	50	28.350	21.725	20.350	23.150
C. S. 8 下	102.0	102.1	102.3	102.5	567	348	303	356	50	28.350	18.250	16.250	18.850
C. S. 9 下	102.0	102.1	102.2	102.2	567	328	278	327	50	28.350	16.900	14.525	17.075
C. S. 10 下	102.0	102.1	102.2	102.2	567	318	276	319	40	22.680	12.920	11.080	12.920
C. S. 11 下	102.0	102.1	102.1	102.2	567	306	253	317	40	22.680	10.580	12.480	12.720
										190.113	137.954 (−27.4%)	127.056 (−33.2%)	142.186 (−25.2%)

备注:C. S. 9 下断面向下是城东干道跨秦淮河大桥,桥墩众多且河床淤积较大。

由以上分析可知，虽然秦淮河上游句容河前埠村（句）断面自2003年以来，同级水位下的流量有减小的趋势，但由于河道断面没有明显变化，因此可以认为其行洪能力变化不明显。

秦淮河干流前埠村（秦）断面，中低水位下，其行洪能力有减小的趋势，高水位下其行洪能力有增加的趋势，总体变化不明显。

秦淮新河闸下游段河床容积减少5%左右，可以认为行洪能力有所减少，但减少幅度不大。

武定门闸下游外秦淮河段河床容积变化比较明显，河床容积减少25%以上，可认为行洪能力减小明显。

3. 秦淮河行洪能力分析

秦淮河洪水主要通过秦淮新河闸[两闸合计简称秦淮河（总），以下同]，当长江潮位高时，秦淮新河站开机抽排涝水；大水年份如2016年还利用秦淮新河船闸帮助泄洪。秦淮河流域洪水一般由最大1 d至最大3 d暴雨形成，洪水一般在1～7 d内排完。统计历年秦淮河（总）最大1 d、3 d、7 d平均流量，然后再统计相应的秦淮新河闸和武定门闸对应日期的最大1 d、3 d、7 d平均流量，再统计分析对应日期最大1 d、最大3 d、最大7 d的东山站平均水位和南京站平均高潮位。选取两闸最大1 d排水流量为800 m^3/s以上为依据，制作秦淮河流域典型年典型时段最大日均流量及相应东山站平均水位、南京站（下关）平均高潮位统计如表7-11～表7-13所示。

表7-11 秦淮河最大1 d平均流量、东山站水位、南京高潮位关系表

年份	秦淮新河闸（m^3/s）	武定门闸（m^3/s）	秦淮河（总）（m^3/s）	出现日期	东山站平均水位（m）	南京站平均高潮位（m）
1987	557	281	838	7月5日	8.46	7.15
1991	884	396	1 280	6月14日	9.59	7.49
1991	817	341	1 158	7月4日	9.47	7.77
1996	606	278	884	7月6日	9.30	7.19
1999	652	226	878	6月28日	9.53	8.30
2002	600	206	806	6月22日	9.04	7.78
2003	713	377	1 090	7月11日	10.21	8.88
2004	597	201	798	6月25日	9.05	7.23
2007	860	354	1 214	7月9日	10.01	7.26
2008	624	223	847	8月2日	9.11	7.50
2009	600	206	806	7月23日	8.90	7.10
2015	978	478	1 456	6月28日	10.95	8.77
2016	865	477	1 342	7月5日	11.31	9.89

由表7-11可知，秦淮河历年最大排水流量发生在2015年，为1 456 m^3/s，其次是2016年为1 342 m^3/s，尽管2016年东山站7月5日平均水位11.31 m远超2015年6月

28日的10.95 m，但2016年南京高潮水位9.89 m，远高于2015年的8.77 m，说明2016年高潮顶托的影响比2015年大，因此出现2015年排水流量大于2016年的状况，直接表现在秦淮新河闸排水流量上。而武定门闸主要受城区河段行洪能力的影响，因此2016年和2015年相当。

表7-12　秦淮河最大3 d平均流量、东山站水位、南京高潮位关系表

年份	秦淮新河闸 (m^3/s)	武定门闸 (m^3/s)	秦淮河(总) (m^3/s)	出现日期	东山站平均水位 (m)	南京站平均高潮位 (m)
1987	498	260	758	7月5日	8.45	7.41
1991	811	349	1 160	6月14日	9.40	7.69
1991	771	327	366	7月2日	9.29	7.58
1996	509	243	752	7月4日	9.12	8.38
1999	536	212	749	6月28日	9.49	8.58
2002	528	188	715	6月22日	8.90	7.59
2003	658	348	1 006	7月10日	10.05	8.87
2004	482	167	650	6月25日	8.69	7.34
2007	751	305	1 056	7月8日	9.60	7.22
2008	363	163	526	8月2日	8.86	7.60
2009	517	192	709	7月22日	8.72	7.05
2015	881	420	1 301	6月27日	10.61	8.71
2016	853	463	1 316	7月3日	11.08	9.61

由表7-12可知，秦淮河最大3 d排水流量和2016年和2015年相当，均达到1 300 m^3/s，尽管2016年东山站相应3 d平均水位11.08 m超过2015年的10.61 m，但2016年南京站3 d平均高潮位9.61 m，高于2015年的8.71 m，说明2016年高潮顶托的影响比2015年大。因此两种因素相互影响，使得2016年和2015年最大3 d排水流量相当。

由表7-13可知，秦淮河最大7 d平均排水流量超过1 000 m^3/s的有1991年、2015年、2016年，其排水流量同样受东山站水位与长江潮位的综合影响。

表7-13　秦淮河最大7 d平均流量、东山站水位、南京高潮位关系表

年份	秦淮新河闸 (m^3/s)	武定门闸 (m^3/s)	秦淮河(总) (m^3/s)	出现日期	东山站平均水位 (m)	南京站平均高潮位 (m)
1987	402	212	615	7月3日	8.15	7.16
1991	645	277	922	6月13日	8.92	7.60
1991	708	307	1 015	7月2日	9.36	7.95
1996	325	180	505	7月3日	8.81	8.13
1999	293	184	477	6月27日	9.24	8.63
2002	409	158	567	6月21日	8.69	7.95
2003	575	309	884	7月6日	9.73	8.56

续表

年份	秦淮新河闸 (m^3/s)	武定门闸 (m^3/s)	秦淮河(总) (m^3/s)	出现日期	东山站平均水位 (m)	南京站平均高潮位 (m)
2004	301	78	379	6月22日	8.05	6.99
2007	554	252	806	7月5日	9.00	7.04
2008	166	102	268	8月1日	8.77	7.30
2009	304	158	462	7月22日	8.71	6.81
2015	678	336	1 014	6月27日	9.95	8.59
2016	806	447	1 253	7月2日	11.00	9.60

分析表明，最大1 d和最大 3 d 排水平均流量与东山站水位及南京站高潮位关系最为密切，根据表 7-11～表 7-12 数据，采用多元回归分析，分别建立秦淮新河闸最大 1 d 平均流量与东山站水位、南京站高潮位回归方程，秦淮河(总)最大 1 d 平均流量与东山站水位、南京站高潮位回归方程；秦淮新河闸最大 3 d 平均流量与东山站水位、南京站高潮位回归方程，秦淮河(总)最大 3 d 平均排水流量与东山站水位、南京站高潮位回归方程。

秦淮新河闸最大 1 d 排水流量与东山水位、南京站高潮位关系方程式如下：

$Q_{秦淮新河闸}=238.14Z_{东山}-110.13Z_{南京}-702.37$ （回归相关系数 0.77）

$Q_{秦淮河(总)}=368.08Z_{东山}-137.56Z_{南京}-1\,424.07$ （回归相关系数 0.80）

式中，$Q_{秦淮新河闸}$ 表示秦淮新河闸日平均流量，m^3/s；$Z_{东山}$ 表示东山站日平均水位，m；$Z_{南京}$ 表示南京站高潮位平均值，m(下同)。

秦淮新河闸最大 3 d 日平均流量与东山站水位、南京站高潮位关系方程式如下：

$Q_{秦淮新河闸}=217.12Z_{东山}-74.84Z_{南京}-854.74$ （回归相关系数 0.72）

$Q_{秦淮河(总)}=323.67Z_{东山}-79.36Z_{南京}-1\,576.81$ （回归相关系数 0.81）

由上可知，秦淮新河闸最大 1 d 平均流量回归方程的相关系数 0.77 稍大于最大 3 d 的相关系数 0.72。秦淮河(总)最大 1 d 和最大 3 d 的相关系数分别为 0.80 和 0.81，两者接近，相关系数均好于秦淮新河闸，说明秦淮河(总)的最大 1 d 和总的最大 3 d 行洪能力的回归方程均优于秦淮新河闸的回归方程。

可以应用上述回归方程推求东山站不同水位与长江不同潮位组合下秦淮新河闸和秦淮河(总)的最大行洪流量，为秦淮河流域洪水调度提供决策依据。

本次仅选取部分年份(1987—2016 年)秦淮河秦淮新河闸及武定门闸泄洪流量资料和相应的东山站水位及长江高潮位来进行分析，没有考虑工情变化带来的影响，样本的一致性还需在后续的研究工作中进一步深入分析，因而本次得到的泄洪能力回归方程还需进一步的研究，使之更加科学合理。

7.5.2 长江高潮位对沿江排水的影响

以秦淮新河闸为例，图 7-6 是 2016 年 6—7 月秦淮河流域逐日面雨量与东山站逐日 8:00 水位过程。由图可知，持续性强降雨主要出现在梅雨期的 6 月 30 日—7 月 6 日，最大日雨量122 mm(7月1日),过程累计雨量401 mm。受此影响,秦淮河干流代表站东山水位7月1日起迅速上涨,7日6:20达最高水位11.44 m,超警2.94 m。

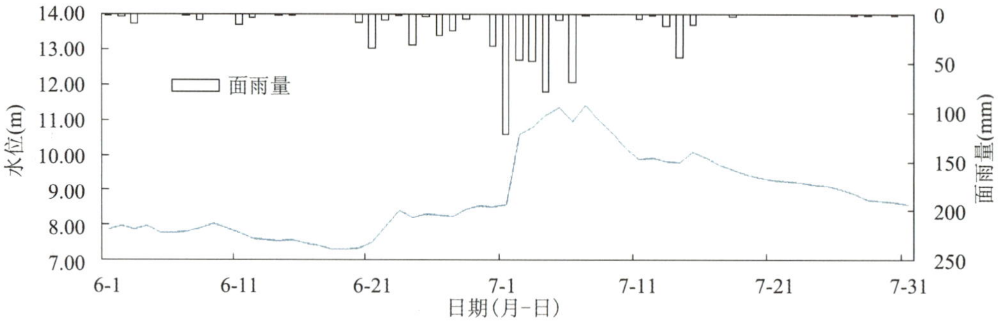

图7-6　2016年6—7月秦淮河流域逐日面雨量与东山站逐日8:00水位

为缓解秦淮河干流洪水压力,7月1日9:10,入江枢纽工程秦淮新河闸全开,全力排洪,直至11日9:40关闸。秦淮新河闸运用统计详见表7-14。

图7-7给出了2016年6—7月秦淮新河闸上下游逐时水位。不难看出,在秦淮新河闸敞开式泄洪期间(7月1—11日),受长江高潮位影响,闸上下游水位差极小,最大0.06 m,最小−0.01 m,平均不到0.02 m,对干流洪水入江带来不利影响。其他时段,根据来水情况,秦淮新河闸利用长江潮位涨落规律及时开闸抢排。

表7-14　2016年大洪水期秦淮新河闸运用统计

启闭时间				闸门变动情况	运用孔数	启闭高度	流量(m^3/s)	出流形式	运用前水位(m)		运用后水位(m)	
月	日	时	分						上游	下游	上游	下游
6	29	13	50	关	12	出水	66.3	淹堰	8.46	8.46		
		14	53	关好	0	0.00	0				8.57	8.50
		19	27	开	12	0.00	0		8.72	8.58		
			40	开好	12	2.00	151	淹没孔流			8.68	8.61
	30	4	35	关	12	2.00	61.1	淹没孔流	8.53	8.52		
			44	关好	0	0.00	0				8.56	8.50
		9	3	开	0	0.00	0		8.59	8.52		
			13	开好	12	2.00	102.0	淹没孔流			8.56	8.53
		16	10	关	12	2.00	61.1	淹没孔流	8.41	8.40		
			20	关好	0	0.00	0				8.44	8.40
7	1	9	10	开	0	0.00	0.0		8.74	8.64		
		10	5	开好	12	出水	187	淹堰			8.58	8.58
	11	8	30	关	12	出水	−58.8	淹堰	9.92	9.92		
		9	40	关好	0	0.00	0				9.92	9.87
	13	10	2	开	0	0.00	0		9.86	9.82		

续表

启闭时间				闸门变动情况	运用孔数	启闭高度	流量(m^3/s)	出流形式	运用前水位(m)		运用后水位(m)	
月	日	时	分						上游	下游	上游	下游
			8	开好	4	1.00	17.0	淹没孔流			9.86	9.83
		15	20	关	4	1.00	0.0	淹没孔流	9.85	9.85		
			25	关好	0	0.00	0				9.85	9.83
		16	6	开	0	0.00	0		9.87	9.85		
			11	开好	4	1.00	10.2	淹没孔流			9.86	9.85
	14	15	41	调	4	1.00	31.1	淹没孔流	9.91	9.80		
		16	4	调好	12	3.00	226	淹没孔流			9.87	9.80
		17	30	调	12	3.00	91.6	淹没孔流	9.83	9.82		
		18	5	调好	12	出水	127	淹堰			9.83	9.83

注:数据来自秦淮新河闸水文站

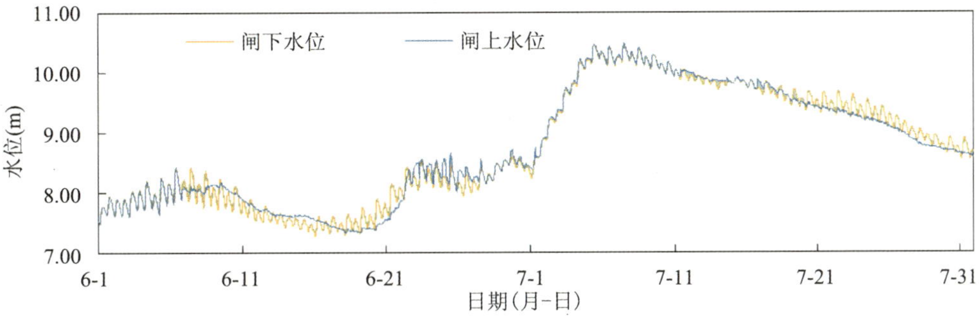

图 7-7　2016 年大洪水期秦淮新河闸上下游逐时水位

7.6　与历史暴雨洪水对比

7.6.1　秦淮河流域

如表 7-15 所示,从起涨水位来说,2016 年的最大的洪水过程与 2015 年基本相当,都比 1991 年要高;2016 年各代表站最高水位又一次超历史,前垾村(句)站洪峰水位 12.23 m,高出 2015 年 0.01 m,东山站洪峰水位 11.44 m,比历史最高的 2015 年高 0.27 m。从图 7-8 和图 7-9 中可以看出,2015 年、2016 年洪水开始上涨都是很快的,只是由于 2016 年高水位持续时间长,在高水位的基础上又慢慢上涨,最终才达到历史新高;从退水来说,2016 年受长江持续高水位顶托影响相对缓慢,比 1991 年还要慢,2015 年退水则因长江潮位相对偏低,比较快。

表 7-15　典型年秦淮河流域代表站水位洪水期间特征值概况

站名	年份	洪水起讫时间(月-日 时)	起涨水位(m)	洪峰水位(m)	最大涨幅(m)	涨水时长(h)	退水时长(h)	洪峰历史排位	警戒水位(m)
前垾村(句)	1991	6-12　8:00—6-23　8:00	7.24	11.14	3.9	59	205		
	1991	7-1　0:00—8-4　8:00	7.37	11.6	4.23	274	566		

续表

站名	年份	洪水起讫时间（月-日 时）	起涨水位(m)	洪峰水位(m)	最大涨幅(m)	涨水时长(h)	退水时长(h)	洪峰历史排位	警戒水位(m)
前埠村（句）	2015	6-15 8:00—6-21 10:00	7.95	11.24	3.29	59	86		
	2015	6-25 15:00—7-5 23:00	8.35	12.22	3.87	58	180		
	2016	7-1 5:00—7-31 23:00	8.38	12.23	3.85	96	624	1	
东山	1991	6-12 8:00—6-23 8:00	6.94	9.85	2.91	56	208	14	8.5
	1991	6-30 8:00—8-4 8:00	7.34	10.74	3.4	272	584	3	
	2015	6-16 2:00—6-21 10:00	7.91	10.13	2.22	51	87	10	
	2015	6-26 3:00—7-4 8:00	8.34	11.17	2.83	43	156	2	
	2016	7-1 5:00—7-31 23:00	8.32	11.44	3.12	144	600	1	

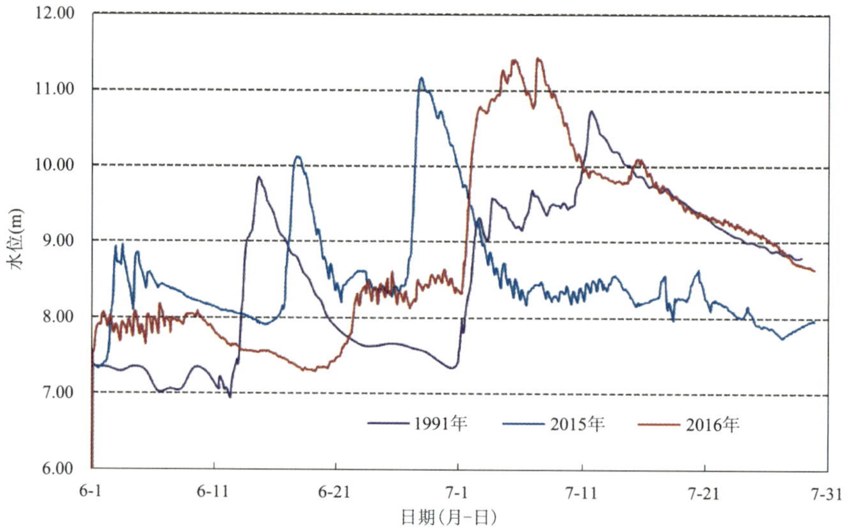

图 7-8　秦淮河东山站 1991 年、2015 年、2016 年洪水年水位过程线对比图

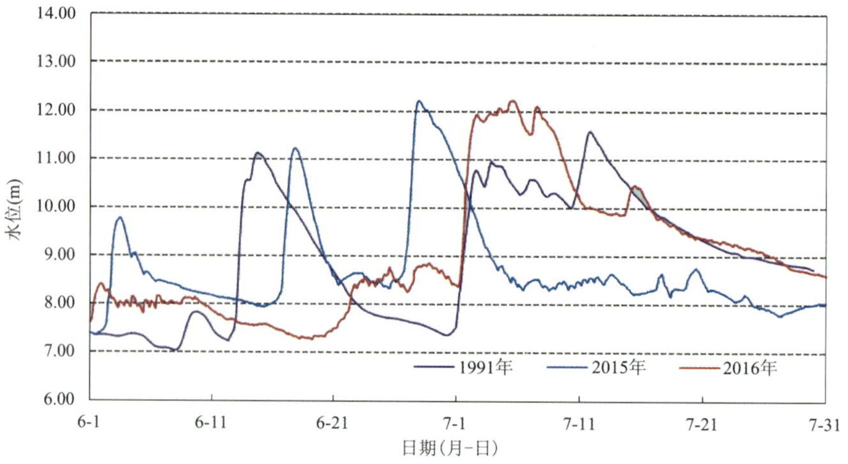

图 7-9　秦淮河支流句容河前埠村站 1991 年、2015 年、2016 年洪水年水位过程线对比图

7.6.2　水阳江地区

从表 7-16 可以看出石臼湖蛇山闸站 2016 年的起涨水位与典型年 1991 年、1999 年相当，基本处在 9.30 m 左右，固城湖高淳站的起涨水位远低于 1991 年、1999 年，偏低 1.00 m。两湖泊代表站 2016 年最高水位均位居历史第 1 位；2016 年最大涨幅高于 1999 年、1991 年，特别是固城湖水位涨幅高于 2 个典型年 1.50～2.00 m 左右。2016 年固城湖、石臼湖涨水历时均比 2 个典型年长，且退水历时也比它们长(图 7-10、图 7-11)。

表 7-16　固城湖、石臼湖典型年洪水特征概况

站名	年份	洪水起讫时间（月-日）	起涨水位（m）	洪峰水位（m）	最大涨幅（m）	涨水时长(d)	退水时长(d)	洪峰历史排位
蛇山闸	1991	7-1—8-6	9.29	11.89	2.60	12	24	7
	1999	6-24—8-25	9.47	12.86	3.39	8	54	2
	2016	6-20—8-22	9.25	13.02	3.77	16	47	1
高淳	1991	7-1—8-7	9.36	12.10	2.74	11	26	8
	1999	6-24—8-22	9.79	13.07	3.28	8	51	2
	2016	6-20—8-5	8.50	13.21	4.71	16	24	1

备注：由于资料问题，涨水时长和退水时长均以 d 计。

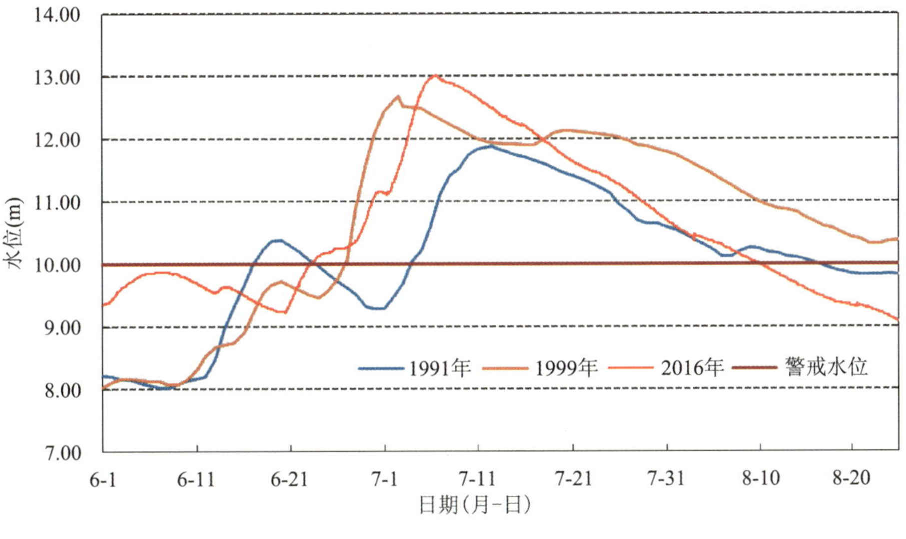

图 7-10　石臼湖蛇山闸站 1991 年、1999 年、2016 年洪水位过程线对比图

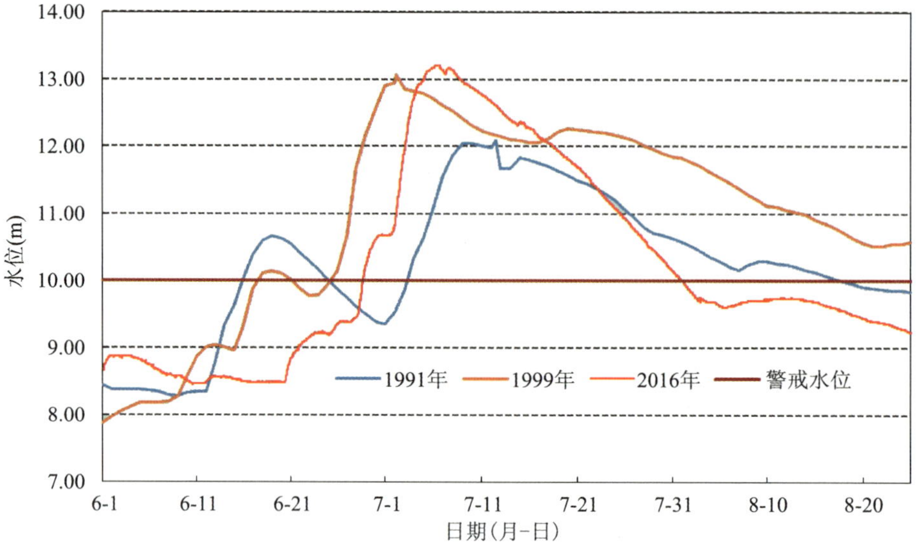

备注:高淳站、蛇山闸站水位 1991 年、1999 年为整编资料。

图 7-11　固城湖高淳站典型洪水年水位过程线对比图

8 洪水调度及效益

2016 年江苏省秦淮河流域 6 月 19 日入梅，7 月 20 日出梅，梅雨期长达 32 d，与往年同期相比偏长 8～9 d，降雨量是常年梅雨量的 2 倍多。7 月 7 日秦淮新河闸日雨量达 195 mm；7 月 1 日至 7 日东山站累计雨量达 395 mm，占常年年降雨量的 35%以上。自 6 月 22 日起，秦淮河东山站水位超警戒，直至 8 月 5 日流域各水位站点回落至警戒水位以下。其中东山站水位超警戒 44 d，长江下关站水位超警戒 31 d。秦淮河东山水位分别于 7 月 5 日、7 日两度突破历史最高水位，7 月 7 日东山站水位最高达 11.44 m。受本流域上中游持续降雨，以及长江长时间高水位顶托的影响，秦淮河水位持续上涨，防汛形势非常严峻。

面对严峻的防汛形势，省防指加强预测预报，科学调度，充分发挥了水利工程的防洪排涝功能，最大限度地减轻了洪涝灾害损失。

8.1 适时预降水位

4 月份，根据长江委水文局、省气象局预测，2016 年长江中下游地区降水预计较常年同期明显偏多，暴雨过程和日数多、强度强，可能出现严重汛情。

汛前，考虑秦淮河流域上游江宁区沿线部分工程施工，省防办调度武定门闸、秦淮新河闸适时开闸排水，控制东山站水位在 7.5 m 左右。

5 月份入汛以后，秦淮河流域持续阴雨天气，省防指先后多次发出通知，部署强降雨防范工作，要求南京市、镇江市、省秦淮河水利工程管理处密切关注天气及雨情、水情、工情变化，加强水利工程调度，严格控制地区河网及湖库水位，沿江口门视地区水情提前排水，预降河网水位，必要时开泵排水。根据气象部门分析，5 月 31 日至 6 月 1 日秦淮河流域将有一次强降雨过程，省防办及时发出指令，要求秦淮河管理处开闸排水，控制东山站水位不超过 7.5 m。这一阶段，东山站水位平稳。

8.2 全力排水入江

入汛后，充分利用秦淮河流域沿江闸站全力排水，根据长江潮位变化规律，充分利用涵闸高潮挡水低潮抢排、泵站全力抽排、自排抽排联合运行紧密切换以及超常规应用秦淮新河船闸排水等方式。2016 年汛期，秦淮新河闸、武定门闸实测最大流量分别达 916 m^3/s、504 m^3/s，双双超历史，两闸累计排水量达 19.21 亿 m^3。

6 月 17 日至 6 月 22 日。6 月 17 日，根据中期天气预测即将入梅的形势及当前水情，省防办下发通知，要求沿江各地加强排水，预降河湖水位，同时要求各类水库应严格按不超过汛限水位控制运行;6 月 19 日,秦淮河流域入梅;6 月 20 日,淮河以南部分地区出现强降雨过程,降雨主要在苏南南部地区,雨量达大到暴雨,其中南京局部大暴雨,最大点雨量南京水碧桥站达 203 mm,同期水阳江上中游地区还出现暴雨到大暴雨。据省气象台预报,21 日下午到夜里沿江地区预计还会有大到暴雨局部大暴雨。受降雨影响,水阳江水碧桥站水位年内首次超警戒(11.16 m,超警戒水位 1.16 m)。针对雨水情,省防指召开了防汛水情会商会议,并要求沿江涵闸、泵站继续全力抢排抽排,控制河湖水位上涨。6 月 22 日,秦淮河东山站水位年内首次超警戒,省防办下达调度指令,要求秦淮河武定门闸、秦淮新河闸加大排水力度。

6 月 26 日至 6 月 30 日。这一阶段江苏省沿江苏南地区持续降雨,通过工程调度,秦淮河流域水情平稳,6 月 30 日 8:00,东山水位 8.52 m,超警戒 0.02 m;水阳江水位虽然回落,仍严重超警戒(30 日 8:00 水碧桥站水位 12.05 m,超警戒水位 2.05 m)。

8.3 蓄滞洪区错峰调度

7 月 1 日至 7 月 10 日。这一阶段为防汛最为紧张的时期,受强降雨和高水位长时间浸泡的影响,秦淮河、溧水河、横溪河、一干河、三干河、句容南河、解溪河等主要河道堤防不同程度地出现渗漏、管涌、塌坡等较大险情。

7 月 1 日,沿江苏南地区普降暴雨、大暴雨,南京地区面雨量超过 100 mm,东山站水位 24 h 内上涨 1.97 m;水阳江地区水碧桥、固城湖、石臼湖继续严重超警戒。省防指调度武定门闸、秦淮新河闸继续全力抢潮排水,但因长江高潮位达 8.52 m,排水流量仅 300 m^3/s 左右。

7 月 2 日至 3 日,秦淮河干流流量(西北村)最高达 1 200 m^3/s,超历史记录100 m^3/s,溧水河流量最大达 589 m^3/s,超历史记录 270 m^3/s(2015 年历史最大流量分别为 1 100 m^3/s、319 m^3/s)。7 月 3 日 11:00,秦淮河东山站水位(下同)最高达 10.74 m,平 1991 年最高值。

针对严峻汛情,南京市防指紧急调度秦淮新河船闸参与泄洪,7 月 2 日 8:50 开闸至 3 日 6:35 关闸,3 日 9:35 开闸至 3 日 19:15 关闸;根据《南京市防汛应急预案》,还紧急实施天生桥闸开闸向石臼湖地区分洪错峰,分 2 次开闸共 33 h 5 min,分洪 908 万 m^3;省防指调度秦淮河上游赤山闸控制泄洪流量以减轻下游行洪压力,7 月 2 日 14:30,赤山闸下泄流量由 300 m^3/s 压减到 150 m^3/s。

7 月 4 日至 6 日。7 月 4 日 8:25,东山站水位达 11.17 m,平 2015 年历史最高记录,赤山闸上水位为 13.16 m。为确保下游地区防洪安全,省防指立即向镇江市防汛防旱指挥部下发关于立即关闭赤山闸的通知,4 日 9:00 赤山闸全部关闭,此时东山水位已达 11.21 m,已经超过 2015 年历史最高水位 0.04 m;赤山闸上水位已达 13.42 m,且水位仍呈上涨趋势。为统筹下游南京城市的防洪保安和赤山湖环湖大堤的防洪安全,4 日 9:30,省防指下发关于启用赤山湖蓄滞洪区滞洪的通知,决定正式启用赤山湖内湖蓄滞洪。5 日,由于赤山湖水位持续上涨,闸上水位已达 13.70 m,仅比 2015 年历史最高水位低

0.18 m，大堤险情不断增加。句容市防指下发关于向赤山湖白水荡滞洪的通知，5 日 8:00，赤山湖白水荡滞洪。同日又下发关于向郭庄镇西万亩圩滞洪的通知，5 日 8:30 郭庄镇西万亩圩滞洪。上游赤山湖内湖、白水荡、西万亩圩区相继滞洪后，赤山闸上水位仍快速上涨，为统筹上下游防洪安全，5 日 12:00 省防指调度赤山闸开闸泄洪，下泄流量按 50 m^3/s 控制。

在 7 月 4 日至 6 日的调度过程中，东山水位于 7 月 5 日 5:50 达到洪峰水位11.41 m，6:00 水位开始止涨并小幅回跌；7 月 6 日 21:00 东山水位已经下降至 10.78 m，较 5 日最高水位下降 0.63 m，有效缓解了下游的防洪压力。

7 月 7 日至 10 日，流域再次出现强降雨，东山站最大 3 h、4 h、6 h 降雨量分别达 127 mm、132 mm、138 mm(2015 年 6 月 28 日分别为 76 mm、90 mm、101.5 mm)。7 月 7 日 6 时，秦淮河东山水位达最高水位 11.44 m，超历史最高水位 0.27 m，为缓解下游防洪压力，省防指紧急调度赤山闸于 7 日 6 时全部关闭；固城湖、石臼湖水位最高达 13.21 m、13.02 m，分别超历史最高水位 0.14 m、0.34 m。根据气象部门预报，2016 年 1 号台风“尼伯特”将于 9 日至 11 日影响江苏省南部地区，为缓解赤山湖区域防洪压力，省防指调度赤山闸于 7 日 22 时开闸放水 100 m^3/s，以尽快降低上游湖、库水位，尽快腾出调蓄空间。

汛期秦淮新河闸开启排洪 44 d，泄洪逾 9 亿 m^3；武定门闸开启 153 d，泄洪 12.3 亿 m^3，为流域防洪保安提供了有力支撑。此外秦淮新河船闸在洪水期间行洪水量约达 1.47 亿 m^3。武定门泵站主要承担南京城南地区排涝工作，共抽排涝水 1 425 万 m^3，占城南地区排涝总量的 40%以上，有力地保障了城区人民群众生命和财产安全。

8.4 水库错峰调度

在秦淮河流域防洪进入关键时期阶段，省、市防指统筹流域上中游工程防洪调度，根据下游汛情紧张形势以及秦淮河上游水库调蓄洪水库容，适度控制水库下泄流量乃至短时关闭，共调蓄洪水量 4 700 万 m^3，减轻了下游的防洪压力。

赵村水库。7 月 1 日至 3 日，控制泄量 7.5～30 m^3/s，水库最高水位达 32.95 m(低于设计洪水位 0.90 m)，3 日库水位略有回落。4 日以后，由于秦淮河干流洪水位持续上涨，赵村水库 4 日开始控泄，水库下泄流量不超过 10 m^3/s，其中 5 日 8:40 和 7 日 5:24 水库关闸滞洪，以缓解秦淮河防洪压力。8 日秦淮河洪水回落后，赵村水库才恢复正常调度。整个洪水期间，赵村水库调蓄洪量达 18.9 万 m^3。

中山水库。7 月 1 日至 2 日 4:30，水库控泄流量为 9 m^3/s，随着流域持续降雨，中山水库库水位不断上涨，7 月 2 日 4:30 至 7 月 3 日 7:30 中山水库加大泄量至 25 m^3/s。随着秦淮河干流洪水位持续上涨，7 月 4 日 11:40 起中山水库关闸拦洪，直至 7 月 6 日 10:00 才开闸泄洪，水库共关闸拦洪 46 h，期间最高库水位达 26.44 m(低于设计洪水位 1.17 m)，共调蓄洪量 261 万 m^3。

方便水库。7 月 1 日 12:00 起开闸泄洪，泄洪流量为 16 m^3/s，随着库水位升高，水库下泄流量逐渐增大，7月2日0:00，泄洪流量增至60 m^3/s。7月4日12:00，由于秦淮河干流洪水位不断升高，方便水库关闸拦洪，库水位不断提高。7月5日0:00水库水位达26.88 m，开闸泄洪。7月7日6:30由于受秦淮河流域短时强降雨的影响，秦淮河干流水位陡涨，方便水库再度关闸拦洪，至7日下午2:40开闸泄洪。整个洪水期间方便水库共调蓄洪量211万 m^3。

卧龙水库。7月1日12:00开闸泄洪，控制流量5 m^3/s，随着库水位上涨，水库下泄流量不断增大至20 m^3/s。7月4日随着秦淮河干流洪水位持续上涨，卧龙水库逐渐减小闸门开度，控制下泄流量为5 m^3/s，7月4日12:40，卧龙水库泄洪闸完全关闭拦洪，滞洪持续到7月6日10:00，期间水库最高水位达19.26 m(低于设计洪水位0.33 m)。7月7日5:30，由于受流域短时强降雨影响，造成秦淮河干流洪水位陡涨，卧龙水库关闸拦洪，至上午8:25，开闸泄洪。整个洪水期间，卧龙水库共调蓄洪量165万 m^3。

北山水库。7月1日至2日降雨期间，控制下泄流量23.5 m^3/s，7月2日21:40，关闸拦洪；7月4日9:00，库水位52.55 m，经市防指同意，三孔开0.5 m，11:00改开1.0 m；7月5日13:00，再次关闸滞洪。7月6日，库水位上涨至53.23 m，8:00下泄流量42 m^3/s，到7月8日8:20，要求三孔齐关，库水位52.13 m。整个洪水期间，北山水库共滞洪106万 m^3。

句容水库。7月1日下泄流量控制在7 m^3/s，2日控制下泄流量为25 m^3/s，3日控制下泄流量为14 m^3/s，4日控制下泄流量为17 m^3/s，5日13:20溢洪闸三孔全关滞洪，关闸时库水位27.10 m，6日库水位上涨到27.31 m，6:20溢洪闸三孔全开下泄流量为40 m^3/s，7月8日8:10库水位26.50 m溢洪闸全关。整个洪水期间，句容水库共滞洪17 h，106万 m^3。

二圣水库。7月4日水库关闸滞洪，滞洪时水位16.47 m，此后水位迅速上涨至最高点17.48 m，超汛限水位2.48 m，但低于设计洪水位0.10 m，7月7日水库开闸泄洪。整个洪水期间，二圣水库共关闸蓄洪72 h，蓄洪约2 616万 m^3。

茅山水库。在6月30日至7月8日的强降雨中，茅山水库水位由28.00 m涨至29.63 m，超汛限水位1.63 m，但低于设计洪水位0.31 m。整个洪水期间，茅山水库共关闸蓄洪约1 235万 m^3。

2016年7月1日—7月6日洪水期间，秦淮河上游8座中型水库调蓄加上赤山湖滞洪水量共计约8 000万 m^3(其中赤山湖内湖滞洪1 800万 m^3，白水荡滞洪600万 m^3，西万亩圩滞洪680万 m^3)，如果当时这部分水量同步下泄，将导致秦淮河水位上升30 cm左右，干、支流极有可能出现溃堤等较大险情，后果不堪设想。其中，当赤山湖不滞洪时，陈家边河道水位将抬高68 cm，西北村水位将抬高38 cm，东山站水位将抬高20 cm，武定门闸水位将抬高16 cm；8座中型水库相继采取的限排滞洪的措施，累计滞洪量达3 254万 m^3。当水库不滞洪时，陈家边河道水位将抬高14 cm，西北村水位将抬高15 cm，东山站水位将抬高9 cm，武定门闸水位将抬高7 cm。

8.5 区域圩区限排

秦淮河流域圩区现状排涝泵站合计排涝能力达 1 256.6 m^3/s。

雨花区。排涝泵站合计排涝能力为 44.4 m^3/s,7 月 1 日流域普降大雨,排涝泵站基本满负荷运行,1 日排涝流量达 40.37 m^3/s,平均开机时间接近 20 h;7 月 2 日至 7 月 5 日之间排涝流量维持在 35 m^3/s 左右,平均开机时间接近 20 h;7 月 6 日排涝流量降至 21 m^3/s;7 月 7 日由于受秦淮河流域短时强降雨的影响,排涝泵站基本满负荷运行,平均开机时间接近 15 h。

江宁区。排涝泵站合计排涝能力为 635.4 m^3/s,7 月 1 日流域普降大雨,排涝泵站基本满负荷运行,1 日排涝流量达 515 m^3/s,平均开机时间接近 20 h;7 月 2 日至 7 月 4 日之间排涝流量维持在 460～500 m^3/s 左右,平均开机时间接近 20 h;7 月 5 日由于秦淮河干流水位持续升高,部分农业圩在 10:00 之后停机,至 7 月 6 日江宁区总排涝流量降至 233 m^3/s;7 日总排涝流量约为 305 m^3/s。

溧水区。排涝泵站合计排涝能力为 170 m^3/s,从 7 月 1 日起,泵站基本满负荷运行,日平均开机时间接近 24 h,7 月 11 日以后排涝流量逐渐减少。

句容市。排涝泵站合计排涝能力为 86 m^3/s, 7 月 1 日起,圩区内泵站全部开机,日平均开机 24 h;7 月 4 日 8:00 关闭赤山闸滞洪的同时,要求赤山湖上游及周边地区所有泵站关机停止排涝;7 日 7 时省防指再次要求关闸,句容市防指相应地再次要求所有泵站同时关机停止排涝。

9 认识与建议

受区域强降雨、长江洪水顶托等影响，秦淮河流域继2015年后，再次发生流域性特大洪水，水位刷新历史记录；固城湖、石臼湖最高洪水位也刷新历史记录。通过河道预降、全力排江、紧急滞洪、水库错峰等一系列调度措施，全面迎战流域超历史洪水，为保障地方人民生命财产安全和经济社会的发展发挥了重要的支撑和保障作用。

9.1 认识

(1) 调度的系统性、联动性、及时性是取得防洪胜利的关键。秦淮河流域源短流急、水位上涨快、下垫面情况复杂，因此，通过合理调度，在强降雨前预降河道水位，预留调蓄空间；及时排水入江，打开洪水出路；通过水库调蓄错峰甚至启用蓄滞洪区分洪，来缓解下游防洪压力，都是全面应对秦淮河洪水的重要调度手段。

(2) 下垫面的变化加快了流域产汇流速度。城市化进程的加快，造成不透水面积的增加，客观上增大了径流系数，导致城市内部"逢雨必淹"，河道水位上涨速度加快，洪峰流量增大、洪水位抬高。同时，秦淮河流域下游是江苏省的省会南京，近年来城区、圩区防洪除涝建设的不断加强，加快了城市、圩区内部内洪涝水集中外排的速度，增加了涝水排入秦淮河干流的规模，也易导致秦淮河出现高水位。

(3) 生态调水对防洪有一定的影响。为改善各市有关河道水质，以及保障区域河网水系水环境容量的需求，通过引长江水带动内河水体流动，增加了河网水容量，一定程度上抬高了区域河网的基础水位，一旦遇突发性强降雨，易造成洪水位更高。

9.2 建议

(1) 明确阶段重点，合理控制水位。在保障秦淮河流域防洪、供水双安全的要求下，必须明确不同阶段的工作重点。在汛期，以防洪安全为主，供水调度要合理控制水位，在预报有强降雨时，要及时降低水位，预留调蓄空间；在非汛期，以供水安全为主，可适当抬高河道正常水位，为流域用水提供条件。

(2) 调度系统联动，充分发挥水利工程效益。秦淮河流域涉及南京市及镇江市，在调度上应有联动性、系统性；在省属工程实施预降时，城市、圩区、上游水库等也要相应地预降；在流域全力排水时，市属沿江口门也应全力排水；在流域水位较高时，上游水库应协调错峰，避免同时泄洪造成干流水位上涨过快。

(3) 统筹兼顾、合理。在当前越来越重视生态(环境)的大背景下，要统筹处理好水生态(环境)与防洪排涝的关系，统筹得当就是共赢，统筹不好就是矛盾；在坚持防洪安全第一的原则下，水生态(环境)调度应服从防洪保安要求，充分发挥水利工程的防灾、减灾、兴利综合效益。

附录

附录 A　江苏省太湖及秦淮河地区主要站点特征水位表

表 A-1　江苏省太湖及秦淮河地区主要站点特征水位表　　m

流域	地区	代表站	警戒水位	保证水位	历史高水位					
					最高水位	年份	次高水位	年份	第三位水位	年份
长江	长江干流	南京	8.5	10.22（历史最高）	10.22	1954	10.14	1998	9.99	1983
		镇江	7.0	8.59（历史最高）	8.59	1996	8.58	2016	8.38	1954
		江阴	5.5	7.22（历史最高）	7.22	1997	7.18	1996	6.75	1974
		天生港	5.2	7.08（历史最高）	7.08	1997	6.71	1996	6.53	2002
	固城湖	高淳	10.0	13.07（历史最高）	13.21	2016	13.07	1999	12.57	1983
	石臼湖	蛇山闸	10.0	12.68（历史最高）	13.02	2016	12.68	1999	12.28	1983
	秦淮河	东山	8.5	11.17（历史最高）	11.44	2016	11.17	2015	10.74	1991
	滁河	晓桥	9.5	12.63（历史最高）	12.63	1991	12.62	2008	12.46	2003
	水阳江	水碧桥	10.0	13.8（历史最高）	13.8	1999	13.59	2016	11.99	2010（无整编资料）
太湖	湖平均		3.8	4.66	4.97	1999	4.87	2016	4.79	1991
	望虞河	琳桥	3.8	4.2	4.71	2016	4.68	2015	4.26	2007（无整编资料）
	太浦河	平望	3.7	4.0	4.52	2013	4.39	1999	4.32	1993
	苏南运河	苏州	3.8	4.2	4.82	2016	4.6	1999	4.48	2015
		无锡	3.9	4.53	5.28	2016	5.18	2015	4.92	1983
		常州（钟楼闸上）	4.3	4.8	6.43	2015	6.32	2016	5.52	1991
		丹阳	5.6	7.2	7.47	1972	7.37	1965	7.33	1991
	洮湖	王母观	4.6	5.6	6.55	2016	6.12	1991	6.07	2015
	滆湖	坊前	4.0	4.5	5.8	2016	5.43	1991	5.28	1999

备注：1. 各站 2016 年资料均为报汛资料，暂列作为参考；

2. 表中保证水位除特殊注明外，原则上首先采用水利部、流域管理委员会、省防指核定后的保证水位；尚未核定的，如工程已达标或已实施完成，则采用相应的设计洪水位。

附录B 《苏南运河区域洪涝联合调度方案(试行)》

经过多年治理，特别是1991年大水后实施治太工程建设以来，苏南运河作为太湖流域流域性重要河道，沿线防洪能力得到提升。近年来，受城镇化快速发展引起的下垫面条件变化、苏南运河航道升级改造、沿线城市防洪大包围陆续建成、圩区排涝动力增加等多因素的共同影响，苏南运河沿线区域防洪形势发生较明显的改变。为保障区域防洪排涝安全，根据《江苏省防洪规划》、《太湖流域洪水与水量调度方案》(国汛〔2011〕17号)以及钟楼闸、丹金闸等工程的调度运用方案和省流域性、区域性水利工程调度方案，结合近年防洪排涝实践，制定本方案。

一、工程体系

苏南运河沿线区域分属太湖湖西区、武澄锡虞区、阳澄淀泖区、太湖区，防洪工程体系由苏南运河堤防、城市防洪包围圈、控制性工程和圩区等组成。

(一) 河道及堤防

苏南运河起自长江谏壁口，止于江浙两省交界处的鸭子坝，全长约212.5 km，分为镇江、常州、无锡和苏州四段，大部分河段两岸均建有护岸。

1. 镇江段

镇江段是苏南运河的入江河段，起自长江谏壁口，止于与常州交界的荷园里，长42.6 km，现状河堤高程在7.0～9.0 m，河段规划防洪标准50年一遇。

2. 常州段

常州段西接镇江吕城镇的荷园里，东连无锡洛社五牧(直湖港)，长48.8 km，现状堤顶高程5.5～8.0 m，河段规划防洪标准50～200年一遇。

3. 无锡段

无锡段由洛社五牧进入，经城区南流，至新安沙墩港出境，长39.3 km，现状堤顶高程6.0～6.5 m，河段规划防洪标准50～200年一遇。

4. 苏州段

苏州段西起苏锡两市交界的新安沙墩港，南至江浙两省交界处的鸭子坝，长81.8 km，现状堤顶高程4.8～5.0 m，河段规划防洪标准50～200年一遇。

(二) 干流控制工程

谏壁水利枢纽位于镇江市东郊、苏南运河长江入口处附近，由谏壁节制闸、抽水站、船闸等组成，是太湖流域分泄洪水入江、区域性灌排和引江改善水环境的重点工程之一。其中节制闸设计排水流量600 m^3/s，抽水站设计流量160 m^3/s，船闸为复线船闸。

钟楼闸位于苏南运河常州市区段改线段上，为一座单孔净宽90 m的防洪闸，距老武宜运河河口上游约 600 m，是太湖流域湖西引排武澄锡虞西控制线上的主要防洪控制工程。其主要任务是，在大洪水期启用，减轻常州、无锡、苏州三大城市和武澄锡低洼地区的防洪压力。

（三）城市防洪工程

1. 镇江市

目前镇江主城区尚未建成城市防洪大包围。

2. 常州市

常州市城市防洪工程沿运河分为运北、潞横草塘、采菱东南、湖塘四片，面积共416.1 km^2，其中运北片 156.2 km^2 实施了大包围。

运北片设计防洪标准为 200 年一遇。外排泵站总规模为 420.96 m^3/s（重要节点工程 365 m^3/s），其中排入运河流量为 179 m^3/s。

湖塘片外排泵站总规模为 78.1 m^3/s，其中排入运河流量为 57.7 m^3/s。

常州城市防洪工程外排泵站入运河流量合计为 236.7 m^3/s。具体见表 B-1。

表 B-1　常州城市防洪工程外排泵站（向运河排水）规模表

序号	分片	总规模（m^3/s）	直接排入运河流量（m^3/s）
1	运北片	420.96	179
2	湖塘片	78.1	57.7
合计		499.06	236.7

3. 无锡市

无锡市城区分为运河以东的运东大包围、新区片、锡东片、锡北片、惠北片和运河以西的梁溪片、太湖新城片、惠南片和马山片共 9 片，面积共 1 294 km^2，目前形成防洪包围圈的主要为运东大包围和太湖新城片。

运东大包围面积约 144 km^2，设计防洪标准为 200 年一遇。外排泵站总规模为 485.6 m^3/s，排入运河流量为 218.8 m^3/s；

太湖新城片外排泵站总规模为 97 m^3/s，其中排入运河流量为 82 m^3/s。

无锡城市防洪工程外排泵站入运河流量合计为 300.8 m^3/s。具体见表 B-2。

表 B-2　无锡城市大包围枢纽工程外排泵站（向运河排水）规模表

序号	分片	总规模（m^3/s）	直接排入运河流量（m^3/s）
1	运东大包围	485.6	218.8
2	太湖新城	97	82
合计		582.6	300.8

4. 苏州市

苏州市城市防洪工程主要包括城市中心区大包围和金阊新城包围两部分，设计防洪标准均为 200 年一遇。

中心区大包围面积 84 km^2。外排泵站总规模为 286.5 m^3/s（含西塘河裴家圩枢纽），其中排入运河流量为 168 m^3/s。

金阊新城包围13.7 km^2。外排泵站总规模为39.1 m^3/s,其中排入运河流量为23.5 m^3/s。苏州城市防洪工程外排泵站入运河流量合计为191.5 m^3/s。具体见表B-3。

表B-3 苏州城市大包围枢纽工程外排泵站(向运河排水)规模表

序号	分片	总规模(m^3/s)	直接排入运河流量(m^3/s)
1	城市中心区大包围	286.5	168
2	金阊新城包围	39.1	23.5
合计		325.6	191.5

5. 沿线圩区

苏南运河沿线各市除建设城市大包围外,部分低洼区域通过建圩设防。据统计,运河沿线常州、无锡和苏州圩区直接排水入运河流量为318.96 m^3/s。各市具体情况见表B-4。

表B-4 运河沿线圩区排涝泵站规模统计表

序号	行政区	圩区(个)	圩区总面积(km^2)	直接排入运河流量(m^3/s)
1	常州	14	60.14	65.36
2	无锡	4	250.2	39.5
3	苏州	20	428.7	214.1
合计		24	739.04	318.96

苏南运河沿线常州、无锡、苏州三市城市防洪工程及沿线圩区外排泵站向运河排水总规模为1 047.96 m^3/s。

(四) 其他工程

1. 北排长江主要工程

从镇江京口闸至苏沪交界浏河闸,江苏省太湖流域大型通江口门主要有20个,其中湖西区5个,武澄锡虞区8个,阳澄淀泖区6个,流域性工程1个。各工程具体规模见表B-5。

2. 南排太湖主要工程

苏南运河沿线区域排水入太湖的主要口门有23个,其中武澄锡虞区21个,阳澄淀泖区2个。各工程具体规模见表B-6。

3. 区域其他工程

丹金闸枢纽。为太湖流域综合治理湖西引排骨干工程之一,位于丹金溧漕河高低水分界线上,由节制闸、船闸、公路桥三位一体组成。节制闸闸孔净宽16 m,船闸长135 m、宽16 m,设计过闸流量200 m^3/s。

丹金船闸。属于丹金溧漕河航道整治工程的组成部分,位于金坛市金城镇白塔附近。船闸为三级航道标准。闸室长180 m,宽23 m,门槛水深4 m,由交通部门管理。船闸最高通航水位6.31 m。在紧靠船闸一侧为通航孔并兼做节制闸,宽度为23 m。

蠡河枢纽。位于望虞河立交工程上游东侧,上游通苏南运河,下接望虞河,是望虞河左岸配套建筑物之一。工程由套(船)闸与节制闸组成。节制闸闸孔净宽8 m,船闸长135 m、宽12 m。

表 B-5 各区沿江主要口门自排和泵排流量统计表

区名	工程名称	所在河道	闸宽（m）	闸底高程（m）	设计过闸流量（m^3/s）	设计泵排流量（m^3/s）	区名	工程名称	所在河道	闸宽（m）	闸底高程（m）	设计过闸流量（m^3/s）	设计泵排流量（m^3/s）
湖西	谏壁枢纽	苏南运河	60.2	−1.0	600	160	武澄锡虞	张家港闸	张家港	40	−0.1	387	
	九曲河枢纽	九曲河	24	−1	300	80		十一圩闸	二干河	14	0.5	180	
	孟城闸	浦河	18	0.5	100			走马塘江边枢纽	走马塘	36	−1.0	207	
	小河闸	新孟河	23.6	−1	340			小计				1 809	365
	魏村枢纽	德胜河	24	0	300	60	常熟枢纽		望虞河	48	−4.65	375	180
							阳澄淀泖	浒浦闸	常浒河	20.9	−1	234	
	小计				1 640	300		白茆闸	白茆塘	37.5	−2		
武澄锡虞	澡港枢纽	澡港	16	0	190	40		七浦塘江边枢纽	七浦塘	32	−1.5	318	120
	新沟河江边枢纽（在建）	新沟河	48	−1	460	180		老七浦闸	七浦塘	15	−0.5	259	
	新夏港枢纽	新夏港	10	−0.5	45	45		杨林闸	杨林塘	16	0	160	
	定波闸	锡澄运河	24	0	240			浏河闸	浏河	75	−1	950	
	白屈港枢纽	白屈港	20	−1.5	100	100		小计				1 921	120

表 B-6 武澄锡虞区、阳澄淀泖区入太湖口门设计排水流量统计表

区名	工程名称	所在河道	闸宽（m）	闸底高程（m）	设计排水流量（m^3/s）	区名	工程名称	所在河道	闸宽（m）	闸底高程（m）	设计排水流量（m^3/s）
武澄锡虞	雅浦港闸	雅浦港	12	0	65	武澄锡虞	庙港闸	庙港	5	1.2	25
	武进港闸	武进港	17.6	0	102		新港闸	新港	5	1.2	25
	直湖港闸	直湖港	26	0	210		礼让桥闸	环山河	8	1.0	40
	梁溪河闸	梁溪河	20	−0.5	96		闾江口闸	闾江老港	5	0.8	37
	五里湖枢纽	蠡湖	32	0	154		张桥港闸	张桥港	10	1.2	50
	大溪港闸	大溪港	20	0.5	100		壬子港闸	壬子港	6	0.5	30
	新开港闸	新开港	5	0.8	25						
	高墩港闸	高墩港	5	0.8	25						
	新库港闸	新库港	5	1.2	25		小计				1 209
	小溪港闸	小溪港	6	0.5	60	阳澄淀泖	瓜泾口闸	瓜泾港	12	−0.5	96
	六步港闸	六步港	6	1.0	30		大浦口闸	军用线港	8.0	−0.5	96
	黄泥田港闸	黄泥田港	5	0.8	25		小计				192
	吴塘门套闸	横大港	6	0.5	30						
	渔港闸	环山河	6	1.0	30						
	杨干港闸	杨干港	5	1.4	25						

二、调度原则

（一）坚持以人为本、依法防洪、科学调度的原则。

（二）遵循流域、区域、城市统筹，上下游兼顾、团结协作和局部利益服从全局利益的原则。

（三）统筹处理好防洪与排涝、防洪与航运、防洪与水环境的关系。坚持防洪安全第一的原则，航运、水环境调度应服从防洪保安要求，充分发挥水利工程的防洪排涝减灾综合效益。

（四）当气象预报近期有强降雨时，要提前调度相关工程预降河湖水位至正常控制水平以下。

（五）当发生设计标准及以下洪水时，充分利用河道泄洪，高水高排，低水低排，全力北排长江，相机南排太湖，有序调控运河下泄流量，适时运用洪水控制工程，合理安排运河洪水出路，确保城市及镇江、常州、无锡、苏州城市防洪工程安全。

（六）当发生超标准洪水时，利用河道强迫行洪，充分发挥洪水控制工程的拦洪作用，并采取弃守一般堤防等非常措施，确保镇江、常州、无锡、苏州城市安全及苏南运河等重要河堤安全。

三、工程调度

（一）调度代表站及特征水位表（表B-7）

表B-7 区域及城市防洪包围圈调度代表站及水位特征表 m

分类	区域/市	代表站	警戒水位	保证水位	起排水位	内部最高控制水位	防洪设计水位		
							50年一遇	100年一遇	200年一遇
区域	湖西区	王母观	4.6	5.6	/	/	/	/	/
		坊前	4	4.5	/	/	/	/	/
	武澄锡虞区	青阳	4	4.85	/	/	/	/	/
		陈墅	3.9	4.5	/	/	/	/	/
	阳澄淀泖区	湘城	3.7	4	/	/	/	/	/
		陈墓	3.6	4	/	/	/	/	/
运河沿线	镇江	丹阳	5.6	7.2	/	/	7.47	/	/
	常州	常州(三)	4.3	4.8	/	/	5.65	5.8	5.95
	无锡	无锡(大)	3.9	4.53	/	/	4.75	5	5.15
	苏州	苏州(枫桥)	3.8	4.2	/	/	4.65	4.85	5.1
城市防洪包围圈	镇江	/	/	/	/	/	/	/	/
	常州	常州(三堡街)	/	/	4.3	4.8	/	/	/
	无锡	无锡(南门)	/	/	3.8	4.2	/	/	/
	苏州	苏州(觅渡桥)	/	/	北片2.9 南片2.7	北片3.4 南片3.2	/	/	/

注：1. 苏州城市防洪包围内北片指西塘河、北环城河以北地区，南片指西塘河、北环城河以南地区。
2. 城市大包围分别为：常州运北大包围、无锡运东大包围、苏州城市中心区大包围。
3. 运河沿线代表站防洪设计水位按照常州、无锡和苏州新一轮城市防洪规划修编中的设计水位成果拟定。

（二）沿江工程调度

当天气预报有较大降雨时，沿江口门应适时开闸，充分利用长江潮位涨落规律抢排，预降水位到正常控制水平以下；当长江潮位较高，自排受阻，必要时利用泵站抽排。汛期调度按照以下方案执行。

1. 湖西区

（1）谏壁枢纽

当丹阳水位高于 4.5 m 或王母观（洮湖）水位高于 4.3 m、并预报有较大降雨时，开闸排水；当丹阳水位高于 6.0 m 或王母观（洮湖）水位高于 4.7 m、并预报有较大降雨时，开泵抽排。

（2）九曲河枢纽

当丹阳站水位高于 4.5 m 或常州（三）水位高于 4.0 m、并预报有较大降雨时，开闸排水；当丹阳站水位高于 6.0 m 或王母观（洮湖）水位高于 4.6 m 或坊前（滆湖）水位高于 4.2 m、并预报有较大降雨时，开泵抽排。

（3）小河闸

当常州（三）水位高于 4.0 m 时，开闸排水。

（4）魏村枢纽

当常州（三）水位高于 4.0 m 时，开闸排水；当常州（三）水位高于 5.0 m 时，开泵抽排；当澡港枢纽内河侧水位稳定在 4.3 m 以下时停机。

2. 武澄锡虞区

（1）澡港枢纽

当常州（三）水位高于 4.0 m 时，开闸排水；当常州（三）水位高于 5.0 m 时，开泵抽排；当常州（三）水位稳定在 4.8 m 以下时停机。

（2）新沟河江边枢纽（节制闸）

当常州（三）水位高于 4.0 m、无锡（大）水位高于 3.6 m 时，开闸排水。

（3）定波闸及其他沿江水闸

当青阳水位高于 3.7 m 时，开闸排水。

（4）白屈港、新夏港枢纽

当青阳水位高于 3.7 m 时，开闸排水；当青阳水位高于 4.2 m 时，开泵抽排。

（5）张家港、十一圩港闸

当张家港市东横河水利枢纽河水位高于 3.8 m 或无锡（大）水位高于 3.6 m 时，开闸排水。

（6）走马塘江边枢纽

当无锡（大）水位高于 3.6 m，开闸排水。

3. 阳澄淀泖区

当湘城水位高于 3.3 m 时，阳澄淀泖区沿江节制闸开闸排水。

4. 望虞河常熟枢纽

当无锡（大）水位高于 3.6 m 时，开启节制闸排水；当无锡（大）水位高于 3.9 m 且不能自排时，开启泵站抽排。

（三）环太湖工程调度

环湖其他口门的调度，一般情况下应按照《太湖流域洪水与水量调度方案》(国汛〔2011〕17号)执行。为兼顾苏南运河区域排水和太湖水环境保护的要求，可关闭或按套闸方式运行。

1. 直湖港闸、武进港闸、雅浦港闸

考虑到对太湖水质影响，直湖港闸、武进港闸、雅浦港闸一般情况下按套闸方式运行。遇区域强降雨时，雅浦港闸、武进港闸报省防指批准后可开闸排水，且雅浦港闸优先开启。

当雅浦港闸上水位高于3.9 m时，雅浦港闸和武进港闸开闸排水。

当无锡(大)水位在3.9～4.5 m之间时，由无锡市人民政府综合分析，决定直湖港闸是否开闸排水。

当无锡(大)水位高于4.5 m时，直湖港闸开闸排水。

2. 其他口门

为兼顾苏南运河区域排水和太湖水环境保护的要求，环湖其他口门一般情况下关闭或按套闸方式运行。当无锡(大)水位达到4.4 m且有继续上涨趋势时，关闭梁溪河与大运河连通的仙蠡桥南枢纽、张巷浜节制闸及骂蠡港节制闸，开启犊山防洪工程节制闸，有节制地向太湖排泄梁溪河涝水；当无锡(大)水位达到4.65 m且有继续上涨趋势时，由无锡市人民政府综合分析，决定是否开启张巷浜节制闸有节制地向太湖排泄大运河洪涝水。

（四）城市大包围、圩区工程调度

1. 城市大包围

当苏南运河沿线代表站水位低于100年一遇设计洪水位时，城市大包围按已批准的方案运行，及时排水，确保大包围内部排涝安全。

当苏南运河沿线代表站水位在100～200年一遇设计洪水位之间时，沿运河泵站相机排水。当包围圈内代表站水位低于设定门槛值(内部最高控制水位以下20 cm)时，沿运河泵站停机，包围圈内其他泵站根据排涝要求进行调度；当包围圈内水位高于设定门槛值时，沿运河泵站开机排水。

当苏南运河沿线本河段或下一河段代表站水位高于200年一遇设计洪水位时，沿运河泵站原则上不得向运河排水。

常州运北大包围、无锡运东大包围、苏州中心区大包围具体调度如下：

(1) 常州运北大包围

常州(三)水位不超过5.8 m：当常州(三堡街)水位超过4.3 m时，启动大包围，开机排水。

常州(三)水位在5.8～5.95 m之间：当常州(三堡街)水位低于4.6 m时，沿运河泵站停机，包围圈内其他泵站根据排涝要求进行调度；当常州(三堡街)水位高于4.6 m时，沿运河泵站开机排水。

当常州(三)水位超过5.95 m或无锡(大)水位超过5.15 m时，沿运河泵站原则上不得向运河排水。

（2）无锡运东大包围

无锡（大）水位不超过 5.0 m：当无锡（南门）水位超过 3.8 m 时，启动大包围，开机排水。

无锡（大）水位在 5.0～5.15 m 之间：当无锡（南门）水位低于 4.0 m 时，沿运河泵站停机，包围圈内其他泵站根据排涝要求进行调度；当无锡（南门）水位高于 4.0 m 时，沿运河泵站开机排水。

当无锡（大）水位超过 5.15 m 或苏州（枫桥）水位超过 5.1 m 时，沿运河泵站原则上不得向运河排水。

（3）苏州城市中心区大包围

苏州（枫桥）水位不超过 4.85 m：当苏州（觅渡桥）水位超过规定起抽水位时，启动大包围，开机排水。

苏州（枫桥）水位在 4.85～5.1 m 之间：当苏州（觅渡桥）水位低于 3.0 m 时，沿运河泵站原则上应停机，但视天气情况可开机预降水位，包围内其他泵站根据排涝要求进行调度；当苏州（觅渡桥）水位高于 3.0 m 时，沿运河泵站开机排水。

当苏州（枫桥）水位超过 5.1 m 时、苏州（觅渡桥）水位低于 3.0 m 时，沿运河泵站应停机；当苏州（枫桥）水位超过 5.1 m 时、苏州（觅渡桥）水位超过 3.0 m，且预报后期有明显降雨时，沿运河泵站可有控制地排水。

2. 其他主要圩区

当苏南运河沿线代表站水位低于防洪设计水位时，圩区内部水位达到起排水位后，各圩区可抢排涝水。

当苏南运河沿线代表站水位高于防洪设计水位时，沿运河圩区泵站应适时限排，限排原则是：农业圩先限排，水面率大调蓄能力强的圩区先限排，圩内无重点防洪对象且经济损失小的圩区先限排。

（五）洪水控制工程运用

1. 钟楼闸

当无锡（大）水位低于 4.6 m 且常州（三）水位低于 5.3 m，钟楼闸敞开泄洪，保持正常航运。

当无锡（大）水位达到 4.6 m 或常州（三）水位达 5.3 m，且根据天气预报湖西及武澄锡有较大降雨过程，无锡、常州水位均将继续迅速上涨时，根据省防指指令，由海事部门实施停航管制，启动关闸程序。

钟楼闸关闭期间，当丹阳水位达到 6.5 m 且根据天气预报湖西地区有较大降雨过程，丹阳水位可能超过 6.8 m 时，如无锡（大）水位低于 4.0 m 同时常州（三）水位低于 4.7 m，钟楼闸全开渲泄湖西高水；如无锡（大）水位在 4.4～4.8 m 之间，同时常州（三）水位在 5.2～5.5 m 之间，钟楼闸部分泄水，泄洪流量根据无锡（大）、常州（三）、丹阳的水位和洪水预报分析确定。

当无锡（大）水位超过 4.8 m 或常州（三）水位超过 5.50 m，同时丹阳水位超过 6.8 m

时，钟楼闸控制泄流，由省防指根据上下游灾情统一调度。

洪水退水期，当无锡(大)水位低于4.6 m同时常州(三)水位低于5.3 m，钟楼闸部分泄水，泄至闸上下游水位差小于0.5 m时，钟楼闸全部开启，恢复通航。

钟楼闸启闭具体操作程序，由省防指与省海事局研究制定。

2. 丹金闸枢纽及丹金船闸

丹金闸枢纽为湖西区运河高片与洮滆低片之间的控制性建筑物，丹金溧漕河按三级航道标准整治后，新建的丹金船闸将取代丹金闸枢纽的工程任务，丹金船闸运行调度暂按省防指批复的丹金闸枢纽调度方案执行，以后在湖西区水利治理规划中进一步研究调度方案调整。

当丹阳水位低于6.5 m，且王母观水位低于4.6 m时，节制闸及船闸均开闸。节制闸和船闸按双线运行，其中节制闸通上行船只，船闸通下行船只。

当丹阳水位低于6.5 m，且王母观水位高于4.6 m并继续上涨时，节制闸关闸控制，船闸按单线船闸方式运行。

当丹阳水位高于6.5 m，且王母观水位低于4.6 m时，控制泄流量不超过建筑物消能设计流量250 m^3/s。上下游水位基本持平后，节制闸和船闸可开闸通航。

当丹阳水位高于6.5 m，且王母观水位高于4.6 m时，由省防指视上下游水情调度。

当闸上水位超过6.31 m(最高通航水位)时，禁止通航。

3. 蠡河控制工程

当无锡(大)水位超过警戒水位3.90 m，且蠡河控制工程处运河水位高于望虞河水位时，分泄苏南运河洪水入望虞河。

四、非常措施

在苏南运河防洪期间，遇特殊情况，各城市防洪大包围难以确保城市安全时，各市可根据情况提出超额洪涝水应急处理措施，报省防汛防旱指挥部或省人民政府决定。

五、责任及权限

(一) 涉及影响区域洪水调度或市际关系的重要防洪工程的调度运用，由省防汛防旱指挥部决定；其他防洪工程的调度，分别由有关市县防指负责。

(二) 望虞河常熟枢纽、钟楼闸、丹金闸枢纽、丹金船闸、蠡河枢纽、雅浦港闸、武进港闸、谏壁站等工程由省防指统一调度。

(三) 各市城市防洪控制工程，以及各市沿江、沿湖、沿河等闸站工程的调度，由各有关市按照本方案负责实施。

六、附则

(一) 遇特殊情况，省防汛防旱指挥部可按照本方案的精神及有关规定，进行灵活调度。

(二) 本方案的高程采用吴淞(镇江)基面。

(三) 本方案由省防汛防旱指挥部负责解释。

(四) 本方案自发布之日起执行。

附录 C 《秦淮河流域洪水调度方案》

根据《秦淮河流域防洪规划(2008 年)》,以 1983 年秦淮河流域联防指挥部第二次会议讨论通过的《关于秦淮河流域洪水调度的意见》为基础,结合多年来防汛工作实践以及近些年秦淮河流域雨情、水情、工情等变化情况,修订秦淮河洪水调度方案如下。

一、防洪工程状况

经过 60 年多年治理,秦淮河流域已形成了"上蓄、中滞、下泄"防洪体系格局,上游众多水库塘坝发挥蓄洪作用,中游赤山湖及众多圩区水域发挥滞洪作用,下游有秦淮河及秦淮新河分洪道泄洪入江。目前,秦淮河堤防防洪标准基本达到 50 年一遇,下游南京城区段堤防挡洪标准基本达到 100 年一遇,支流防洪标准 10~20 年一遇,圩区治涝标准接近 10 年一遇。

秦淮河干流调度代表站为东山站,警戒水位 8.50 m,句容河赤山闸下警戒水位 9.5 m,赤山湖警戒水位 11.0 m。

(一) 河道

秦淮河有南北两源,南源溧水河发源于南京市溧水区东庐山,北源句容河发源于句容市宝华山南麓,两河在南京市江宁区前埠村汇合成秦淮河干流。秦淮河干流至东山分为两支,北支为秦淮河,经南京市区至三汊河入长江,西支为人工开挖的分洪河道即秦淮新河,经南京西善桥至金胜村入长江。

1. 秦淮河干流

从前埠村至河定桥,全长 11.4 km,现状堤顶高程 12.6~14.0 m,堤顶宽 6.0~8.0 m,河道行洪能力约 1 400 m^3/s。河段防洪标准基本达到 50 年一遇。

2. 秦淮河

从河定桥至三汊河口,全长 23.6 km,其中武定门闸以下 12.8 km 一般称为外秦淮河。现状堤顶高程 11.8~13.0 m,堤顶宽 6.0~8.0 m,河道行洪能力约 400~500 m^3/s。该河段堤防挡洪标准基本达 100 年一遇。

3. 秦淮新河

从河定桥至金胜村,为人工开挖的分洪河道,全长 16.8 km,其中从铁心桥到红庙桥为切岭段。现状堤顶高程 13.0~13.5 m,堤顶宽 6.0~8.0 m。河道设计行洪流量800 m^3/s。

4. 溧水河

溧水河从一干河和三干河汇合口至前埠村汇入秦淮河干流,全长 16.8 km,现状堤顶高程 14. 0~14.2 m,堤顶宽约 6.0 m。溧水河主要支流有一、二、三干河、横溪河等,上游中型水库有中山、方便、卧龙山、赵村等;溧水河防洪标准基本达到 20~50 年一遇。

5. 句容河

句容河从句容城区至前埠村汇入秦淮河干流，全长41.0 km，其中从赤山闸下到前埠村长22.5 km，现状堤顶高程14.1～15.1 m。句容河主要支流有汤水河、梁台河、解溪河、赤山湖及其支流南河、中河、北河等。上游中型水库有：北山、句容、二圣桥、茅山等。句容河防洪标准总体接近50年一遇。

（二）控制枢纽

秦淮河流域水利控制枢纽主要有上游一干河支流天生桥河上的天生桥套闸，沟通句容河与赤山湖的赤山闸，秦淮新河入江口秦淮新河枢纽，外秦淮河武定门枢纽和下游入江口三汊河口闸。

天生桥套闸主要作用是蓄水、挡洪、通航，总长150 m，闸孔净宽12.0 m，闸底高程3.5 m。

赤山闸主要功能为蓄水、挡洪、排洪和补水，设计流量为300 m^3/s。

秦淮新河节制闸设计排洪流量800 m^3/s，校核排洪流量1 100 m^3/s。秦淮新河抽水站设计流量50 m^3/s，设计扬程（排涝）2.0 m。

武定门枢纽设计排洪流量450 m^3/s。武定门抽水站设计流量46 m^3/s，设计扬程（排涝）2.8 m。

三汊河口闸主要功能是非汛期关闸蓄水，改善城市河道景观，汛期闸门敞开行洪，设计行洪流量为600 m^3/s。

（三）赤山湖及白水荡

1. 赤山湖

赤山湖位于句容河中部，是秦淮河流域中部滞洪湖泊，洪水期承担调蓄洪水任务。赤山湖三面岗地，西北一面地势平坦，下游通句容河，赤山湖实施“退渔还湖”后，内湖5座渔场全部变为湖面，现状赤山湖环湖面积2.3 km^2，内湖水面面积为4.0 km^2，陆面面积1.5 km^2，内湖堤防为20年一遇防洪标准，堤顶高程14.0 m，外湖大堤现状堤顶高程基本在15.0 m左右。

赤山湖正常蓄水位9.0 m，相应容积1 433万 m^3（其中内湖1 038万 m^3）；警戒水位11.0 m，相应容积2 758万 m^3（其中内湖1 812万 m^3）；设计洪水位13.34 m，相应容积4 476万 m^3（其中内湖2 748万 m^3）；校核洪水位14.42 m，相应容积5 261万 m^3（其中内湖3 187万 m^3）；历史最高水位13.88 m（2015年6月27日）。

2. 白水荡

白水荡为赤山湖蓄滞洪区的一部分，位于赤山湖西侧，面积2.5 km^2，目前正在建设。水位13.0 m时，相应滞洪容积1 500万 m^3。

3. 泗庄圩和西万亩圩

泗庄圩位于句容河上游左岸，为农业圩，圩区高程6.0～9.0 m，圩区面积为1.33 km^2；水位13.0 m时，相应滞洪容积798万 m^3。西万亩大圩位于白水荡南侧，赤山湖以西，圩内以农田为主，圩区高程7.0～10.0 m，圩区面积为4.0 km^2；水位13.0 m时，相应滞洪容积 2 400 万 m^3。泗庄圩和西万亩圩可应急发挥蓄滞洪作用。

（四）重点水库

秦淮河流域现有中型水库 8 座，分别为北山、句容、二圣桥、茅山、方便、中山、卧龙山、赵村水库，集水面积共 388.18 km^2，总库容 25 695 万 m^3，兴利库容 11 911 万 m^3，防洪库容 8 167 万 m^3。

北山水库。位于句容河的上游，集水面积为 59.5 km^2，按 50 年一遇洪水设计，2 000年一遇洪水校核。设计洪水位 54.42 m，相应库容 3 595 万 m^3；校核洪水位 56.46 m，总库容 4 980万 m^3；汛限水位 52.0 m；兴利水位 53.0 m，相应库容2 601万 m^3；设计最大下泄流量 250 m^3/s。大坝系均质土坝，现状坝顶高程 60.5 m。

句容水库。位于句容河的上游，集水面积 45.8 km^2，按 50 年一遇洪水设计，1 000年一遇洪水校核。设计洪水位 28.8 m，相应库容 1 938.8 万 m^3；校核洪水位 30.44 m，总库容 2 859 万 m^3；汛限水位 26.50 m，兴利水位 27.30 m，相应库容 1 274 万 m^3；设计最大下泄流量 105 m^3/s。大坝系均质土坝，现状坝顶高程 31.6 m。

二圣桥水库。位于赤山湖入湖支流北河的上游，集水面积 103.5 km^2，按 50 年一遇洪水设计，1 000 年一遇洪水校核。设计洪水位 17.58 m，相应库容 4 016 万 m^3；校核洪水位 18.86 m，总库容 5 720 万 m^3；汛限水位 15.0 m，兴利水位 16.0 m，相应库容 2 480 万 m^3；设计最大下泄流量 86 m^3/s。大坝系均质土坝，现状坝顶高程 22.0 m。

茅山水库。位于赤山湖入湖支流中河的上游，集水面积 33.5 km^2，按 50 年一遇洪水设计，1 000 年一遇洪水校核。设计洪水位为 29.94 m，相应库容 1 777.2 万 m^3；校核洪水位 30.94 m，总库容 2 274 万 m^3；汛限水位 28.0 m；兴利水位 28.5 m，相应库容 1 214 万 m^3；设计最大下泄流量 89 m^3/s。大坝系均质土坝，现状坝顶高程 32.5 m。

中山水库。位于溧水河支流一干河的上游，集水面积 32.28 km^2，按 100 年一遇洪水设计，2 000 年一遇洪水校核。设计洪水位 27.61 m，相应库容 2 099 万 m^3；校核洪水位 28.76 m，总库容 2 868 万 m^3；汛限水位 26.0 m；兴利水位 26.00 m，相应库容 1 318 万 m^3；设计最大下泄流量 95 m^3/s。大坝系均质土坝，现状坝顶高程 30.6 m。

方便水库。位于溧水河支流二干河的上游，集水面积 77.1 km^2，按 50 年一遇洪水设计，1 000 年一遇洪水校核。设计洪水位 28.04 m，相应库容 3 507.3 万 m^3；校核洪水位 29.15 m，总库容 4 900.2 万 m^3；汛限水位 26.2 m；兴利水位 26.2 m，相应库容 2 256 万 m^3；设计最大下泄流量 97 m^3/s。大坝系均质土坝，现状坝顶高程 31.7 m。

卧龙水库。位于溧水河支流二干河的中游，集水面积 18.2 km^2，按 50 年一遇洪水设计，1 000 年一遇洪水校核。设计洪水位 19.59 m，相应库容 1 093 万 m^3；校核洪水位 20.29 m，总库容 1 339 万 m^3；汛限水位 18.5 m；兴利水位 18.5 m，相应库容 779.8 万 m^3；设计最大下泄流量 97 m^3/s。大坝系均质土坝，现状坝顶高程 23.0 m。

赵村水库。位于溧水河支流横溪河的上游，集水面积 18.3 km^2，按 50 年一遇洪水设计，1 000 年一遇洪水校核。设计洪水位 33.85 m，相应库容 872.3 万 m^3；校核洪水位 34.83 m，总库容 1 014.5 万 m^3；汛限水位 32.5 m；兴利水位 32.5 m，相应库容 695 万

m^3；设计最大下泄流量70 m^3/s。大坝系均质土坝，现状坝顶高程36.0 m。

二、设计洪水

流域设计洪水参照《秦淮河流域防洪规划(2008)》成果，下游南京城区以《南京城市防洪规划报告(2011—2030)》成果为基础。主要控制站设计洪水调算成果如表C-1、表C-2所示。

表C-1　秦淮河流域不同重现期设计洪水位　m

河道名称	断面位置	20年	50年	100年	200年
秦淮河前埠村(秦)至东山	前埠村(秦)	12.14	12.41	12.72	13.07
	云台山河口	12.07	12.34	12.64	12.98
	牛首山河口	11.46	11.70	11.96	12.22
	外港河口	11.25	11.47	11.72	11.96
	东山	11.16	11.38	11.62	11.86
秦淮新河	河定桥	11.08	11.29	11.56	11.76
	铁心桥	10.69	10.83	11.27	11.27
	西善桥	10.30	10.72	10.94	10.94
	秦淮新闸上	10.30	10.72	10.87	10.87
	秦淮新闸下	10.30	10.72	10.81	10.81
	新河入江口	10.30	10.72	10.80	10.80
秦淮河北大桥至武定门闸	秦淮河北大桥	11.13	11.35	11.59	11.83
	上坊桥	11.08	11.31	11.56	11.78
	七桥瓮	10.95	11.17	11.47	11.64
	运粮河口	10.92	11.14	11.45	11.60
	响水河口	10.80	11.01	11.37	11.47
外秦淮河	武定门闸上	10.76	10.96	11.35	11.42
	武定门闸下	10.66	10.86	11.30	11.30
	长干桥上	10.49	10.73	11.22	11.22
	西水关上	10.21	10.39	11.00	11.00
	入江口	9.99	10.39	10.63	10.63

表 C-2 秦淮河流域不同重现期设计洪峰流量 m^3/s

河道	断面位置	20 年	50 年	100 年	200 年
秦淮河前垾村(秦)至东山	前垾村(秦)	1 362	1 485	1 632	1 789
	云台山河口下	1 449	1 606	1 768	1 941
	牛首山河口上	1 450	1 609	1 772	1 947
	牛首山河口下	1 453	1 616	1 779	1 954
	外港河口上	1 453	1 617	1 781	1 956
	外港河口下	1 454	1 618	1 782	1 958
	东山	1 454	1 619	1 783	1 960
秦淮新河	河定桥	977	1 076	1 187	1 299
	秦淮新闸	1 036	1 143	1 260	1 376
秦淮河北大桥至入江口	秦淮河北大桥	520	580	637	695
	秦淮东河口上	521	582	638	698
	秦淮东河口下	522	582	638	698
	运粮河口上	522	583	639	701
	运粮河口下	556	609	662	716
	武定门闸	583	637	693	748
	入江口	675	744	811	876

三、洪水调度原则

(一) 坚持以人为本、依法防洪、科学调度的原则。

(二) 遵循蓄泄兼筹、上下游兼顾、团结协作和局部利益服从全局利益的原则。

(三) 根据预报降雨等级,在暴雨来临前及时预降流域河湖库水位,增加调蓄雨洪能力。

(四) 合理运用"上蓄、中滞、下泄"的防洪工程体系,实施上下游联合调度。当流域中下游水位较低时,上游洪水尽可能下泄;当中下游水位较高时,上游控制下泄,实施临时错峰,确保下游南京城市防洪安全。必要时启用赤山湖、白水荡等蓄滞洪区滞洪。

(五) 统筹处理好防洪与排涝、防洪与水环境的关系,充分发挥水利工程的防洪排涝水环境等综合效益。

(六) 在确保防洪安全和不影响排涝的前提下,兼顾洪水资源利用。

(七) 当发生设计标准及以下洪水时,合理运用水库拦洪、削峰、错峰,充分利用河道泄洪,适时运用分洪河道、蓄滞洪区,确保防洪安全。

(八) 当发生超标准洪水时,充分利用现有防洪工程体系,科学发挥非工程措施的作用,调度水库错峰泄洪、运用蓄洪区滞洪、圩区限制排涝等,并利用河道堤防超高强迫行洪,必要时弃守一般堤防等非常措施,确保城市防洪保护区及重要农业圩区安全。

四、防洪控制水位

（一）入汛后，东山水位在梅雨期间按不超过 7.5 m 控制，其他时间按不超过 7.8 m 控制。

（二）入汛后，赤山湖（含环湖、内湖）水位在梅雨期间按不超过 8.5 m 控制，其他时间按不超过 9.0 m 控制。

（三）入汛后，各中型水库水位按不超过汛限水位控制（见表 C-3）。

表 C-3　中型水库汛限水位　　m

水库名称	汛限水位
北山水库	52.00
句容水库	26.50
二圣桥水库	15.00
茅山水库	28.00
方便水库	26.20
中山水库	26.00
卧龙水库	18.50
赵村水库	32.50

五、洪水调度

（一）入江枢纽工程

1. 水位预降：当天气预报有较大降雨时，武定门闸、秦淮新河闸应适时开闸，充分利用长江潮位涨落规律抢排，预降东山水位到 7.0 m 左右；当长江潮位较高，两闸自排受阻，必要时利用秦淮新河站抽排。

2. 洪水期排洪：当东山水位超过防洪控制水位，武定门闸和秦淮新河闸视情开闸排水，武定门闸优先开启，控制东山水位不超过防洪控制水位；当东山水位继续上涨，且天气预报有暴雨或更大量级降雨时，武定门闸、秦淮新河闸应全力排洪，秦淮新河站视情开机抽排。

3. 武定门抽水站应根据协议，当内秦淮河东水关水位达 6.5 m 时，按省防指的要求，及时排除南京城区内涝，确保城区汛期的安全。

4. 当长江潮位高于内河水位，且内河无引水要求时，武定门闸、秦淮新河闸应及时关闸，防止江水倒灌。

（二）赤山湖蓄滞洪区

1. 水位预降：当天气预报有较大降雨时，赤山闸应提前开闸，预降水位与下游句容河水位持平；内湖应适时开闸预降水位不超过 8.5 m。

2. 赤山闸分泄句容河洪水：当句容河发生洪水，赤山闸下水位达 12.5 m 且继续上涨，而赤山闸上水位低于闸下时，赤山闸应开闸进洪，分泄句容河洪水，减轻句容河防洪压力。

3. 赤山闸下泄赤山湖上游来水：当流域发生较大洪水，赤山闸下水位达到 12.5 m 且继续上涨，同时赤山湖上游地区有来水需要赤山闸泄洪时，赤山闸应控制下泄流量不超过 300 m^3/s；当闸下水位达到 13.0 m 且继续上涨，统筹考虑沿湖堤防安全及下游干流防洪压力，赤山闸应适时关闸错峰；当闸上水位超过 13.5 m，为保沿湖堤防安全，赤山闸应敞开泄洪。

4. 赤山湖内湖和白水荡滞洪运用：当赤山湖环湖水位在 12.0～12.5 m 且继续上涨时，白水荡、赤山湖内湖应适时开启分洪闸进洪。

5. 洪水退水：赤山湖蓄滞的洪水应根据句容河洪水位回落情况适时进行退水，一般应遵循错峰延后退水的原则，避免增加下游防洪压力。

（三）中型水库

1. 水位预降：当预报水库水位超过汛限水位时，水库应根据自身情况提前预降水位至汛限水位以下，以腾空库容，保证防洪安全。

2. 水库泄洪：水库泄洪应按照省防指批复的调度方案实施。

3. 错峰调度：当水库下游河道遭遇超标准洪水或者发生重大险情时，在确保水库自身安全的前提下，运用水库适时拦蓄洪水，为下游河道洪水错峰，减轻下游防洪压力。

（四）天生桥套闸

当秦淮河流域发生较大洪水而石臼湖水位较低、具备分泄秦淮河洪水条件时，应视两地区雨情、水情，相机启用天生桥套闸，帮助分泄秦淮河洪水。

六、超标准洪水应急措施

在流域遭遇超标准洪水时，除了运用中型水库适时采取错峰调度，运用赤山湖及白水荡分洪蓄洪等措施外，必要时采取以下措施，以确保下游城市、机场、工业区等重点防护对象的防洪安全。

（一）圩区泵站限排

在秦淮河洪水位超防洪设计标准情况下，沿河圩区泵站应适时限排，限排原则是：农业圩先限排，水面率大调蓄能力强的圩区先限排，圩内无重点防洪对象且经济损失小的圩区先限排。

（二）应急破圩滞洪

在遭遇超标准洪水或重要防护对象出现险情，急需分洪滞洪以减轻防洪压力的情况下，采取应急破圩滞洪措施，选择破圩原则是：选择经济损失小且能发挥作用的圩子。

七、洪水资源利用

（一）秦淮河干流

9 月中旬起，秦淮新河闸、武定门闸视实时雨水情及天气预报，拦蓄洪水资源，逐步抬高东山水位且不超过 8.0 m；

汛后 10—11 月及汛前 3—4 月，东山水位按不超过 8.0 m 控制；

汛后 12 月至次年 2 月，东山水位按不超过 8.1 m 控制。

（二）中型水库

后汛期，在保证水库防洪安全的前提下，水库应充分利用兴利库容拦蓄洪水资源。

八、责任与权限

（一）武定门枢纽、秦淮新河枢纽的调度运用由省防汛防旱指挥部决定，省秦淮河水利工程管理处负责组织实施。

（二）赤山湖内湖、白水荡蓄滞洪区的运用以及赤山闸在赤山湖水位超过12.5 m时的运用由省防汛防旱指挥部决定，镇江市防汛防旱指挥部负责组织句容市防汛防旱指挥部实施。赤山闸的其他运用由句容市防汛防旱指挥部负责组织实施。

（三）中型水库的防洪调度运用由省防汛防旱指挥部负责，一般情况下授权委托各有关市防汛防旱指挥部根据省防指批复的调度方案，具体组织区、市防汛防旱指挥部实施；发生流域性洪水时，为下游洪水错峰实施的应急调度，由省防汛防旱指挥部决定。

（四）天生桥套闸的相机分洪运用，由南京市防汛防旱指挥部决定并负责组织实施。

（五）泗庄圩、西万亩圩的运用由句容市防汛防旱指挥部决定并负责组织实施。其他破圩滞洪等超额洪水应急措施处理由南京、镇江市防汛防旱指挥部提出意见，报省防汛防旱指挥部决定，南京、镇江市防汛防旱指挥部负责组织实施。

（六）遇特殊情况，省防汛防旱指挥部可按照本调度方案的原则灵活调度，涉及市际重大问题报省人民政府决定。

（七）沿河各地要落实管辖范围内的各类防洪设施和机场、高速公路、交通道口、穿堤（河）管线、涵闸等设施的安全度汛措施。

（八）受洪水威胁的企业、事业单位负责所属设施的防洪安全并做好各项防汛准备，落实自保措施。

九、附则

（一）本方案中高程采用吴淞高程系统。

（二）本方案由省防汛防旱指挥部负责解释。

（三）本方案自印发之日起执行，原《江苏省流域性、区域性水利工程调度方案》中秦淮河流域洪水调度内容同时废止。

附录 D 《精准调度的实践与思考》

摘要：本文针对 2016 年太湖流域罕见的特大洪涝，总结分析调度前充分准备，调度进行时的各类举措，调度指令执行及评估等具体实践，突出精准调度在有效抗御洪水中的重要作用。同时，结合江苏实际，对精准调度的成功实践进行了反思和提升，为今后的防汛抗旱工作提供了样板。

2016 年汛期对江苏而言又是令人难忘：太湖地区发生流域性特大洪水，苏南运河沿线、秦淮河流域等地多个站点水位突破历史极值。面对如此严峻的洪涝灾害，江苏省防指在国家防总和省委、省政府的坚强领导下，依靠坚实的工程基础，实施精准调度，化险于危急中，引洪水入江入海，重要基础设施无大险情，无人因灾死亡。这一切，值得记录和思考。

一、厄尔尼诺效应下的特大洪涝如约而至

早在汛前，针对前年 9 月开始并持续到今年 5 月的强厄尔尼诺可能造成的气候异常，江苏是高度警惕和有所防备的。因此，这场雨涝的到来并不意外。然而，降雨量级之大，水位之高，持续时间之长却着实给江苏防汛工作带来了严峻的考验。

（一）阶段雨量超历史

1. 降雨总量多。汛期大范围强降雨过程均发生在梅雨期间，约占整个汛期雨量的 60%左右。沿江苏南、江淮之间梅雨期面雨量分别为 539 mm、412 mm，分别是常年梅雨量的 2.3 倍和 1.8 倍；淮北地区面雨量 239 mm，较常年梅雨期同期雨量偏多 28%。汛期，江苏省面雨量位居历史第 3 位，其中太湖流域、长江流域均位居历史第 2 位；沿江苏南位居历史第 2 位；无锡市、南通市均位居历史第 1 位。

2. 降雨强度大。今年 6 月 19 日入梅，7 月 20 日出梅。梅雨期间沿江苏南地区发生两次强降雨过程，其中 6 月 26 日至 28 日，强降雨主要分布沿江苏南地区，面均雨量 79 mm，最大雨量点无锡官林站达 168 mm；6 月 30 日至 7 月 4 日强降雨主要分布在淮河以南地区，单点累计雨量最大点南京姚家水库站达 460 mm。此外，7 月 11 日沿江地区又突发短时强降雨，南通闸 2 h 降雨量达 224 mm。

3. 雨涝范围广。降雨范围覆盖沿江苏南及里下河地区，涉及南京、苏州、无锡、常州、南通、镇江、盐城等多市，给全省造成大面积不同程度洪涝灾害。

（二）水位屡破历史

1. 河湖水位高。沿江苏南和里下河地区河湖水位全面超警戒，其中太湖平均水位高达 4.87 m，居历史第二高，超防洪保证水位 0.21 m；苏南运河无锡、苏州站水位今年最高涨至 5.28 m 和 4.82 m，分别超过历史最高水位 0.10 m 和 0.22 m；秦淮河东山站水位最高涨至 11.44 m，超过历史最高水位 0.27 m；水阳江地区固城湖、石臼湖水位最高涨至

13.21 m、13.02 m，分别超过历史最高水位 0.14 m 和 0.34 m；里下河兴化站水位最高涨至 2.94 m，超过警戒水位 0.94 m。

2. 高水位持续时间长。太湖平均水位 6 月上旬至 8 月上旬，在警戒水位以上达62 d，其中超保证水位天数达 16 d；苏南运河、洮湖、滆湖水位超警戒 27～58 d，是去年同期的 2 倍多。长江大通流量在 50 000 m^3/s 以上的天数长达 68 d，最大流量70 700 m^3/s，境内干流潮位站超警戒都在 28～44 d。

（三）险情有效控制

汛期，江苏省长江干流、水阳江、固城湖、石臼湖、秦淮河、苏南运河、望虞河、太浦河、滁河及主要中小河流，发生堤防散浸、渗漏、管涌、涵闸漏水、圩堤漫顶等险情 1 000 余处，经及时采取抢险应急处置，险情均得到有效控制。总体看来，水利工程在今年汛期中暴露出的隐患主要有四个方面：一是河道堤防险工隐患较多，长江等河湖堤防出现渗漏、管涌险情，部分堤防出现滑坡、裂缝等险情，个别圩堤甚至出现漫堤等险情；二是长江崩岸时有发生；三是穿堤建筑物老化失修严重，部分出现渗水险情；四是部分水库存在险工隐患。

令人欣慰的是，在迎战这场特大雨洪灾害中，全省无一人因灾死亡，重点水利工程无一失事，电力、交通、通信等重要基础设施运行基本正常，成功实现了“有大水无大险、有险情无大灾”的抗灾目标，为全省经济发展和社会稳定提供了有力支撑和保障。据统计，全省防汛抗旱减免灾效益约 98.5 亿元。

二、实施精准调度洪水归江入海

在自然灾害面前，人水和谐相处的基本规律在于给洪水出路。今年的实践表明，实施精准调度，合适的时间给洪水找到合适的路线、去处，是防汛抗洪的正确选择。

（一）落实“四预”是精准调度的前奏曲

根据天气预报，及时预测水位、流量、洪量等洪水要素，提前做好应对预案，及时发布预警启动响应，这是赢得防汛抗洪主动权的重要前提。“四预”环环相扣、缺一不可。

一是预报。气象和洪水准确预报是精准调度的首要条件。进入汛期后，省防办进一步加强与气象、水文等部门联系，建立防汛会商机制，实现信息资源共享互通。省防办根据《江苏省防洪规划》，向气象部门提供了按水系、地形和洪涝特点划分的沂沭泗、淮河、长江、太湖四大水系 17 个水利分区的详细边界经纬度，据此，每场大雨来临前气象部门适时提供各区域 24 h、36 h 的雨量预报，区域降雨量级一目了然。防汛、水文部门编发了 25 期洪水预报，三次集中降雨期间，每天都分析预报主要站点水位。

二是预测。入梅后，省防指坚持每天 3 次会商，在雨水情预报的基础上，对汛情发展态势进行预测分析，对工情、灾情等防汛形势进行研判，以便相机采取科学的调度措施。例如受第 1 号台风“尼伯特”残留云系及冷空气的共同影响，7 月 11 日江苏省南通、盐城、苏州等地出现局部强降雨，太湖、沿江苏南、秦淮河流域河湖仍高水位运行，长江大通流量接近 70 000 m^3/s，防汛形势不容乐观。但是，根据 7 月 12 日气象部门预测，13 日降雨带在沂沭泗地区，14 日摆动到江淮之间，15 日再回到沿江苏南及以南地区；而水文部门预测太湖水位将以每天 2～3 cm 的速度缓慢下降，受潮汐影响，长江干流南京、镇江、江阴水位将全线回落。因此，省防指根据科学预测，抓住13—14日降雨暂停的有利时机，沿江口门自排与抽排结合，全力抢排洪涝水，同时做好退水期堤防防守工作，取得了显著效果。

三是预案。在做好各项常规预案修订的基础上，省防指多次专题研究讨论，广泛征求各级防汛、规划等部门意见，组织编制、修订《苏南运河区域洪涝联合调度方案》和《秦淮河洪水调度方案》，并在汛前及时印发。两调度方案在梅雨期的调度中得到很好的运用。

洪涝发生后，制定实施"一雨一策"的实时应急预案是调度方案的有力补充，并充分体现在灵活预降水位方面。今年早在4月26日起，省防办调度常熟枢纽泵站抽排预降太湖水位，比调度方案规定条件提早一个多月，时间为历史最早；同时充分利用太湖地区、秦淮河流域沿江闸站全力排水，涵闸高潮挡水低潮抢排，泵站全力抽排，自排抽排联合运行切换，切实降低河湖水位。当然，有时预降水位也会面临一定的压力和风险，例如南京市玄武湖主要保证其景观水位，通常汛期都控制在10.1 m左右，今年考虑到城市防洪安全，提前将玄武湖水位预降到9.7 m左右。宜兴市预降横山、油车两座饮用水源地水库的水位，腾出库容等。预降成功于否，直接关乎防洪安全和饮用水安全、水生态需求。这一系列应急预案的成功实施，不仅印证了预报预测的重要性，更是对决策者专业技术和精准判断的更高要求，可谓责任重于泰山。

四是预警。灾害当前，以人为本。及时发布预警信息，启动应急响应，超前做好各类防范准备至关重要。根据省防汛应急预案规定，6月28日，省防指启动太湖地区防汛Ⅲ级应急响应，7月3日启动沿江苏南地区防汛Ⅱ级响应，7日启动里下河地区防汛Ⅲ级响应。充分利用电视、广播、互联网、手机短信等形式，及时发布暴雨、台风、洪水等预警信息，信息发布纵向延伸到乡村、街道，横向遍及社会各部门，不留死角，让全社会共同参与并做好自我防范。

（二）科学安排洪水是精准调度的进行时

一定时间、一定区域内，洪水总量相对确定。我们要做的就是遵循人水和谐理念，在合适的时间，给洪水一个合适的去处，最大限度减轻损失。

1. 太湖地区

今年是把太湖地区各类排涝手段和工程潜力充分发挥的最好实证。

首先是提前预降，并全力北排入江。太湖两大出湖口门太浦闸、望亭立交全力排水，入梅前，日均出湖流量维持在600 m^3/s以上，常熟枢纽累计排水15.3亿m^3，望亭立交累计出湖8.9亿m^3，太浦闸累计下泄21.9亿m^3。6月14日提前启用武澄锡虞区白屈港、新夏港泵站排水，6月22日起澡港、魏村枢纽泵站也都提前开泵排水，预降区域河网水位。入梅后，视雨水情增开其他泵站直至沿江所有闸站口门全部打开，并及时切换自排和抽排模式，其中自排占总排水量的70%左右，显示了调度的责任心和技术水平。与此同时，启用新建水利工程及相关船闸投入运行，增加排水规模。包括部署在建工程新沟河闸施工围堰拆坝，投入排涝运行；对刚建成的苏州七浦塘工程，指导建设单位采取措施，在保证安全前提下开机排涝；调度新建成的走马塘工程张家港枢纽与江边枢纽首次联合运行排水；超常规运用船闸泄洪，调度望虞河江边船闸暂停通航，投入排水运行。据统计，汛期太湖地区沿江主要闸站排入长江流量最高达 2 400 m^3/s 左右，累计排水量 58.41 亿 m^3。太浦闸、望亭水利枢纽在确保工程安全的前提下持续突破设计流量泄洪，最大日均下泄流量分别达到 898 m^3/s、452 m^3/s(7 月 11 日)，均创历史新高。

其次是充分利用太湖调蓄库容。太湖作为太湖流域最重要的调蓄洪水湖泊，保证水位为 4.66 m，环湖堤防防洪标准高，调蓄洪水能力大，每 cm 水深对应的水量为 2 300 万 m^3 左右，相当于日流量 270 m^3/s 的水量。针对苏南运河无锡、苏州等段水位高、防汛压力大，而太湖水位相对较低的情况，省防指于 6 月 22 日、28 日，7 月 2 日三次启用蠡河枢纽排放苏南运河洪水，排泄太湖洪水的望亭立交相应减少流量乃至关闸，常熟枢纽全力排放苏南运河及望虞河以西涝水，对控制苏南运河水位上涨发挥了有效的作用。第一次从启用到关闭，大运河无锡站水位从 4.52 m 降低到 4.34 m，第二次从 4.94 m 降低到 4.45 m，第三次从 5.1 m 降低到 4.77 m。蠡河枢纽的三次启用，有效避免了运河水位的短时速涨，让洪水就近入江，实现了流域与区域防洪的统筹兼顾。

第三是贯彻落实超标准洪水应对方案。根据国家防总、太湖防总统一部署，在太湖逼近最高水位的紧急情况下，自 7 月 8 日实施，直至 7 月 18 日太湖水位退至保证水位以下，期间，江苏开启东太湖瓜泾口水利枢纽累计排泄太湖洪水 1.0 亿 m^3，相当于降低太湖水位 0.04 m。江苏开启望虞河西岸福山船闸及东岸谢桥以下口门参与分洪，浙江、上海开启太浦河两岸口门参与分洪，上海淀浦河西闸、蕴藻浜西闸开闸分洪，黄浦江两岸水闸开闸纳潮，为望虞河、太浦河加大下泄流量创造了有利条件，有效遏制了太湖及河网水位的进一步上涨，加速太湖水位回落至保证水位以下。

2. 苏南运河沿线

一是城市限排。近年来，沿江苏南苏、锡、常 3 市主城区防洪排涝标准不断提升，各市城区泵站直接向运河排水的抽排能力在 200 m^3/s 左右，加上沿线圩区直接向运河排水的 400 多 m^3/s 的抽排能力，合计抽排能力高达 1 000 m^3/s 以上。一旦同时大流量外排，会直接导致运河水位集中上涨，造成越排越淹家门口的局面。针对去年汛期暴露出的这一薄弱环节，今年省防指在调度过程中统筹考虑城市排涝和运河洪水出路的双重关系，要求苏南运河沿线城市防洪大包围严格按照《苏南运河区域洪涝联合调度方案(试行)》执行，在保证防汛安全的前提下，限制外排。要紧的时候，苏、锡、常城市外排流量压减到 20 m^3/s上下，有效控制了苏南运河河道水位短时急剧上涨。

二是错峰调度。在洪水总量一定的情况下，峰量决定水位，高水位又有可能引发险情。因此，关键时刻最重要的调度手段就是错峰削峰，有效控制水位上涨速度，控制洪水高峰值，全力减少高水位下的洪水风险。为此，省防指根据汛情发展态势，及时启用钟楼闸关闭挡洪，7 月 2 日 11 点起关闭钟楼闸，闸下水位从关闸前的 5.42 m，2 h 内降低到 5.19 m，减少湖西高水向东的流量，有效减轻下游常州城区、无锡段、苏州段防洪压力，可谓一闸保三市。适时启用丹金枢纽。针对金坛水位高、丹阳段防汛压力相对较轻的实际，为尽量减少丹金溧漕河进入金坛的水量，省防指紧急会商后调度丹金闸枢纽在 7 月 2 日 23 点关闭，减缓了金坛水位上涨速度，有效减轻当地防汛压力。

3. 秦淮河流域

在秦淮河流域，首先也是全力北排入江。充分利用沿江闸站全力，超常规应用秦淮新河船闸排水。今年汛期，秦淮新河闸、武定门闸实测最大流量分别为916 m^3/s、504 m^3/s，双双超历史，两闸累计排水量19.21亿m^3。

再者，根据汛情采取紧急调度措施，关闭赤山闸，启用赤山湖滞洪。7月4日秦淮河东山站水位首超历史最高水位，省防指调度赤山闸于8时压缩流量至150 m^3/s，9时全部关闭；7日7时受突降大暴雨影响，东山站水位再破历史最高水位，省防指紧急调度秦淮河上游赤山闸于当日6时全部关闭。根据上游水位涨势，省防指调度在9时30分起启用赤山湖蓄滞洪，最多时滞洪3 140万m^3。今年，省防指根据相关办法，首次对滞洪区实施滞洪补偿，为防汛调度提供了支撑。

同时，采取区域限排。适度控制秦淮河上游水库放水、周边圩区排水流量。根据秦淮河上游水库调蓄洪水库容，控制水库下泄流量乃至关闭，共调蓄洪水量4 700万m^3，以减轻下游防洪压力。

据测算，秦淮河上游水库调蓄加上赤山湖滞洪水量共计约8 000万m^3水，如果当时同步下泄，将导致秦淮河水位上升30 cm左右，这在当时东山水位已两破历史记录，并受天文大潮顶托的不利局面下，犹如“压垮骆驼的最后一根稻草”，后果将不堪设想。实践证明，科学调度，以局部利益服从全局利益为原则，上下游统筹，就是抓住了“救命稻草”，把灾害损失降到最低。

（三）调度指令的执行评估是精准调度的落脚点

第一步是指令生成。根据“四预”，决策生成调度指令，指令的生成要尽可能具体化、可操作。对于实际调度作业来说，要综合考虑预报预测的准确性、工程运行的实际承受能力，量化的指令往往很难决定，考验的正是精准调度水平。7月5日7时，在秦淮河上游赤山湖内湖、白水荡、西万亩圩相继滞洪后，赤山闸上水位仍快速上涨，省防指调度赤山闸于5日12时开闸泄洪，下泄流量按50 m^3/s控制，赤山闸上水位由13.97 m降至13.43 m。7日6时再次紧急调度赤山闸全部关闭后，22时调度开闸放水100 m^3/s，8日8时40分加大泄量至200 m^3/s，以尽快降低赤山湖及上游水库水位。每次多放或少放一方水，决定是否开关一次闸，指令越精准量化，操作执行就越到位，也为今后调度提供更加可靠的数据支撑。

第二步是指令执行。一要快速执行。省防指明确指令发出2 h内要执行到位。在实际操作中，泵站开机需要进行上下游河道观测、发出通告、设备除湿等。这些工作不能接到指令才开始准备，势必要求打破常规，把工作做到前面，保证随时进入临战状态。二要准确执行。例如沿江、沿海地区抢潮排水，就需要找准时机，灵活应用自排抽排手段。今年苏南地区沿江口门在外排涝水入江时就是根据潮位变化，及时准确地切换自排和抽排两种模式，体现出较高的调度运用技术水平和高度的工作责任心。

第三步是监督评估。通过信息化手段、结合现场督查，及时掌握运行工况，反馈执行情况，以便做出修正。例如，调度赤山闸开闸放水150 m^3/s，一段时间后上下游水位和流速都会发生变化，闸门如果继续保持一样的开启高度，实际下泄流量可能达到 200 m^3/s。这就需要在巡视督查中及时发现，实时进行调整；在运用钟楼闸过程中，省防指同样根据运行后实际雨水情对下泄流量进行了 3 次调整修正。实践表明，调度过程的监督评估极为重要，是检验调度成效和进一步下达调度指令的依据。

三、几点思考与认识

大水退去，河湖恢复平静。经历过挑战，深深体会到，今年之所以能够成功防御这场特大雨涝，有其必然性，更有值得积累之经验。就精准调度而言，既为今年抗御洪水发力，赢得一致好评，更是往后防汛防旱乃至防污之必需，将专业精神发扬光大。

（一）工程体系是基础。江苏历来重视水利工程建设，经过几十年的持续努力，基本建成流域与区域相配套的防灾减灾工程体系。目前，境内大江大河大湖已基本具备防御新中国成立以来流域最大洪水的能力。其中，长江干流、太湖流域能够防御 1954 年型洪水，淮河下游地区防洪标准已基本达到 100 年一遇，沂沭泗地区东调南下 50 年一遇工程也已完成；大规模的中小河流治理、水库除险加固及大型灌排泵站改造实施，进一步提升区域排涝能力；南京、无锡、苏州、常州等地的城市引排水条件显著提升，并在抗御今年的特大雨涝中发挥了很好的效益。在建设更高标准防洪减灾体系的同时，覆盖全省范围的跨流域跨区域调配水工程体系也在不断完善，江水北调工程体系已经建成，江水东引工程体系日趋完善，引江济太供水体系得到发展。密密麻麻、纵横交错的水网，成为科学配置水资源的工程基础，真正做到水资源调配自如，“水”随人愿。

（二）步调一致是关键。这里讲的步调一致，说到底是认识上要一致，相应的行动上一致。今年充分体现在省防指与上下各级防指在洪水动态变化中决策思路、目标的一致性。对上，与太湖防总会商、协调及时预降地区水位；在苏南运河整体水位偏高情况下适当排水入太湖发挥其调蓄功能，适时数次开启蠡河枢纽，让洪水就近入江；以及把太湖跟太湖各个区域调度进行统筹考虑保持了高度一致。对下，与各市县在汛前已就调度方案的调整完善达成共识。雨洪发生后，区域内大运河沿线城市因为都建成城市大包围，外排能力普遍提高，但如果各市同时往外排足，势必快速抬升运河水位，造成外围出路不足，省防指根据汛情发展态势，果断下令地方限制外排流量，让外围洪水先行入江，这样虽然城市短时积涝风险有所增加，但对于整个区域来说防洪安全得到了保障。正是这种自上而下认识高度的一致，才能保证各项调度指令落实到位。

（三）预报准确是前提。准确的预测预报为防汛救灾赢得时间、争取主动。特别是天气变化、雨水情的监测到位、预报精准，为防汛抗灾决策提供有力技术支撑。如今，随着极端性气候事件的出现越来越频繁，局部洪涝逐步成为今后防汛工作的新常态。在此情况下，尤其需要加强局地性、突发性天气和强对流天气的预测预报，关键时刻要加强监测预报频次，强化滚动预报，特别是进一步提高预报的精准度，延长预见期，为提前采取调度措施如预降水位提供支持。

（四）协调配合是纽带。加强协调配合要统筹处理好几方面关系。首先是防汛与水环境、供水安全的关系。如南京市汛前预降玄武湖的水位，宜兴等地提前腾出水库库容，都是对几方面关系的综合权衡。其次是上下游左右岸的关系。地处上游的镇江市在关键时候服从大局，克服困难，关闭赤山闸，蓄水滞洪就是对缓解下游南京市防汛压力的有力支持。三是防洪与航运的关系。苏南运河汛情紧张时，钟楼闸关闭阻挡湖西区高水东排，全线断航；沿江多个船闸今年首次停航并开闸放水，增加了洪涝外排流量，都是很好的实例。四是全局与局部的关系。洪涝发生后，一些农村圩区受淹，但为了整个区域或者流域的防洪安全需要，选择先全局、后局部的调度措施，从而最大程度地减少整体的灾害损失。事实证明，只有在思想上认清这些利害关系，各地各部门才能更加紧密配合，协同作战，实现防汛减灾效益最大化。

（五）执行到位是要领。从今年调度指令的执行情况来看，明显有了进一步提升。主要表现在令行禁止，令到即行。这跟全社会对防汛工作高度关注营造的良好环境密切相关。如南京市委市政府明确提出，一旦发现官员防汛失职，就地免职，在今年汛期果断现场免去相关责任人员，引起很大的触动。执行力提升的直接效果是调度指令下达后，实施效率快、效益高。这一点在太湖洪水北排入江过程中，根据潮位变化，动态调整排水模式、排水流量上得到充分体现，也进一步维护了调度指令的严肃性和权威性。

（六）专业精神是根本。"闻道有先后，术业有专攻"。用专业的人做专业的事，是取胜之道。精准调度，归根到底体现的是一种专业精神。这就需要我们在今后的工作中，大力培养专业技术型人才。作为从事工程调度工作的同志，在具体调度指令的决策参谋、执行和监督评估中，要通过熟练掌握雨水工情，结合自身长期实践，做出符合专业水平的判断，为决策提供科学依据。此外，还要加快防汛信息化建设步伐，依靠科技的力量，为科学研判、精准调度提供必要的技术支撑，从而提升综合抗灾减灾能力。

大自然是变化莫测的，但对自然的认知却可以在不断的实践中丰富和提升，防汛亦然。我们的目标唯有一个：科学研判，精准调度，把洪涝灾害损失降到最低程度，为人民固守幸福家园。

（撰稿：江苏省水利厅副厅长　张劲松）

附录E　调度指令汇编(部分)

苏防办调〔2016〕054号　调度指令(常熟适时排水)

省太湖地区水利工程管理处：

为防范清明节期间可能发生的强降雨，经研究决定，请你处视雨情、水情调度常熟枢纽适时排水，控制琳桥水位在3.5 m左右。

江苏省防汛防旱指挥部办公室

2016年4月1日

抄送：太湖局防办

苏防办调〔2016〕057号　调度指令(秦淮河控制)

省秦淮河水利工程管理处：

根据当前雨水情及天气趋势，为照顾上游相关工程施工，经研究决定，请你处调度武定门闸、秦淮新河闸开闸排水，控制东山水位不超过8.0 m。请即贯彻执行。

江苏省防汛防旱指挥部办公室

2016年4月6日

抄送：南京市防汛防旱指挥部办公室

苏防办调〔2016〕062号　调度指令(秦淮河控制)

省秦淮河水利工程管理处：

为考虑江宁区秦淮河流域沿线部分工程施工，经研究决定，请你处调度武定门闸、秦淮新河闸开闸排水，控制东山水位在7.5 m左右。后期视情调整，请即贯彻执行。

江苏省防汛防旱指挥部办公室

2016年4月11日

抄送：南京市防汛防旱指挥部办公室

苏防办调〔2016〕092 号　调度指令(秦淮河控制)

省秦淮河水利工程管理处:

根据气象部门分析,秦淮河流域 5 月 31 日至 6 月 1 日将有一次强降雨过程。经研究决定,请你处调度武定门闸、秦淮新河闸加强排水,控制东山水位不超过 7.5 m。后期视情调整,请即贯彻执行。

江苏省防汛防旱指挥部办公室

2016 年 5 月 30 日

抄送:南京市防汛防旱指挥部办公室

关于走马塘张家港枢纽闸泵联合运行加大向长江排水力度的通知

苏防办电传〔2016〕77 号

省太湖地区水利工程管理处,苏州市防汛防旱指挥部:

根据当前地区雨水情,经研究决定,请省太湖处于 6 月 27 日起调度走马塘张家港枢纽闸泵联合运行,全力抢排区域涝水,并密切关注区域水位情况,加强与走马塘江边枢纽协调联动;请苏州市防指密切关注潮位及区域水情,加强走马塘江边枢纽调度,及时抢潮排水,高潮挡水,加大向长江排水力度。

江苏省防汛防旱指挥部办公室

2016 年 6 月 27 日

抄送:无锡市防汛防旱指挥部,张家港市防汛防旱指挥部

关于压缩常州城市大包围泵站向苏南运河排水流量的通知

苏防电传〔2016〕48 号

常州市防汛防旱指挥部:

受持续强降雨影响,江苏省苏南运河水位持续上涨,无锡、苏州水位已超历史最高水位。今日 8 时,苏南运河无锡站水位已达 5.25 m,超 200 年一遇防洪设计水位,常州(三堡街)水位距内部最高控制水位还有 0.35 m。根据《苏南运河区域洪涝联合调度方案(试行)》相关原则,经研究决定,请你部立即压减常州城市大包围泵站向苏南运河排水流量,外排运河流量按不超过 50 m^3/s 控制。下一步视内外河、上下游水位及时调整流量。

江苏省防汛防旱指挥部

2016 年 7 月 3 日

抄送:国家防办,太湖防总办,省政府办公厅

　　无锡、苏州市防汛防旱指挥部

苏防办调〔2016〕185号　调度指令(开启蠡河枢纽)

省太湖地区水利工程管理处：

为配合“引江济太”，根据当前水情、水质情况，经研究决定，请你处调度蠡河枢纽于9月6日12时开启，在确保工程安全的前提下，适度向苏南运河排水。

请即贯彻执行。

江苏省防汛防旱指挥部办公室

2016年9月6日

抄送：太湖防总办，省地方海事局

无锡市防汛防旱指挥部、苏州市防汛防旱指挥部

苏防办调〔2016〕186号　调度指令(关闭蠡河枢纽)

省太湖地区水利工程管理处：

根据当前水质检验结果，经研究决定，请你处调度蠡河枢纽于9月8日18时关闭节制闸。

请即贯彻执行。

江苏省防汛防旱指挥部办公室

2016年9月8日

抄送：太湖防总办，省地方海事局

无锡市防汛防旱指挥部、苏州市防汛防旱指挥部

苏防办调〔2016〕194号　调度指令(开启武进港、雅浦港闸)

常州市防汛防旱指挥部办公室：

根据当前雨水情，经研究决定，同意你办调度武进港闸、雅浦港闸于9月16日4时前开闸排水。请即执行。

江苏省防汛防旱指挥部办公室

2016年9月16日

苏防办调〔2016〕201号　调度指令(控制秦淮新河闸)

省秦淮河水利工程管理处：

根据当前雨水情，经研究决定，请你处调度秦淮新河闸减少排水流量至100 m^3/s控制，后视水情调整流量，请即执行。

江苏省防汛防旱指挥部办公室

2016年9月17日

抄送：南京市防汛防旱指挥部办公室

苏防办调〔2016〕210 号　调度指令(开启武进港闸)

常州市防汛防旱指挥部办公室：

根据当前雨水情，经研究决定，同意你办调度武进港闸于 9 月 29 日 18 时前开闸排水。请即执行。

江苏省防汛防旱指挥部办公室
2016 年 9 月 29 日

苏防办调〔2016〕211 号　调度指令(加大武定门闸)

省秦淮河水利工程管理处：

根据当前雨水情，经研究决定，请你处调度武定门闸于 9 月 30 日 7 时加大排江力度，控制东山水位不超过 8.5 m，后视水情调整流量。

请即贯彻执行。

江苏省防汛防旱指挥部办公室
2016 年 9 月 30 日

抄送：南京市防汛防旱指挥部办公室

苏防办调〔2016〕212 号　调度指令(关闭常州新闸)

省太湖地区水利工程管理处：

根据当前苏南运河雨水情，请你处调度常州新闸防洪控制工程于 10 月 8 日 2 时前关闭到位。

请即贯彻执行。

江苏省防汛防旱指挥部办公室
2016 年 10 月 7 日

抄送：常州、镇江市防汛防旱指挥部办公室

苏防办调〔2016〕213 号　调度指令(开启常州新闸)

省太湖地区水利工程管理处：

根据当前苏南运河雨水情，请你处调度常州新闸防洪控制工程于 10 月 10 日 14 点 30 分开启。

请即贯彻执行。

江苏省防汛防旱指挥部办公室
2016 年 10 月 10 日

抄送：常州、镇江市防汛防旱指挥部办公室

苏防办调〔2016〕224号　调度指令(关闭常州新闸)

省太湖地区水利工程管理处：

根据当前苏南运河雨水情，请你处调度常州新闸防洪控制工程于10月26日15时30分前关闭到位。

请即贯彻执行。

江苏省防汛防旱指挥部办公室

2016年10月26日

抄送：常州、镇江市防汛防旱指挥部办公室

苏防办调〔2016〕233号　调度指令(开启常州新闸)

省太湖地区水利工程管理处：

根据当前苏南运河雨水情，请你处调度常州新闸防洪控制工程于10月31日15点前开启到位。

请即贯彻执行。

江苏省防汛防旱指挥部办公室

2016年10月31日

抄送：常州、镇江市防汛防旱指挥部办公室

附录 F 太湖流域河网水文水动力模型

2016 年水利工程防洪效益分析主要利用河海大学开发的太湖流域河网水文水动力学模型模拟水流运动,以此研究和分析区域遭遇不同频率降雨时的洪水过程。该模型经水利部及国家有关科技部门的鉴定认证,认为是太湖流域可推行使用的水利模型。

一、模型简介

太湖流域河网水文水动力学模型主要由五个部分组成:①降雨产汇流模拟;②水流在河网中非恒定运动模拟;③流域河网及湖泊概化;④建筑物及其运行方式模拟;边界条件模拟。其中第①部分为 Runoff 模块;第②~⑤部分主要为 Hohy23 模块及 Beg 模块等,计算框图见图 F-1。

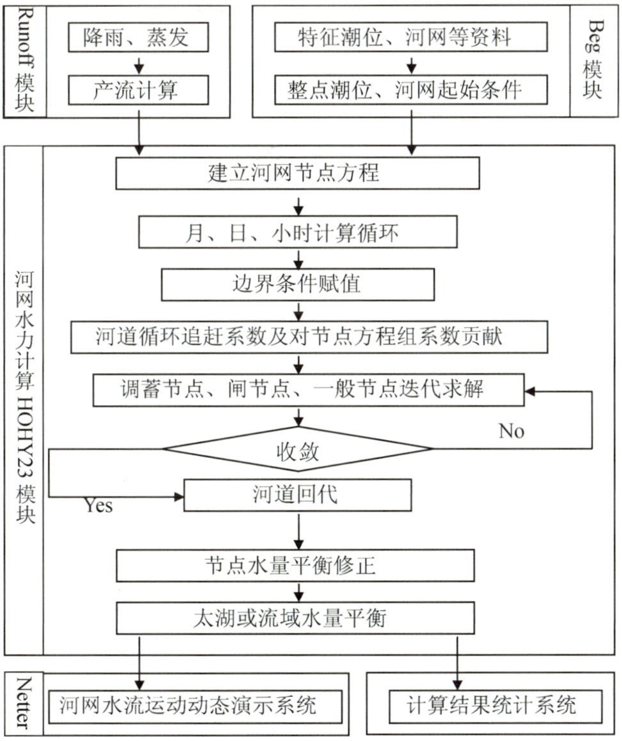

图 F-1 太湖流域河网水力计算框图

1. Runoff 模块

Runoff 模块主要由产流模拟和汇流模拟两部分组成,产汇流计算的范围为全流域,其技术路线如图 F-2 所示。

2. Beg 模块

Beg 模块为边界条件模拟，主要根据实测资料确定沿江(海)潮位过程和整个流域面上的河网水位、流量等起始条件。

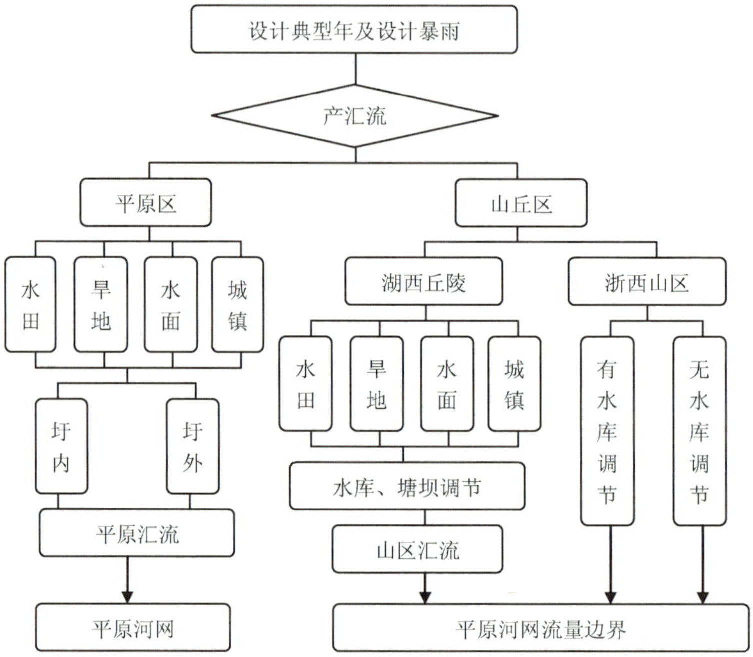

图 F-2　太湖流域产汇流计算技术路线

3. Hohy23 模块

(1) 河网水流运动模拟

水流在明渠中运动的一维非恒定流基本方程 SaintVenant 方程组：

连续方程：$\dfrac{\partial Q}{\partial x}+\dfrac{\partial(\alpha\cdot A)}{\partial x}=q$

动力方程：$\dfrac{\partial Q}{\partial x}+\dfrac{\partial(Q^2/A)}{\partial x}+gA\dfrac{\partial Z}{\partial x}+\dfrac{gn^2|U|Q}{R^{4/3}}=0$

水流运动在河网各节点上应满足质量守恒及能量守恒两个连接条件，采用四点线性隐式差分格式，再用迭代法求解水流在平底、棱柱形明渠中一维非恒定流动的基本方程组。

(2) 河网、湖泊概化

太湖全流域平原河网概化为 1 885 条河道，1 453 个节点，控制建筑物 337 个，其中调蓄节点 72 个(不含太湖)；有边界条件的河道 127 条，其中外江、海潮位边界 60 条，环太湖水位边界 43 条，山区入流流量边界 20 条，其他流量边界 4 条。概化河道以外的调蓄作用及概化河道沿程汇入或取水量通过概化河道附加宽度及沿程出入流量模拟。

(3) 建筑物及其运行方式模拟

根据太湖流域平原河网的特点，将流域内影响水流运动的因素分别概化为零维模型（湖、荡等调蓄节点）、一维模型（一维河道）和联系要素（堰、闸、泵控制建筑物等）三类模型要素。联系要素包括水闸、船闸、涵洞（立交）及泵站等工程，联系要素的上下游都设有节点，两节点之间的距离忽略不计，节点之间的水位差与流量之间的关系取决于堰流公式及运行方式。

二、计算边界条件

1. 计算边界条件

模型计算的边界条件以流域防洪规划成果为基础，对武澄锡虞区及其上下游的湖西区、阳澄淀泖区土地利用下垫面按照最新区域规划复核成果进行调整，其中江苏省境内的湖西区、武澄锡虞区、阳澄淀泖区和浦南区采用 2012 年下垫面，其他分区下垫面仍采用流域防洪规划成果。

沿长江、沿杭州湾潮位根据典型年的实测潮位站资料，推算各潮位站的整点潮位过程，再根据沿长江或杭州湾的河道出口与潮位站之间的相对距离，运用拉格朗日三点插值得出各河道出口的潮位边界。

2. 模型的率定和验证

该模型是由河海大学多年研究开发并不断修改完善的，其早期版本经 1984 年、1985 年资料的率定，后在“太湖流域河网水质研究”课题中又经 1987 年、1988 年资料率定，以及 1995 年、1996 年资料验证。通过长期实践运用，模型能较好地拟合太湖流域河网水流情况。

三、计算工况

计算工况为太湖流域、区域为 2016 年现状工况，包括已实施或正在实施的工程，具体为一轮治太流域骨干工程已建成；京杭运河苏南段、锡澄运河、锡溧漕河、丹金溧漕河、杨林塘等航道提升工程完成；武澄锡虞区走马塘拓浚延伸工程、新沟河延伸拓浚工程、永安河整治工程、澡港河整治工程和阳澄淀泖区七浦塘拓浚整治工程完成，并增加近年实施的重点中小河流治理工程；运河沿线苏锡常现有城市防洪大包围建成（苏州城市中心区对运河澹台湖以上东岸口门实施控制）。

附录G 秦淮河流域水文动力数学模型

2016年水利工程防洪效益分析主要利用丹华水利环境技术(上海)有限公司(下文简称:DHI)开发的mike11系列一维河网水文水动力学模型模拟水流运动,以此研究和分析区域遭遇不同频率降雨时的洪水过程。

丹华水利环境技术(上海)有限公司(下文简称:DHI)是DHI Group的中国子公司,在河网水利模型构建和分析等方面拥有大量的工程经验,成功开发过多个水利数学模型,并在中国国内得到了广泛应用,其旗下的mike系列产品已经得到业内的广泛认可。因此,本次分析选用该产品作为计算工具。

一、模型简介

Mike11一维水文水动力模型主要包括:水文模型、水动力模型和水工建筑物模型三部分。

模型以流域分区为计算单元,以流域面降雨作为模型输入,通过坡面产汇流模块模拟各分区降雨入渗、坡面产流、坡面汇流等过程,并通过坡面产汇流模块和水动力模块的一维耦合,实现整个流域降雨、坡面产流、坡面汇流到河道汇流等全过程模拟,如图G-1所示。洪水演进过程中,考虑到河道闸、泵、堰等水工建筑物的存在,通过构筑物模块模拟水工构筑物对河道水位流量的影响。

1. 水文产汇流模型

水文模型采用mike11系列中的URBAN B模型,该模型降雨径流计算是基于运动波方程计算的非线型水库水文过程线,把研究区域概化成棱形渠道计算,只考虑其中的重力和摩擦力作用,计算的地表径流量由流域面积、汇流长度、净雨、初损、填洼、下渗、糙率等因素控制。模型的计算过程见图G-2所示。

2. 水动力模型

一维河道水动力计算模型是基于垂向积分的物质和动量守恒方程组,即一维非恒定流Saint-Venant方程组来模拟河流或河口的水流状态。方程组如下:

$$\frac{\partial A}{\partial t}+\frac{\partial Q}{\partial x}=q$$

$$\frac{\partial Q}{\partial t}+\frac{\partial\left(\alpha\frac{Q^2}{A}\right)}{\partial x}g+gA\frac{\partial h}{\partial x}+\frac{gn^2Q\mid Q\mid}{AR^{4/3}}=0$$

式中:x、t分别为计算点空间和时间的坐标;A为过水断面面积;Q为过流流量;h为水位;

q 为旁侧入流流量；C 为谢才系数；R 为水力半径；α 为动量校正系数；g 为重力加速度。

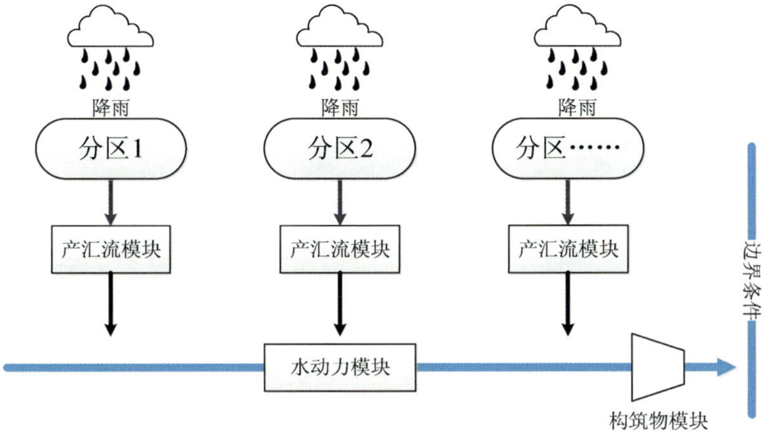

图 G-1　模型结构示意图

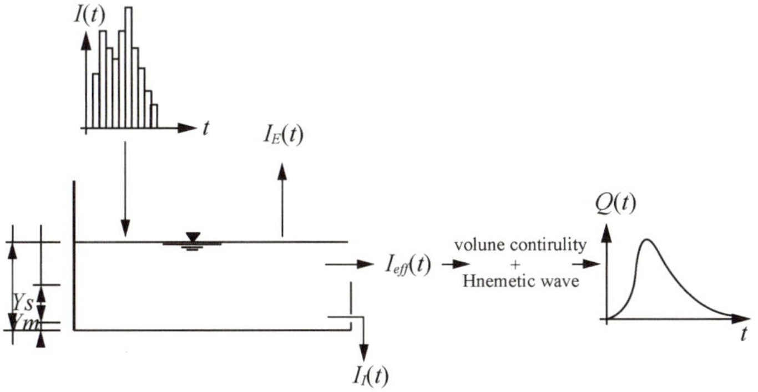

图 G-2　Urban B 模型地表径流模拟过程

方程组利用 Abbott-Ionescu 六点隐式有限差分格式求解，如图 G-3 所示。该格式在每一个网格点不同时计算水位和流量，而是按顺序交替计算水位或流量，分别称为 h 点和 Q 点。Abbott-Ionescu 格式具有稳定性好、计算精度高的特点。离散后的线形方程组用追赶法求解。

3. 水工建筑物模型

河网模型中水工建筑物形式主要有堰、闸、泵三类。每个水工建筑物节点在模型计算中定位为流量计算点，节点之间的水位差与流量之间的关系取决于堰流公式及运行方式。

二、计算边界条件

1. 计算边界条件

秦淮河流域入江口门主要有秦淮新河口、外秦淮河入江口，秦淮东河建成后将新增九

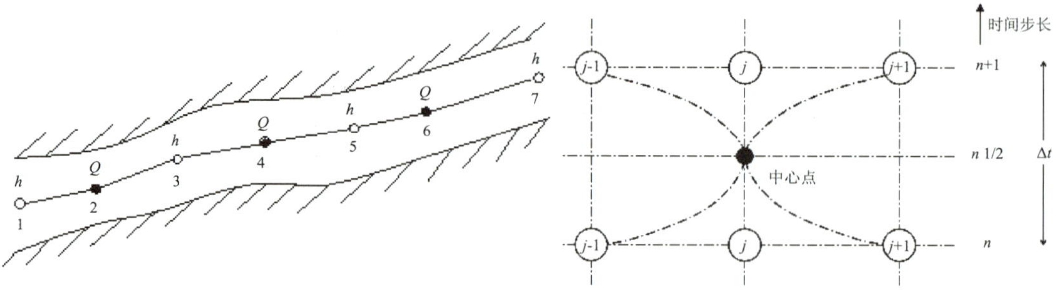

图 G-3 Abbott 格式水位点、流量点交替布置图

乡河、七乡河入江口。模型计算中入江口门设置为水位边界，边界水位根据长江典型年的实测潮位站资料，推算各潮位站的整点潮位过程。

秦淮河流域与两湖地区通过天生桥河相连，河道分水岭处建有天生桥闸控制。模型计算中天生桥闸根据实测闸上、闸下水位资料设置水位边界。

秦淮河流域内流量计算均采用水文模型模拟，模型边界为雨量边界。

2. 模型的率定和验证

该模型是由省规划办牵头，南京市水利规划设计院及 DHI 公司共同合作搭建，模型采用秦淮河流域 2015 年“6・26”洪水资料进行模型参数率定，并采用 2015 年“6・16”洪水、2003 年洪水、2007 年洪水进行验证。模型成果主要服务于正在编制的《秦淮河地区水利治理规划》。通过多次长洪水的率定验证，模型能较好地拟合秦淮河流域河网水流情况。

三、计算工况

模型计算以 2016 年秦淮河流域实际洪水为基础，模拟了 2016 年流域内各水利工程的实际调度情况，包括白水荡、赤山湖蓄滞洪区的调度，流域内中型水库的调度，秦淮新河船闸的开闸分洪等。同时模型也模拟了秦淮东河工程开通后在 2016 年洪水中的工程效益。